Jornada da Facilitação

Organização e curadoria
Antonio Muniz
Júnior Rodrigues
Anderson Sales
Déborah Zavistanavicius Zapata
Gisele Botelho
Victor Gonçalves

Jornada da Facilitação

Um guia prático para agilistas, gestores e educadores para promover o engajamento e a colaboração das pessoas para a criação de resultados extraordinários

BRASPORT

Rio de Janeiro
2022

Editor: Sergio Martins de Oliveira
Gerente de Produção Editorial: Marina dos Anjos Martins de Oliveira
Editoração Eletrônica: Abreu's System
Capa: Trama Criações

J82 Jornada da facilitação : um guia prático para agilistas, gestores e educadores para promover o engajamento e a colaboração das pessoas para a criação de resultados extraordinários / Antonio Muniz ... [et al.].– Rio de Janeiro: Brasport, 2022.
336 p. ; il ; 17 x 24 cm.

Inclui bibliografia.
ISBN 978-65-88431-61-0

1. Liderança. 2. Produtividade. 3. Eficiência no trabalho. 4. Inteligência emocional. I. Muniz, Antonio. II. Rodrigues, Júnior. III. Sales, Anderson. IV. Zapata, Déborah Zavistanavicius. V. Botelho, Gisele. VI. Gonçalves, Victor. VII. Título.

CDU 65.011.4

Catalogação na fonte: Bruna Heller (CRB10/2348)

Índice para catálogo sistemático:
1. Produtividade / Eficiência / Sucesso / Etc. 65.011.4

BRASPORT Livros e Multimídia Ltda.
Rua Washington Luís, 9, sobreloja – Centro
20230-900 Rio de Janeiro-RJ
Tels. Fax: (21)2568.1415/3497.2162
e-mails: marketing@brasport.com.br
vendas@brasport.com.br
editorial@brasport.com.br
www.brasport.com.br

Jornada Colaborativa: experiências colaborativas que transformam vidas!

Juntos somos mais inteligentes e transformamos mais vidas!

Era uma vez um professor universitário que sonhava em lançar um livro quando finalizou o mestrado em 2006.

Depois de algumas ideias para publicação em temas como certificação Microsoft, gestão de projetos e gestão de serviços, o sonho começou a ser concretizado em 2017 com o livro "Jornada DevOps", mas alguns obstáculos travaram sua evolução após a definição da estrutura final para a certificação oficial EXIN e a escrita de três capítulos.

Em setembro de 2018, durante uma palestra na PUC Minas, surgiu um *click*: "será que outras pessoas apaixonadas por *DevOps* ajudariam com a escrita colaborativa?" Dezenas de pessoas aceitaram o convite e o livro foi lançado para 350 pessoas no dia 06 de junho de 2019 no Centro de Convenções SulAmérica no Rio de Janeiro, após um intenso trabalho coordenado com pessoas de várias cidades que nunca haviam trabalhado juntas antes.

Após esta experiência bem-sucedida com muitos aprendizados, a escalada dos times gerou grandes amizades, novas iniciativas e conseguimos doar R$ 277 mil para instituições carentes com o lançamento dos primeiros 15 livros em 23 eventos Jornada Summit com mais de 15 mil participantes.

Sonhamos transformar mais vidas somando a inteligência coletiva e o apoio de empresas amigas...

Livros escritos pela Jornada Colaborativa até o momento:

1. "Jornada DevOps", com 33 coautores e 4 curadores.
2. "Jornada Ágil e Digital", com 56 coautores e 2 curadores.

3. "Jornada Ágil de Qualidade", com 24 coautores e 4 curadores.
4. "Jornada Saudável", com 26 coautores e 7 curadores.
5. "Jornada Ágil do Produto", com 69 coautores e 4 curadores.
6. "Jornada DevOps 2ª edição", *best-seller* com 36 coautores e 4 curadores.
7. "Jornada Ágil de Liderança", com 86 coautores e 5 curadores.
8. "Jornada do Ágil Escalado", com 64 coautores e 6 curadores.
9. "Jornada Java", com 32 coautores e 6 curadores.
10. "Jornada Business Agility", com 48 coautores e 5 curadores.
11. "Jornada Kanban na prática", com 23 coautores e 5 curadores.
12. "Jornada Colaborativa", com 44 coautores e 1 curador.
13. "Jornada RH Ágil", com 52 coautores e 7 curadores.
14. "Jornada CSC", com 46 coautores e 6 curadores.
15. "Jornada Azure DevOps", com 19 coautores e 7 curadores.
16. "Jornada OKR na prática", com 42 coautores e 5 curadores.
17. "Jornada Python", com 57 coautores e 8 curadores.
18. "Jornada de Inclusão", com 40 coautores e 8 curadores.
19. "Jornada da Facilitação", com 72 coautores e 6 curadores.

Juntos somos mais inteligentes e podemos transformar mais vidas, criar amizades e fazer a diferença nas organizações e na sociedade! Entre em nossa Jornada para participar das iniciativas que estejam ligadas ao seu propósito de vida:

www.jornadacolaborativa.com.br
www.jornadalearning.com.br
https://www.linkedin.com/company/jornadacolaborativa/
https://www.meetup.com/pt-BR/JornadaColaborativa
contato@jornadacolaborativa.com.br

Prefácio

I sometimes think that I am the worst facilitator ever.

No really! If you want to know how not to lead a workshop or manage a group exercise, just look at me. My failures are, quite frankly, embarrassing.

I'm the kind of facilitator who regularly loses his focus in a workshop because my mind likes to wander, and then I daydream about the things I want to do tomorrow. And then, when someone in the group asks me for my input, I have no idea what the question was. I usually solve that by bouncing the question back to the group. "Who has an idea on how to answer this question?" There's always someone ready to save my ass by offering their opinion, and then I have a good chance of figuring out what the question was all about. Some people think that it's professional of me as a facilitator not to answer all the questions myself. If only they knew!

I'm also the kind of facilitator who has a strong opinion about everything without knowing all the details. This regularly leads to me being wrong because other people in the group know a lot more than I do. And then, when they disagree with me and give voice to their alternative and brighter views of the matter, I thank them for helping the group understand multiple perspectives so that everyone can make up their own minds. Meanwhile, I realize I'm an ignorant fool, and I make a mental note that I should do some more reading. Some people think it's professional that I welcome different views and never impose my thinking onto others. If only they realized!

Given my history of embarrassing moments as a facilitator, it's a wonder that I survived doing hundreds of workshops around the world with (in most cases) delighted participants. I genuinely have no idea how I pulled that off so successfully.

Actually, I do have one tip for facilitators: when someone in a group has a habit of talking softly to you, you should casually walk to the other side of the room. This will automatically make that person raise their voice because you increase the distance they need to cover, with the benefit that everyone in the room can finally hear what they say.

That's it. That's the only helpful tip I have. Sad, isn't it?

For this reason, I was happy to learn that some of my friends in Brazil have written a book about facilitation techniques. I'm sure it will be a great help for many people who want to facilitate group discussions, exercises, workshops, or classes. The worst parts of this book are probably the pages where they borrowed ideas from me. The best parts most likely are the ideas that the authors came up with themselves or used from other sources. I'm sure the book will also be of great help for me to get rid of my imposter syndrome. If only I could read it!

Jurgen Appelo
– Creator, Management 3.0

Tradução do prefácio

Às vezes penso que sou o pior facilitador de todos os tempos.

É sério! Se você quiser saber como não conduzir um *workshop* ou administrar um exercício em grupo, basta olhar para mim. Minhas falhas são, francamente, constrangedoras.

Sou o tipo de facilitador que regularmente perde o foco em um *workshop* porque minha mente gosta de divagar e, então, fico sonhando acordado com as coisas que quero fazer amanhã. E, assim, quando alguém no grupo pede minha opinião, não tenho ideia de qual era a pergunta. Normalmente resolvo isso devolvendo a pergunta ao grupo. "Quem tem uma ideia de como responder a essa pergunta?" Sempre há alguém pronto para me salvar oferecendo sua opinião, e então tenho uma boa chance de descobrir do que se tratava a pergunta. Algumas pessoas pensam que é profissional da minha parte, como facilitador, não responder a todas as perguntas. Se elas soubessem!

Também sou o tipo de facilitador que tem uma opinião forte sobre tudo sem conhecer todos os detalhes. Isso sempre me leva a estar errado, porque as outras pessoas do grupo sabem muito mais do que eu. E, assim, quando eles discordam de mim e dão voz às suas visões alternativas e mais brilhantes sobre o assunto, agradeço-lhes por ajudar o grupo a compreender múltiplas perspectivas para que cada um possa decidir por si. Enquanto isso, percebo que sou um tolo ignorante e faço uma anotação mental de que devo ler mais um pouco. Algumas pessoas pensam que é profissional eu acolher diferentes pontos de vista e nunca impor meu pensamento aos outros. Se elas percebessem!

Dada a minha história de momentos embaraçosos como facilitador, é uma maravilha ter sobrevivido fazendo centenas de *workshops* em todo o mundo com (na maioria dos casos) participantes encantados. Eu realmente não tenho ideia de como consegui isso com tanto sucesso.

Na verdade, tenho uma dica para facilitadores: quando alguém em um grupo falar baixinho com você, você deve caminhar casualmente para o outro lado da sala. Isso fará com que a pessoa erga a voz automaticamente, porque você aumenta a distância que ela precisa percorrer, com a vantagem de que todos na sala podem finalmente ouvir o que ela diz.

É isso. Essa é a única dica útil que tenho. Triste, não é?

Por esse motivo, fiquei feliz em saber que alguns de meus amigos no Brasil escreveram um livro sobre técnicas de facilitação. Tenho certeza de que será uma grande ajuda para muitas pessoas que desejam facilitar discussões em grupo, exercícios, *workshops* ou aulas. As piores partes deste livro são provavelmente as páginas em que eles pegaram minhas ideias emprestadas. As melhores partes provavelmente são as ideias que os próprios autores sugeriram ou usaram de outras fontes. Tenho certeza de que o livro também será de grande ajuda para me livrar da minha síndrome do impostor. Se eu pudesse ler!

Jurgen Appelo
– Criador do *Management* 3.0

Prefácio

Recentemente, entrei em uma discussão sobre o uso da palavra "intrusivo" como meio de comparação entre facilitação, *coaching*, ensino e *mentoring*.

O ponto que eu trazia, baseado no gráfico a seguir, é que o *coaching* era mais intrusivo do que a facilitação. E a discussão foi mais no sentido de que meu interlocutor não conseguia aceitar o uso da palavra "intrusivo" na mesma frase que "coaching".

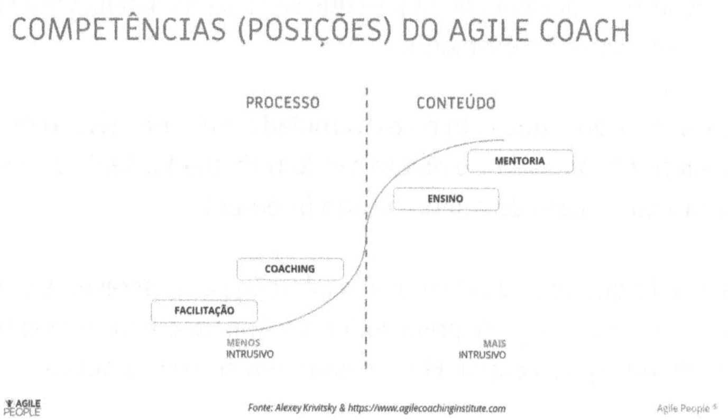

Segundo o dicionário:

Intrusivo

1. Que resulta de intrusão ou em que ocorre intrusão.

Geologia

2. Relativo a ou constituído de material magmático que, ainda em estado fluido, intrometeu-se em cavidades ou entre as camadas de rochas.

Então, esse é o meu ponto: na facilitação, o objetivo é utilizar técnicas que auxiliem um grupo a atingir um objetivo sem interferir no objeto da facilitação (o conteúdo, as rochas).

O cenário ideal é aquele em que o facilitador tem conhecimento da técnica de facilitação, mas quase não conhece o domínio que está sendo tratado, e o resultado final da sessão de facilitação não sofre influência do facilitador (não se intrometeu em cavidades).

No *coaching* você não conseguiria esse nível de isenção. Você vai precisar, em certa dose, acessar o objeto do *coaching* (o cenário em que o seu *coachee* está envolvido).

Você não vai ser intrusivo com o seu *coachee*, mas, sim, com a questão que ele está tratando. Daí dizer que o *coaching* é mais intrusivo que a facilitação.

Do outro lado do gráfico vemos a passagem da esfera do "processo" para a esfera do "conteúdo", e vamos ficando cada vez mais intrusivos. Quando estamos no modo **Ensino**, é necessário ter domínio do objeto que se está ensinando; você será intrusivo no campo do conhecimento ensinado.

E, finalmente, a mentoria, que está na extremidade mais intrusiva: o mentor precisa dominar o assunto em questão e o objeto sendo trabalhado. Será necessário um alto grau de intrusão no cenário de seu orientado (*mentee*).

Essa discussão veio quando eu procurava inspiração para escrever este prefácio. E o mais bacana é que meu colega de prefácio Jurgen Appelo até me presenteou com um belo exemplo do que quero expor. Ele diz assim em certo momento:

"Quando alguém no grupo pede minha opinião, não tenho ideia de qual era a pergunta. Normalmente resolvo isso devolvendo a pergunta ao grupo. Quem tem uma ideia de como responder a essa pergunta?"

Sem querer, ele ilustrou exatamente o que quero dizer com "o menos intrusivo". Você não está ali para interferir no andamento do entendimento do grupo ou para mudar o rumo das coisas. O seu papel, como facilitador, é ajudar o grupo a encontrar seu próprio caminho.

Espero que este livro traga muitas técnicas para que você consiga fazer isso. E se não funcionar, já fica a reflexão: não pode ser necessário se movimentar para uma posição de *coach*, professor ou mentor?

Para uma boa facilitação, é necessário que o grupo já tenha o conteúdo e o conhecimento necessário do contexto do problema. Essa é a grande arte de um *Agile Coach*: adotar a melhor postura em cada contexto!

As imagens utilizadas fazem parte da formação "Agile People Coach" da Agile People, trazida para o Brasil pela Agilers.

Thiago Brant
– Fundador e consultor de agilidade e aprendizagem na Agilers

Apresentação da Jornada da Facilitação

Após lançar nossos três primeiros livros em 2019, fiquei pensando em iniciar a escrita de um conteúdo prático para ajudar as pessoas no desenvolvimento da facilitação, que é um dos pilares que aplicamos na Jornada Colaborativa e uma habilidade fundamental nesse mundo complexo, em que nenhum guru tem todas as respostas.

Observe na tabela a seguir como a facilitação tem o poder de quebrar práticas tradicionais que ainda estão impregnadas nas empresas e na sociedade:

Cultura tradicional	O poder da facilitação
Medo e vergonha de expor opinião	Confiança e experimentação
Uma pessoa tem as respostas	Diversidade enriquece soluções
Quem ensina é o mais inteligente	Inteligência coletiva
Aprendizado passivo	Aprendizado ativo
Diploma é o objetivo	Transformação é o objetivo
Aprendizado temporário	Aprendizado contínuo

Dentre as várias pessoas amigas, convidei Júnior Rodrigues para assumir a liderança do livro, considerando sua experiência prática com facilitação e o grande comprometimento com a Jornada Colaborativa.

Como o time organizador tem um importante papel na escrita colaborativa, o próximo passo foi escolher pessoas de nossa confiança para a curadoria. Um dos grandes desafios das atividades voluntárias que realizamos na Jornada Colaborativa é priorizar uma parte do nosso tempo para a escrita dos livros, e o time organizador desempenha importante papel para mobilizar os coautores e orquestrar todas as ações necessárias para o sucesso no resultado final para nossos leitores, que são a nossa razão de existir.

A escolha do Júnior como líder do time sempre me deixa supertranquilo, pois, além da mútua confiança, é uma pessoa altamente competente e comprometida com nosso processo de escrita colaborativa.

O time organizador teve reforços importantes com Débora Zapata, Victor Gonçalves e Anderson Sales, que são pessoas amigas com experiência na organização e participação em outros livros. Uma das grandes magias da Jornada é quando o próprio time indica novas pessoas para assumir grandes responsabilidades, e a Gisele Botelho chegou para fechar o time organizador.

Além da curadoria de todo o conteúdo, outra atribuição importante do time organizador é a busca pelos coautores, considerando pessoas que admiramos, vivência na aplicação prática e repertórios complementares. O objetivo é acrescentar diversidade de pontos de vista e diferentes níveis de experiência para construir um conteúdo com inteligência coletiva do Brasil.

Tenho grande orgulho de ter plantado a semente da escalada dos livros e prosseguir com minhas atribuições na mentoria de líderes para assumir responsabilidades estratégicas na Jornada, visando mobilizar novas pessoas apaixonadas para transformar mais vidas com o poder da colaboração.

Lembro-me de que precisei participar apenas das primeiras reuniões com o time deste livro, e as demais ações foram lideradas pelo Júnior, com sua habitual maestria.

Considerando que as empresas dependem cada vez mais da colaboração dos times, visando sobreviver e prosperar no mercado, temos muito orgulho do resultado incrível que essa galera construiu.

Estou convicto de que cada leitor será beneficiado em sua carreira com a aplicação deste conteúdo de alta qualidade, que é indicado para pessoas comprometidas em entregar soluções para seus clientes e para a sociedade.

Antonio Muniz
Idealizador, líder, curador e *headhunter* da Jornada Colaborativa

Sumário

PARTE I
KNOW (PRINCÍPIOS)

PARTE II
DEVELOP (HABILIDADES)

PARTE III
BUILD (PROCESSO DE FACILITAÇÃO)

PARTE V
MASTER (TÉCNICAS E FERRAMENTAS)

PARTE VI
BONUS TRACK (MUNDO ACADÊMICO E ESCOLAR)

PARTE VII
CASES E *PODCASTS*

PARTE I
KNOW (PRINCÍPIOS)

1. O que é e por que precisamos?

Alessandra Argona

Introduz o conceito da facilitação e sua importância para as pessoas e organizações.

Facilitar é fácil? Embora a raiz da palavra seja a mesma, a tarefa da facilitação é repleta de desafios e meandros, possuindo técnicas, ferramentas e habilidades necessárias para que sejam alcançados os resultados esperados de forma efetiva. Vamos juntos nessa jornada e entender o que tudo isso quer dizer?

O que é facilitação?

Segundo o Dicionário Informal (s.d.), "fa.ci.li.ta.dor é um adjetivo, nome masculino: 1. que ou aquele que simplifica ou torna fácil. 2. Dinamizador".

Diante do exposto, podemos dizer que gerentes, líderes de times, pesquisadores e consultores trazem consigo, ou pelo menos deveriam trazer, a essência da facilitação, para engajar aqueles que estão sob a sua liderança, em prol do desenvolvimento individual e coletivo.

Veremos, nos próximos parágrafos e no decorrer de todo este livro, todos os aspectos que envolvem o que de fato é ser um facilitador.

Podemos dizer que um dos papéis do facilitador é guiar as pessoas, mostrar o caminho a ser seguido, para que elas se desenvolvam e tenham autonomia para desempenhar suas funções de forma plena, com foco no objetivo a ser alcançado e nas habilidades requeridas para tal.

Ele desperta nas pessoas o comprometimento, a importância do papel de cada um no contexto em que estão inseridos e, o mais importante, a capacidade que todos temos de contribuir com base em nossas experiências.

Outro papel do facilitador é também saber como introduzir assuntos provocativos e/ou difíceis em uma discussão sem ser manipulador e sem dar sua opinião pessoal, colocando-se como coadjuvante do processo. É usar métodos e técnicas eficazes ao conduzir reuniões e/ou *workshops*, agregando todos em um debate participativo, visando alcançar o resultado pretendido (CAMERON, 2005).

Ser facilitador é também ser líder, ter empatia, inteligência emocional, criatividade, comunicação verbal e corporal. É falar, mas também saber ouvir. É não só confiar, mas também criar meios de promover a confiança.

É dar o exemplo através de suas atitudes, quebrando paradigmas que, com o avanço da tecnologia e a evolução da humanidade, caíram por terra e mostraram não mais serem eficazes diante do cenário atual em que vivemos. Como, por exemplo, fazer o uso de ferramentas que possibilitam atividades remotas e considerar os participantes como parte ativa das atividades e não apenas como ouvintes.

E o mais importante: ser facilitador é ser gente, acreditar nas pessoas e gostar de trocar experiências. É ser paciente e entender que cada um tem o seu tempo para assimilar novos conceitos e mudar atitudes, e nunca desistir dos desafios que surgem com o passar do tempo.

Isso porque a persistência faz com que o facilitador desenvolva novas técnicas que vão aprimorar cada vez mais a sua capacidade de transmitir a informação, compartilhar novos conceitos e técnicas e engajar as pessoas.

Essa sinergia enriquece a troca de conhecimento e permite que o facilitador atue de forma efetiva e crie condições para que a mensagem flua de modo claro e preciso entre os participantes.

Vejamos quais aspectos podem ser desenvolvidos com o auxílio da facilitação tanto no nível organizacional quanto no nível individual (THE INSTITUTE OF CULTURAL AFFAIRS, s.d.).

Nível organizacional

- Auxiliar no gerenciamento mais efetivo de ambientes complexos e/ou em constante mudança.

- Promover a interação entre times diversos e/ou multiculturais, contribuindo para a criação de times coesos e focados no objetivo comum.
- Estimular a confiança, a cooperação e o bem-estar no ambiente.
- Desenvolver a cultura da participação, na qual a diversidade, os pontos de vista e as experiências de cada um são essenciais.

Perceba que, nesse contexto, a facilitação é utilizada para integrar as pessoas aos processos organizacionais e permitir encontrar o meio termo entre o que a organização necessita e como as pessoas agem.

Quando usada na elaboração ou melhoria de processos, a facilitação torna-se uma ferramenta poderosa para o sucesso, visto que, através de *workshops*, ela viabiliza a discussão para o compartilhamento de ideias e a colaboração na elaboração de soluções.

Figura 1.1. Compartilhamento de ideias. Fonte: adaptado de Pixabay (s.d.).

Nível individual

- Desenvolver as habilidades interpessoais, possibilitando assim que cada um construa relacionamentos mais sólidos.
- Desenvolver o autoconhecimento, pois, conhecendo-se melhor, as decisões são tomadas com mais clareza, e não por impulso.
- Desenvolver a autoconfiança para o envolvimento em tomadas de decisão.

- Desenvolver as habilidades técnicas de cada indivíduo.
- Desenvolver habilidades de comunicação como escuta ativa (Capítulo 12), transparência, respeito, simpatia e empatia.
- Desenvolver a habilidade de gerenciar as partes interessadas.

Veja que, no nível individual, o foco da facilitação é ajudar as pessoas a se capacitarem para que elas se sintam confiantes e cumpram suas funções. É instigá-las a saírem dos casulos em que vivem e a quebrarem paradigmas que as impedem de progredir. É despertar em cada um o desejo da busca contínua pelo conhecimento e desenvolvimento.

Por que precisamos da facilitação?

Através de técnicas e métodos de facilitação, que serão vistos ao longo do livro, conseguimos estimular as pessoas a alcançar o propósito proposto, despertando novos pontos de vista e atitudes.

A facilitação possibilita descomplicar processos e assuntos para a melhor compreensão dos envolvidos, estimulando assim o engajamento de todos na transformação e que soluções mais efetivas possam emergir de suas ideias.

Note, entretanto, que não se faz necessário que sejamos um "facilitador profissional" com algum certificado específico para utilizar essas técnicas e práticas (como retrospectivas e *brainstorming*, por exemplo) em reuniões, apresentações ou *workshops*.

Mas o facilitador deve desenvolver não somente a autopercepção, o autoconhecimento, a expressão corporal e a comunicação, como deve também: saber questionar; manter o foco; priorizar os tópicos; gerenciar o caos; lidar com a diversidade; e, acima de tudo, mensurar e acompanhar os resultados. Tais habilidades serão aprofundadas no decorrer do livro.

Você como líder, gerente, pesquisador ou educador pode, e deve, fazer uso dessas ferramentas a fim de atingir os seus objetivos e enriquecer a experiência de seus times, equipes e alunos (THE INSTITUTE OF CULTURAL AFFAIRS, s.d.).

Portanto, independentemente de qual for a sua área de atuação, lembre-se de que o facilitador é um líder imparcial com o propósito de auxiliar no desenvolvimento das partes para o sucesso do todo.

Figura 1.2. Trabalho em equipe. Fonte: adaptado de Pixabay (s.d.).

2. Onde a facilitação é usada e a sua conexão com ambientes ágeis e de inovação

José Santana Júnior

Apresenta de forma macro o mercado de facilitação e como se conecta com os temas relativos à agilidade, inovação, educação, consultoria etc.; além da persona do facilitador, com o objetivo de criar e manter o ambiente desafiador e harmonioso, em todos os níveis e grupos da organização.

O mercado para os facilitadores

Em função da velocidade e quantidade de mudanças decorrentes do mundo VUCA (do acrônimo em inglês *volatility, uncertainty, complexity e ambiguity)*, as organizações em geral, tanto as que já utilizam *frameworks* ágeis quanto até as mais tradicionais, perceberam a importância de estabelecer o papel do facilitador, como vimos no capítulo anterior.

Um facilitador no contexto em que atua, além de promover um ambiente de rápida adaptação, também deve ajudar as pessoas a ter iniciativa, assumir riscos, ter bons relacionamentos, buscar soluções inovadoras e, não menos importante, ser capaz de inspirá-las.

É através do bom relacionamento e inspirando pessoas que é possível construir um ambiente seguro, onde todos se sentem confortáveis para colocar suas opiniões e, assim, contribuir para um trabalho em equipe.

O facilitador não necessariamente é parte da equipe, mas sim, por algum período, ele estará designado a atuar em uma equipe específica, principalmente atentando para algumas das atividades citadas anteriormente.

Ele precisa ainda ser capaz de conduzir o processo, ser aquele que aprende, que ensina ou que media interações, ou seja, uma pessoa que não interfere no resultado das ações, mas apenas que conduz com maestria para o caminho considerado adequado no ambiente em que ele está inserido.

A persona do facilitador e suas características são genéricas, permitindo que ele possa atuar em qualquer área. Na esfera corporativa, vemos que o facilitador está inserido em todos os níveis da organização: estratégico, tático e operacional.

Seu alcance vai desde o planejamento até a execução e pode estar presente em qualquer segmento de atuação: tecnologia, RH, marketing, educação, alimentação, bebidas, moda, construção, saúde etc.

Na área de educação, o facilitador está presente nas salas de aula (virtual ou *on-line*), na figura do professor ou instrutor, a fim de: promover a criatividade dos alunos; ensinar conceitos básicos; incentivar a troca de ideias, conhecimentos e experimentações; manter o ambiente em harmonia; e engajar os alunos ao estudo contínuo, não somente em tempo de aula.

Dessa forma, normalmente as competências de facilitação são encontradas ou desejadas em perfis como: *Agile Coach, Team Lead*, consultor, professor, instrutor etc. O foco desses profissionais não é somente em processos e entregas, e sim nas pessoas.

Independentemente da nomenclatura ou do rótulo intitulado, o resultado final esperado é de neutralidade de opiniões e foco em eficácia no atingimento dos objetivos com o trabalho realizado com os membros da equipe.

Atualmente, com a crescente disseminação da cultura ágil, o número de facilitadores está aumentando exponencialmente. Existem vários meios para se aprofundar nos conhecimentos a serem aplicados.

Porém, o primeiro deles está ligado ao autoconhecimento e à inteligência emocional, para que o facilitador preserve uma postura neutra diante da diversidade de ideias e opiniões, bem como para conduzir pessoas a um consenso. Conhecer a si mesmo é sempre o primeiro passo para conhecer o outro.

Onde a facilitação é usada?

A economia atual sugere que as organizações e os indivíduos que a compõem devam estar sempre atualizados com as evoluções. E a velocidade e a forma descentralizada com que isso ocorre impacta todos os envolvidos, seja a organização criadora de uma solução, seja também seus usuários.

Toda a diversidade presente em uma organização é representada pelo conjunto de valores e crenças de cada indivíduo, isto é, o repertório singular de cada membro de uma organização permite que seja estabelecida a cultura da empresa.

E é nesse ambiente heterogêneo, plural e de constante aprendizagem que surge o facilitador, que apoia times inteiros na tomada de decisões e definições importantes para a operação e a estratégia do negócio.

Conciliar as diversas perspectivas e criar um ambiente harmonioso para dinâmicas se apropriando de técnicas e habilidades são grandes objetivos da facilitação no universo corporativo. Dentro das organizações, em todos os processos o facilitador está sempre presente. A seguir citamos alguns deles:

Planejamento e objetivo estratégico

O alinhamento de objetivos estratégicos faz parte da agenda de toda empresa orientada a resultados e considera normalmente o cenário de negócios da empresa, portfólio de produtos e serviços, concorrentes e muitos outros tópicos.

O ponto central é que nesse momento do planejamento a organização realiza uma série de discussões para determinar seus resultados esperados para um ciclo e como estrategicamente atuarão para chegar lá.

Nessa etapa também são desenvolvidos ou revisados os valores, a missão e a visão da organização. Torna-se cada vez mais comum abordar esses eventos de planejamento com a facilitação, criando uma atmosfera mais colaborativa e explorando diversos ângulos e possibilidades.

Facilitação estratégica e revisão de processos

O processo de planejamento e facilitação estratégica tem como finalidade organizar e desenvolver os novos processos das organizações, além de ajudar nas escolhas de utilização de novas tecnologias.

A facilitação de uma mudança é importante para que as pessoas envolvidas se preparem para os novos processos através de reuniões e conversas para tirar dúvidas e treinamentos. Afinal, cada vez mais temos um foco nas pessoas e suas relações nas organizações.

Formação e engajamento dos times e facilitação gráfica

Esse é um dos pontos fundamentais da agilidade: indivíduos e interações. As pessoas vão se relacionar entre elas dentro dos times e também com pessoas de times diferentes.

Para garantir que essas pessoas estejam em um ambiente harmonioso e o menos burocrático possível, devemos ter um time com grande sinergia e multidisciplinar. Para que uma equipe trabalhe em alto nível de desempenho, é fundamental uma excelente liderança que extraia o melhor do time e uma cultura organizacional que compreenda a agilidade de forma clara e objetiva.

A liderança e a cultura são duas características que aumentam o engajamento da equipe. A liderança deve encorajar as pessoas a transmitir suas ideias e fazer essas pessoas interagirem em um ambiente saudável. Os times devem ter seus participantes valorizados, reconhecidos e com liberdade e autonomia.

A filosofia com *feedbacks* em tempos curtos permite que o integrante do time aumente seu engajamento. Nas equipes ocorre também uma comunicação bilateral da liderança com o time.

Uma das formas que o facilitador tem de interagir com a equipe é por meio de conversas com o time, dinâmicas e através de ilustrações gráficas ou anotações visuais. Essas ilustrações gráficas podem ser feitas por desenhos à mão ou não, gráficos, colagens etc. A facilitação gráfica procura focar nas informações principais a serem passadas ao grupo. Uma técnica usada é o *visual thinking*, que será explorado mais à frente nesta obra.

Criação e desenvolvimento de soluções

Nesse momento de criação e desenvolvimento é que os processos planejados no alinhamento estratégico e implementado nos planejamentos de facilitação e mudanças são colocados em prática com todas as características dos métodos ágeis: grupo multidisciplinar, a figura do facilitador para remover os impedimentos e o trabalho em ciclos de iteração provocando maior interação das pessoas envolvidas.

Na criação do produto, temos que conseguir as informações do cliente para conhecer suas necessidades e obter um escopo inicial, onde serão geradas amostragens (protótipos) para o cliente visualizar e validar se está no caminho correto.

Para o desenvolvimento de soluções, o escopo inicial é dividido em atividades menores formando o *backlog*. A equipe executará essas atividades em forma de ciclos de iteração e a cada fim de ciclo é avaliado o resultado gerado. Todas essas iterações ajudam o facilitador a reconhecer os impedimentos da equipe em um tempo realmente curto.

Vejamos a seguir algumas características necessárias a um facilitador para criação e desenvolvimento de soluções dentro de uma organização.

Ambiente ágil

A gestão de projetos evoluiu junto com a tecnologia e, por meio de tentativas e erros, foi se atualizando. Entre as alterações na forma de trabalho, verificou-se a necessidade de interagir mais com o cliente, entendendo que as necessidades dele podem mudar e que, ao final, deve ser entregue um produto que responda corretamente ao problema identificado.

Esses ambientes ágeis vêm com a ideia de suprir a necessidade de interação entre as pessoas envolvidas, maior comunicação entre elas, menor burocracia, aumento da confiança entre as pessoas no processo e ambiente físico mais criativo e amplo. O foco principal são as pessoas e resultados, diminuindo o foco nos processos.

Trabalho em equipe

O trabalho em equipe é fundamental para o sucesso de um projeto. Essa equipe deve ser multidisciplinar, ou seja, dentro dela temos conhecimento dos pontos principais para execução do projeto.

Dessa forma, a própria equipe, em um primeiro momento, tenta resolver seus próprios problemas. Isso ocorre de forma rápida e simples, porque as interações dentro desse grupo são intensas.

As conversas e reuniões entre os membros da equipe são encorajadas e vistas como geração e compartilhamento de conhecimento entre a equipe. A equipe, para não perder sua velocidade, deve ter autonomia para as tomadas de decisão.

A autonomia é um ponto fundamental para a velocidade de resposta da equipe. Mas esse grau de autonomia é proporcional ao grau de maturidade, que se refere ao nível de conhecimento, produção e geração de resultados de cada indivíduo dentro da equipe.

Um time com baixa maturidade necessita de um controle maior de seu líder, havendo necessidade de intervenções. Caso possua alta maturidade, o líder tem pouca necessidade de controle e baixa intervenção.

Local de trabalho diferenciado

As organizações têm criado um ambiente com poucas paredes, onde todos podem ver todos. Isso ajuda quando se trabalha de forma presencial, pois visualmente uma pessoa mais distante pode validar se o outro está presente ou não.

A intenção é criar um ambiente com mais sinergia entre as pessoas envolvidas, aumentar a comunicação face a face, mesmo que em equipes diferentes, humanizando o todo. Ainda em relação ao ambiente físico, é comum as pessoas personalizarem suas mesas com fotos da família, brinquedos, imagens de super-heróis, livros de consulta, caneca etc.

Mudanças rápidas

Além das pessoas, outro ponto forte nos ambientes é o tempo de resposta em que é feita uma alteração (manutenção ou implementação nova). Para que isso aconteça, os ambientes funcionam através de ciclos e a cada término surge uma nova entrega ao cliente. Dessa forma, a equipe possui *feedbacks* mais rápidos, com a possibilidade de um tempo de resposta menor.

Ferramentas

Nesse ambiente e na tentativa de manter essa estrutura de organização, surgiram algumas técnicas e ferramentas cada vez mais utilizadas, como: *Scrum*, *Kaizen*, *design thinking*, *kanban*, mapa mental e painel de discussão.

Todas essas ferramentas têm a intenção de criar um ambiente onde todos da equipe tenham uma visão geral de todo o trabalho, que está sendo participativo e realizado de forma simples, transparente e objetiva.

Ambientes ágeis e inovação

A inovação é o cenário que, para a equipe, possui mais incertezas, onde se vai gerando conhecimento a cada iteração com o produto a ser realizado. Isso porque é o momento das escolhas de tecnologia, ferramentas, formas de comunicação, decisão das datas de entregas a serem feitas etc.

Esse momento inicial é complexo, visto que essas escolhas devem levar em consideração os fornecedores e as tecnologias utilizadas, pois, no mundo de hoje, as atualizações e depreciações são constantes e muito rápidas.

Esse cenário de incerteza coloca as pessoas da equipe em conversas intensas e com alguns conflitos de ideias. Nesse momento, as pessoas do grupo podem expressar alguns sentimentos: alegria, tristeza, solidariedade, raiva, ansiedade. Nessa hora a inteligência emocional é fundamental.

Figura 2.1. Conflitos de ideias de forma harmoniosa geram novas ideias. Fonte: o autor.

Conclusão

Hoje acompanhamos o aumento crescente das abordagens novas nas organizações, na literatura, nas consultorias e na esfera educacional. As organizações entendem a importância de as pessoas estarem em ambiente saudáveis, com conflitos de ideias, mas de forma respeitosa e harmoniosa, agregando valor e conhecimento para o time e a organização.

Com a diminuição das hierarquias nas organizações, vemos claramente o aumento da confiança e menos burocracia entre as pessoas envolvidas. Essas características geram mais velocidade, menores custos e maior receptividade às mudanças. E no fluxo transitório da organização que deseja criar um ambiente mais participativo, a facilitação se configura como pilar fundamental para o sucesso.

3. O processo de facilitação

Hilton Menezes
Paulo Boccaletti
Rafaela Sampaio

Uma visão a nível macro sobre o processo e o que não pode faltar na facilitação.

A facilitação parece ser uma arte, mas queremos demonstrar ao longo deste livro que qualquer pessoa pode se tornar um bom facilitador se absorver as atitudes e conhecer as técnicas necessárias.

Neste capítulo falaremos sobre como conduzir a facilitação, com o objetivo de se chegar ao resultado esperado através de um conjunto de etapas que podemos chamar de processo. Entretanto, convidamos o leitor a pensar nisso mais como um jogo.

O que é um jogo?

Pense nos jogos que lhe são familiares, como futebol, tênis, pingue-pongue, pôquer, dama, xadrez etc. O que eles têm em comum? O que faz um jogo diferente de uma simples brincadeira? Para algo se tornar um jogo, deve conter alguns elementos básicos, como: espaço, objetivo, regras e restrições.

O ambiente de jogo é um **espaço** físico ou imaginário onde imperam regras específicas que suportam ou desafiam os participantes a alcançar o objetivo do jogo. Os jogadores devem obedecê-las e entrar por livre e espontânea vontade no espaço de jogo. Não é um jogo se as pessoas são forçadas a jogar!

O espaço é necessário para criar um ambiente onde as pessoas se sintam à vontade para se arriscar, através de proposições e comportamentos que não aconteceriam nos "espaços normais".

Todo jogo precisa de um **objetivo**. Quando esse objetivo é alcançado, então sabe-se que o jogo terminou. Em alguns jogos, o objetivo é medido pelo tempo, como no futebol. Em outros, como no xadrez, podem-se levar dias até que um dos jogadores desista ou o famoso xeque-mate aconteça.

Dentro do espaço de jogo há **regras** que definem o que pode ou não pode ser feito durante o jogo. As regras são invioláveis e quando alguém não as respeita chamamos o ato de trapaça.

Por fim, cada jogo apresenta suas **restrições**, que podem ser: tempo, número de participantes, espaço físico, posicionamento de pessoas, limites de interações. Caberá ao criador do jogo colocar os limites para atingir o objetivo da melhor forma possível.

Figura 3.1. Uma brincadeira pode ser livre, descompromissada de espaço, objetivo, regras e restrições. Fonte: adaptado de Freepik (s.d.)

Figura 3.2. Um jogo acontece em um espaço definido, com objetivo, regras e restrições. Fonte: adaptado de Freepik (s.d.)

O ciclo de vida de um jogo

E se tivéssemos a missão de criar um jogo para o mundo dos negócios que fosse flexível e ágil o suficiente para funcionar em qualquer tipo de empresa, em qualquer vertical de negócio? Como faríamos?

Se pensarmos em um jogo como um novo mundo, é preciso (1) imaginar o mundo, (2) criar o mundo, (3) entrar no mundo, (4) explorar o mundo e, por fim, (5) sair do mundo. Os primeiros dois passos, imaginar e criar, são o planejamento do jogo, e os três últimos passos, entrar, explorar e sair, são sua execução. Uma vez planejado o jogo, pode-se jogá-lo infinitas vezes.

Para criar os jogos do mundo dos negócios, utilizaremos a técnica de *gamestorming* (GRAY; BROWN; MACANUFO, 2010), que permite a colaboração para gerar novas percepções sobre a forma como o mundo funciona e que tipos de possibilidades podemos encontrar.

Como funciona o jogo nos negócios?

Os negócios, assim como um jogo e outras atividades humanas, são construídos em torno de objetivos. Um objetivo define uma tensão entre a condição inicial, que é onde estamos, e o estágio final, que é o resultado que queremos atingir. Entre esses dois estágios existe um espaço ou caminho a ser percorrido, que chamaremos de espaço desafio, conforme Figura 3.3.

Figura 3.3. O espaço desafio é o caminho entre o ponto A e o ponto B. Fonte: os autores.

Geralmente buscamos garantir que os objetivos sejam claros, específicos e mensuráveis. Entretanto, no mundo VUCA encontramos cenários imprevisíveis e, portanto, necessitamos de um esforço mais criativo, que não deseja apenas melhorar gradativamente o passado, mas criar algo completamente novo.

Fica então a questão: e se o resultado esperado ainda não estiver claro e se esse resultado for algo que não havíamos pensado anteriormente?

Figura 3.4. Em uma facilitação, comumente navegaremos por cenários imprevisíveis. Fonte: os autores.

Usando o processo adequado, um facilitador pode guiar um grupo de pessoas através de micro etapas de exploração e experimentação até se atingir um ponto final que todos concordam ser o melhor resultado naquele momento. Cada micro etapa pode ser jogada de forma encadeada ao longo do tempo, criando a motivação e direção necessárias para encontrar boas oportunidades durante a jornada.

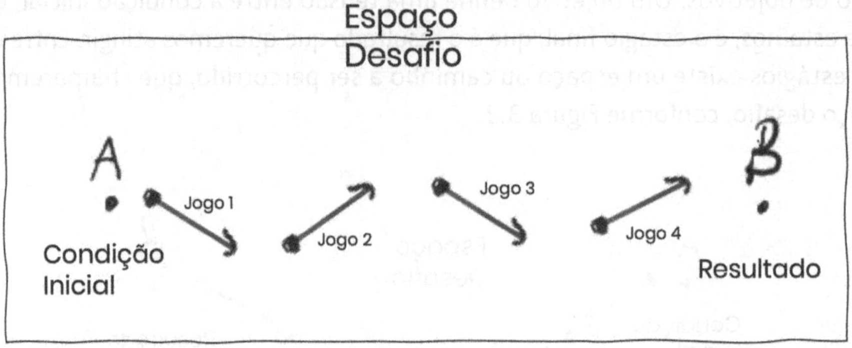

Figura 3.5. Cada facilitação pode ser composta por micro etapas (jogos). Fonte: os autores.

Desenhando um jogo

Um jogo, ou processo de facilitação, tem basicamente três grandes fases: abertura, exploração e fechamento, que nos levam da condição inicial (ponto A) a uma condição final (ponto B). O ponto B não necessariamente é o resultado esperado, mas pode ser uma condição-alvo que desejamos atingir naquele espaço e tempo.

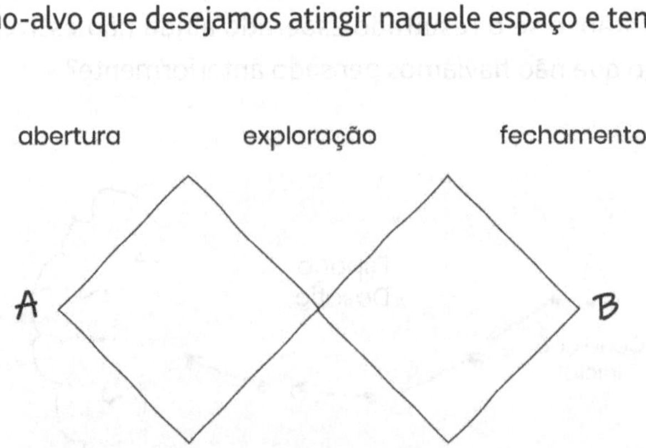

Figura 3.6. Fases de uma facilitação (jogo). Fonte: os autores.

Idealmente, a condição almejada deveria ser descrita em termos de algo tangível, que pode ser qualquer coisa, desde um protótipo até um plano de projeto, ou uma lista de ideias para exploração.

Depois de entendermos os estados inicial e de destino da melhor forma possível (lembre-se de que muitos dos objetivos finais ainda são confusos!), é hora de preencher a forma do jogo. Um jogo, como um bom filme, se desdobra em três atos.

O primeiro ato seleciona os participantes e recursos necessários, prepara o ambiente, desenvolve os temas, as ideias e as informações que criarão as condições para abrir o jogo.

No segundo ato serão examinados, explorados e experimentados os temas que se desenvolveram no primeiro ato.

No terceiro ato, você chegará a conclusões, tomará decisões e planejará as ações que servirão como entrada para a próxima coisa que irá acontecer, seja outro jogo ou qualquer outra possibilidade (desdobramento do resultado, desenvolvimento de uma solução etc.).

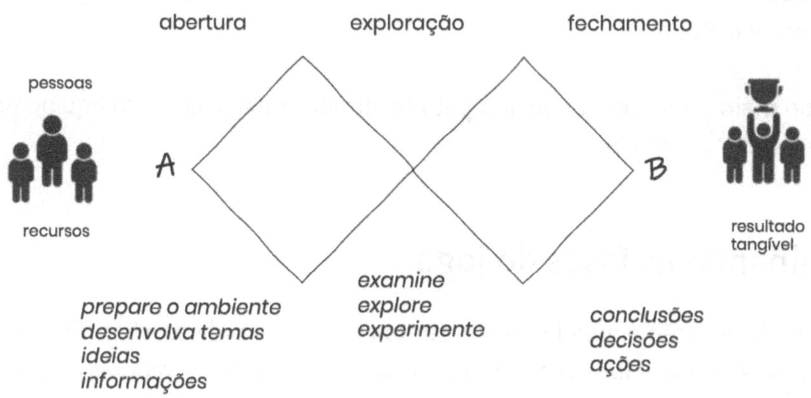

Figura 3.7. Atividades de cada fase. Fonte: os autores.

Selecionar os recursos necessários para o desenvolvimento do jogo é de suma importância! Não obstante, ainda mais importante são as pessoas que atuarão nele. Idealmente, busque pessoas com habilidades multidisciplinares.

Por exemplo, um grupo de desenvolvedores provavelmente abordará um problema do mesmo ponto de vista – e, com isso, a solução final provavelmente será muito técnica.

Mas se o objetivo final do processo é desenvolver algo inovador, então precisamos abordar a questão de diversos ângulos diferentes, e, portanto, a equipe ideal deve ser formada por pessoas de diferentes ocupações e origens culturais.

Essa diversidade oferece um amplo conhecimento de campo, permite o uso de várias técnicas e fomenta diferentes formas de pensar. Sem dúvida, contar com um especialista em negócios, um advogado e um desenvolvedor, permitirá ao time chegar a uma compreensão mais abrangente de um problema do que em uma equipe formada apenas por desenvolvedores.

Assim, as ideias apontadas e as soluções desenvolvidas provavelmente serão mais surpreendentes e diversificadas. É por isso que recomendamos que os participantes sejam escolhidos com o objetivo de formar uma equipe heterogênea e altamente diversificada.

O número de participantes pode variar, podendo-se trabalhar com grupos de 20 a 30 pessoas simultaneamente, divididos em equipes menores. Nossa experiência relata que dividir grandes grupos em equipes de três a cinco pessoas gera mais contribuições e diálogo.

O grupo maior deve ser conduzido pelo facilitador líder, mas cada equipe deve ter seu facilitador acompanhante.

Detalhando as fases do jogo

Uma boa facilitação é guiada por perguntas que iniciam discussões. Quem conduz uma conversa é quem faz as perguntas; portanto, indagações geradoras de pensamentos, reflexões, emoções e sensações têm maior probabilidade de obter o resultado desejado.

Existem muitos tipos de técnicas de questionamento que requerem estudo e prática cuidadosos. Você pode usá-los para mudar as perspectivas das pessoas sobre um problema, detalhar para expor as causas-raízes, elevar uma conversa a um plano superior e muitas outras coisas.

Ato 1: abrindo um jogo

A fase de abertura no processo de facilitação é de suma importância para o sucesso das fases seguintes e, por conseguinte, para o resultado final. É nesse início que se estabelecem o clima e o ritmo do processo ou jogo, bem como o contexto do que será trabalhado, suas temáticas, o objetivo geral, os objetivos específicos e as restrições.

A palavra-chave para este estágio é "divergente", cujo objetivo é fazer com que os participantes criem mais repertório sobre os temas trabalhados. Uma abertura bem-sucedida cria um ambiente confortável para que os participantes abram suas mentes e explorem novas possibilidades.

A preparação pode conter dinâmicas de quebra-gelo, que têm o objetivo de favorecer a interação entre os participantes para que a troca de informações e de conhecimentos seja a mais rica possível, além de quebrar aquela sensação estranha no início de atividades coletivas.

Exemplos de perguntas de abertura:

- Como se define o problema que estamos enfrentando?
- Que tipo de coisas queremos explorar?
- Quais são as áreas com maiores problemas?

Ato 2: explorando ou navegando pelo jogo

Depois de ter a energia e as ideias fluindo, tente ver coisas antigas de novas maneiras, peneire e classifique as ideias. Procure construir e testar coisas e assim por diante. A palavra-chave para o estágio de exploração é "emergente", onde você deseja criar as condições que permitirão o inesperado – não se assuste se coisas surpreendentes surgirem.

Exemplos de perguntas de navegação:

- Isso está nos ajudando a chegar aonde queremos ir?
- Essa é uma discussão útil?
- Devemos discutir este tema posteriormente?
- Como isso funciona?
- O que mais funciona assim?
- Quais as partes e o todo?
- E se estivermos errados?
- E se todas as barreiras forem removidas?

Antes de fazer muitas perguntas exploratórias, lembre-se de que você pode ter mais experiência em contextos complexos do que as outras pessoas na sala, principalmente se você estiver em uma posição de liderança. Se você expressar muitas dúvidas, pode deixar as pessoas nervosas.

Existem duas perguntas que valem a pena ao depararmos com algo novo. A primeira é: o que é isso? E a segunda é: o que posso fazer com isso? A primeira pergunta busca investigar algo, enquanto a segunda lida com a experimentação de algo.

Ao fazer perguntas de investigação, procure se concentrar em detalhes, especificidades e características observáveis. Tente tornar as ideias abstratas mais concretas, quantificando-as e qualificando-as.

Ao explorar questões mais experimentais procure levar os participantes a um nível mais alto de abstração para encontrar semelhanças com outras coisas, para fazer conexões improváveis e inesperadas. Seja o que for, experimente.

Ato 3: fechando o jogo

A palavra-chave para este estágio é "convergente", ou seja, seu objetivo maior é levar os participantes a selecionar os possíveis caminhos a serem tomados ao final da facilitação. Não há problema se não se chegou a uma conclusão clara a ponto de se tornar algum plano de ação factível.

Pode ser que a conclusão seja de que serão necessárias uma ou mais facilitações com novos contextos e pessoas. As perguntas de fechamento têm a função oposta às perguntas de abertura.

Exemplos de perguntas de fechamento:

- Como priorizar estas opções?
- O que é realizável?
- O que podemos fazer nas próximas duas semanas?
- Quem fará isso?

O final de uma facilitação pode ser muito cansativo, e o ideal é terminá-la com uma sensação de dever cumprido. Essa é uma das razões para procurar criar resultados tangíveis no encerramento do ciclo.

Conclusão

Orientar o processo de facilitação através da técnica de criação de jogos tem se mostrado muito eficiente e eficaz no mundo dos negócios. Ela pode ser usada com sucesso em diversas situações, desde reuniões simples até dinâmicas de *design thinking* e no desenvolvimento ágil de produtos complexos.

Naturalmente, somente a prática com essas dinâmicas em espaços diversos, com objetivos, tempos e restrições, tornará o iniciante um facilitador sagaz e experiente.

Claro que a troca de experiência com outras pessoas é de grande valia nesse processo de aprendizado. Recomendamos fortemente o acesso ao site <https://gamestorming.com/>, que, além de uma grande coleção de dinâmicas de abertura, exploração e fechamento, tem também um conjunto de ferramentas de cocriação usadas por inovadores em todo o mundo.

4. Facilitação visual

Gisele Botelho
Jalber Pessoa
Caio Monfort

A facilitação visual leva a uma melhora significativa na aprendizagem e fixação de informações. Saiba como essa ferramenta pode ajudar a superar os desafios de comunicação em sua organização.

Desafios da comunicação nas organizações

Um dos principais problemas atuais nas organizações é a comunicação interna. Isso acontece porque cada pessoa entende e processa informações de forma completamente diferente, fazendo com que uma das principais preocupações das grandes organizações seja tornar sua comunicação mais objetiva para que todos entendam a informação da mesma maneira.

Uma comunicação ineficiente traz problemas bem mais profundos do que apenas perguntas excessivas e retrabalho. São impactos que vão muito além das salas de reuniões: por muitas vezes eles são levados para casa como uma forma de descontentamento do profissional, ou até descontentamento de um cliente, que pode vir a romper seus contratos.

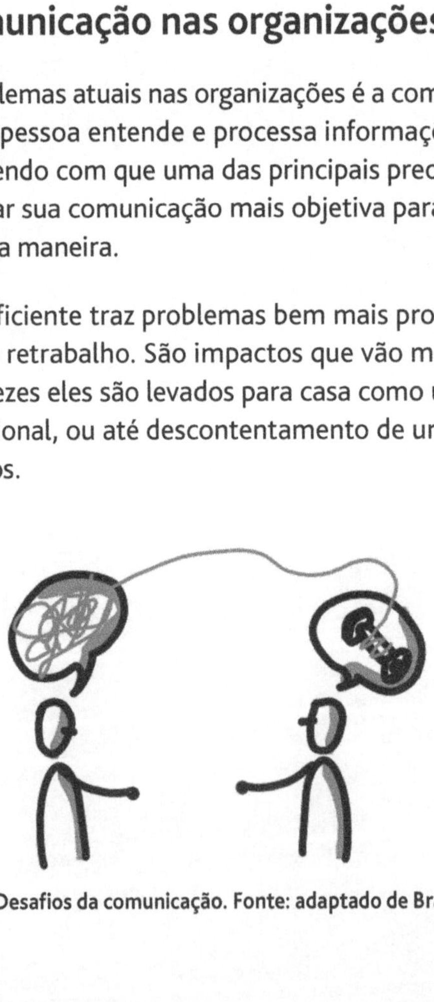

Figura 4.1. Desafios da comunicação. Fonte: adaptado de Brand (2017).

Em uma reunião, por exemplo, se o interlocutor não consegue passar a mensagem que ele quer, os participantes da reunião não conseguirão entender qual é o real motivo dessa comunicação que está sendo passada – e, a partir desse momento, uma pequena crise interna pode começar a acontecer.

Esses problemas citados são uma parte bem pequena de situações pelas quais podemos passar ao não nos comunicarmos objetivamente.

O *visual thinking*, ou "pensamento visual" em português, é um importante aliado no dia a dia do ambiente de trabalho para melhorar a nossa comunicação. Assim, você evita esses e outros problemas que advêm de uma reunião longa e sem alinhamento de expectativas.

O que é *visual thinking*?

Visual thinking é sobre expressar ideias. É a expressão visual como uma forma de organização de pensamentos relacionados a algum tipo de assunto ou tema específico. Ele ajuda a potencializar sua criatividade e a se comunicar melhor utilizando a fala, a escrita e o visual.

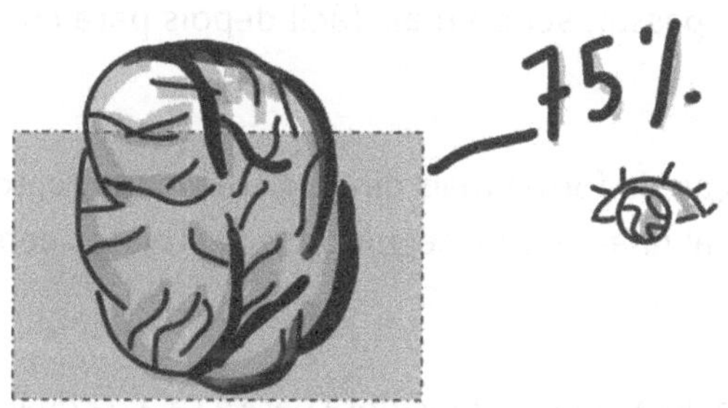

Figura 4.2. 75% dos neurônios sensitivos têm relação com processamento visual. Fonte: adaptado de Brand (2017).

Dan Roam, escritor do *best-seller* internacional "The Back of the Napkin" (2013), fala que 75% dos nossos neurônios sensitivos são dedicados ao processamento visual.

É provado cientificamente que o nosso cérebro retém bem mais informações visuais do que palavras, além de conseguir entendê-las muito mais rápido.

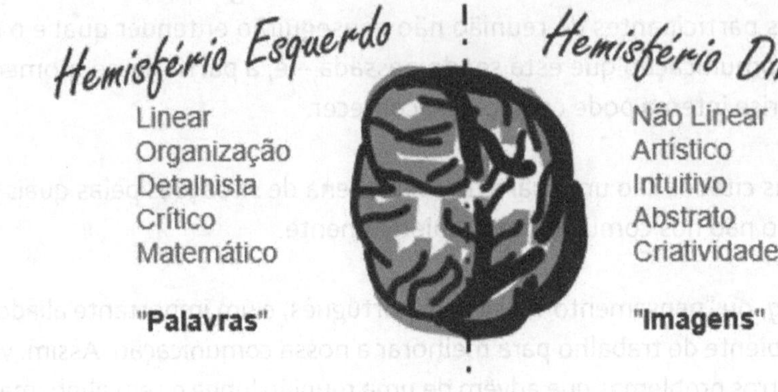

Figura 4.3. Hemisférios cerebrais e suas peculiaridades.
Fonte: adaptado de Gisele Botelho (s.d.).

Isso acontece porque utilizamos os dois lados do cérebro (esquerdo e direito). Na imagem da Figura 4.3 vemos a representação da predominância das informações no nosso cérebro.

Então imagine você informando algo com uma imagem – por exemplo, uma anotação visual em seu ambiente de trabalho. Além de ajudar na entrega da informação, você ajuda o receptor a interligar outros tipos de informações com aquela que você acabou de passar, sendo mais fácil depois para conectar as ideias e os pensamentos.

Passando a informação de forma mais direta e transparente, todos que a estão recebendo ficam mais alinhados para seguir os seus projetos depois do momento da apresentação.

O *visual thinking* traz uma energia inovadora para a sala na qual está sendo apresentado o projeto. As pessoas envolvidas podem trabalhar juntas, criar, trazer ideias e se expressar de maneira mais livre do que com aquelas apresentações burocráticas e engessadas.

Figura 4.4. Colaboração do time em um quadro branco.
Fonte: adaptado de Gisele Botelho (s.d.).

A colaboração dos envolvidos é nitidamente maior, pois eles percebem que aquela não é somente mais uma reunião maçante e cansativa, mas, sim, uma possibilidade única de aprender processos novos e de criar relações interpessoais com colaboradores que talvez não sejam especificamente da sua equipe.

A anotação visual que pode ser criada dentro da reunião com os times é uma forma de produzir um espaço neutro, onde o incentivo de ter um debate saudável sobre possibilidades e novas ideias já está no ar e foi criado pelos apresentadores.

Mais do que ficar ligado no que estão dizendo, eles podem literalmente "ver" o que são todas as ideias e os pensamentos de cada membro da equipe.

Muitas empresas estão dando mais atenção agora a um dos grandes benefícios do *visual thinking*: o fato de que as reuniões produtivas geram inteligência coletiva, inteligência criativa e emocional, além de permitir alcançar resultados profundamente relevantes para o desenvolvimento do trabalho.

Posso fazer anotações visuais sem saber desenhar?

Não é preciso saber desenhar para materializar o pensamento visual. É uma habilidade que pode ser aprendida a qualquer tempo e por todo tipo de pessoa.

Como diz Sunni Brown, autora do livro "The Doodle Revolution" (2014): "nós, desde pequenos, somos incentivados a desenhar para expressar ideias e sentimentos, e, ao longo do nosso desenvolvimento, esse incentivo acaba ficando para trás, surgindo outras prioridades na nossa vida".

A partir desse momento, quando é necessário entrar no meio do desenho, ou melhor, da anotação visual, as pessoas têm um pouco de preconceito, porque pensam que, para entenderem o que você está falando, você precisa desenhar.

Mas não, é justamente o contrário. Com as informações vindas de forma visual, você acaba poupando o tempo das equipes. Elas vão poder processar tais informações mais produtivamente, já que você conseguiu passá-las de forma clara e objetiva.

Como organizar as informações visualmente?

Existem diversos meios de organizar as informações para conseguir enxergar as conexões e os agrupamentos de conteúdo.

Anotações visuais ajudam a empresa que tem como objetivo simplificar seus processos por meio do pensamento visual, interpretando através desses ícones seus planos e projeções. Também é possível utilizar essa ferramenta para esboçar estruturas organizacionais ou até mesmo para criar um fluxo de tarefas.

Figura 4.5. Tipos de anotações. Fonte: adaptado de Brown (2014).

Vamos entender os **tipos de anotações visuais:**

1. **Anotações não ao vivo:** é uma anotação pessoal realizada "offline". Por exemplo: você pode ver um vídeo ou ler um livro e ir fazendo suas anotações visuais.
2. **Anotações ao vivo:** você assiste a algo que está sendo transmitido ao vivo (exemplo: *live*, palestras ou aulas) e faz suas anotações visuais.

3. **Facilitação visual em grupo e ao vivo:** esta geralmente acontece nas empresas ou para quem está ministrando aulas. Você precisa de um pouco de habilidade e conhecer algumas técnicas básicas de organização das informações para ajudar a equipe a compreender uma determinada informação. É possível realizar a facilitação visual em grupo de forma presencial (quadro branco ou cavalete de *flip-chart*) ou virtual (ferramentas de colaboração como Miro e Mural).
4. **Facilitação gráfica para plateia:** este é outro tema. A facilitação gráfica é para profissionais que desejam seguir a carreira de facilitador gráfico, pois exige muito treino, conhecimento artístico e materiais especiais para realização da confecção de grandes painéis.

Os três primeiros tipos de anotações visuais são para qualquer pessoa e não exigem conhecimento artístico.

O desenho, o fluxo de entendimento, a hierarquia das informações, tudo isso vai ficando mais fácil de entender conforme você vai exercitando. Depois você acaba fazendo tudo no automático, de forma simples e prática. E, assim, ganha confiança para realizar facilitações visuais em grupo.

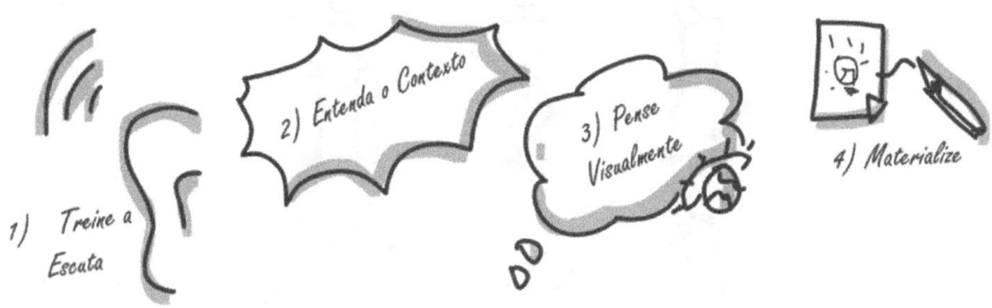

Figura 4.6. Passos para realizar anotações visuais. Fonte: adaptado de Gisele Botelho (s.d.).

Para começar, os **passos para realizar anotações visuais** são:

1. Treine a escuta ativa.
2. Entenda o contexto e o que o outro quer dizer.
3. Pense visualmente.
4. Só depois que você ouviu, entendeu e viu a imagem na sua mente é que você materializa a anotação visual (coloca no papel, efetivamente).

A caligrafia não é o foco, mas você sempre vai usar palavras nas anotações visuais. Para facilitar, utilize letras de fôrma, caixa alta e baixa. Simples assim.

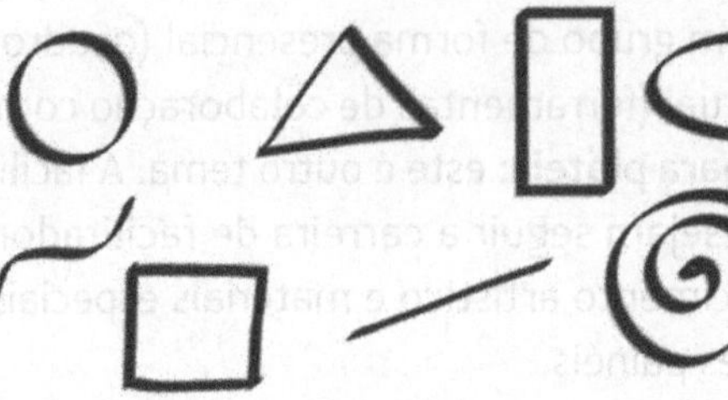

Figura 4.7. Formas geométricas básicas para construir imagens. Fonte: adaptado de Brown (2014).

Para construir as imagens, pense em traços simples. Utilize as formas geométricas básicas.

Figura 4.8. Representando pessoas e expressões em traços simples. Fonte: adaptado de Brown (2014).

Para construir os *doodles*/ícones, treine imagens do seu dia a dia. Busque referências na internet, pesquise figuras que estão ligadas ao seu trabalho. Treine!

Conclusão

É possível medir a eficácia da facilitação visual a partir do engajamento das pessoas acerca da comunicação feita, bem como a partir da produtividade delas no trabalho. Quando é informado algo simples e prático, então elas se sentem motivadas a participar de reuniões de planejamentos.

Figura 4.9. Sucesso. Fonte: adaptado de Brand (2017).

Essa melhora na comunicação se reflete nos resultados de um projeto, por exemplo: em reuniões mais eficazes, nos elogios das pessoas, na receptividade em relação ao convite para uma reunião, no fechamento de um contrato com cliente etc.

5. Anatomia do facilitador

Ricardo Lima Cardoso
José Santana Júnior
Leoneide Tonso

Uma visão geral das características fundamentais do facilitador.

Conforme mencionado no Capítulo 1, a definição de facilitador é: aquele que simplifica, torna fácil, é dinamizador.

Em nossas vidas, observamos o papel do facilitador atuando por todo o tempo e em todas as situações, seja executado por nós mesmos e em outros momentos por outras pessoas.

Esse "personagem" pode e deve ser representado por alguém sempre que algo precise ser feito por um grupo de pessoas que não necessariamente estão dispostas a fazer ou que concordem com o "como" deve ser feito.

Voltando à sala de aula, se observarmos uma turma em uma universidade, podemos identificar a diversidade de interesses, objetivos, formas de absorção de conhecimento e tantos outros itens que, se aprofundarmos, nos fazem perceber esse grupo cada vez mais como um todo heterogêneo.

Conexão

Com esse contexto que identificamos, o facilitador – no nosso exemplo, um professor universitário – tem a missão de conduzir esse grupo de pessoas a um estágio superior ao que se encontra hoje na matéria ministrada em suas aulas.

Existe então um conjunto de fatos que precisam ocorrer durante esse caminho. Para realizá-los, precisamos, além de todo o conhecimento específico sobre o tema, de características adicionais para essa condução do processo de transferência de conhecimento: uma delas é a conexão.

Conectar nesse contexto é transformar o grupo de pessoas envolvidas em um ou mais times. Times possuem propósito, missão e valores! Executam as missões propostas e se mantêm focados em objetivos.

Para essa conexão se tornar verdade, é necessária uma ligação do que é valor para os envolvidos em nossa missão e o valor da própria missão. Ou seja, precisamos estabelecer com todos uma compreensão de que "estamos no mesmo barco".

Conector – Pessoas tendem a se conectar por afinidades, sejam de valores, desejos ou propósitos. Identificar esses itens em cada time ou indivíduo e estabelecer a conexão com o propósito de toda a equipe é um dos grandes desafios do facilitador, pois demanda todo um esforço para conhecê-los e exercitar a empatia no mais alto nível possível. Assim, o facilitador consegue o primeiro passo da conexão.

Conexão com o time estabelecida, o segundo passo é efetuar o "link" com a missão proposta, ou seja, encontrar na missão o que atende ao indivíduo ou time, nos seus conjuntos de valores, desejos ou propósitos.

Transparência

Com o cenário de expectativas dos indivíduos e times e o propósito da missão devidamente conectados, é necessário que fique claro e validado o entendimento sobre o quanto as expectativas do time serão alcançadas e qual o caminho a ser perseguido, bem como o que não será atendido.

Isso faz parte do acordo de confiança a ser estabelecido entre todas as partes envolvidas, pois todos precisam saber pelo menos quais expectativas devem atender, em qual nível e como.

Um professor na universidade, ao saber que um dos autores deste capítulo se aventuraria em ter uma *startup* (em plenos anos 2000), disse o seguinte: "Sei o que vocês estão fazendo! Se um aluno meu se aventura a fazer isso, já valeu a pena!".

Nesse momento, foi possível entender a conexão do aluno com o propósito dele como educador – e ele de certa forma também foi responsável por despertar o jeito *startup*/ágil de ser no seu aluno, de forma a atender seus anseios e propósito.

O que podemos tirar de lição dessa experiência é que as suas falas tiveram uma característica em comum: a transparência. Em suas aulas, ele sempre deixava bem claro que a quebra de *status quo* era uma necessidade constante, seja de um sistema, processo ou pessoas (comportamentos). Como o aluno concordava com essa teoria, foi estabelecida a conexão e os propósitos foram alinhados.

Transparente – A garantia de alinhamento e entendimento, sobretudo, é elemento fundamental para estabelecer dois grandes pilares da facilitação, que são: comunicação e confiança.

A comunicação é o motivo da grande maioria de desvios, desconfortos e frustrações em tudo que envolve a humanidade.

Já quando falamos da confiança, trata-se do momento de estabelecermos um "acordo". As partes deixam claro, de forma transparente e validando os entendimentos, como se dará o atendimento das expectativas.

Negociação

Como toda turma universitária, a sala do autor deste capítulo era totalmente heterogênea: tínhamos os mais diversos tipos de expectativas. Alguns queriam ter uma empresa e inventar algo novo e outros queriam atuar em grandes empresas já estabelecidas e seguir carreira nas grandes corporações.

Pessoas de gerações e classes sociais diferentes em uma mesma sala, com suas conexões estabelecidas e propósitos alinhados. Cada um sabia quem era o outro e com qual nível de conexão estavam ligados.

Isso explica a afinidade de cada indivíduo com a matéria e o professor que a ministrava, impactando diretamente no resultado de cada aluno naquela disciplina.

Esse ecossistema, então, começa a funcionar, as ações seguem acontecendo e, com a mesma quantidade de recursos e diversos objetivos que se entrelaçam, as negociações passam a fazer parte do nosso dia a dia.

Em nosso exemplo, teremos alunos com maior disponibilidade de tempo, outros com limitação de horário de saída e chegada e tantas outras situações que podem ocorrer em grupos heterogêneos.

O facilitador, dessa forma, atua diretamente em busca do maior atendimento possível a todas as expectativas dos indivíduos e times. Dividir a turma em horários diferentes para aplicação de provas e atividades de entrega e concentrar conteúdos e dúvidas durante as aulas em horários combinados são ações que atendem às necessidades relatadas na nossa história.

No dia a dia de uma empresa, por exemplo, já adotamos horário flexível, *home office* e outras ações para que a negociação tenha o maior número possível de variáveis para combinar e chegarmos a um grande "acordo".

Negociador – Com a diversidade de motivadores, prioridades e diversidade de visões sobre o que é importante, agregado à necessidade e cobrança de cada indivíduo, a negociação é constante em um processo de facilitação. O facilitador é o responsável por efetuar as mediações e garantir o melhor resultado possível para todos os envolvidos, o tempo todo.

Comunicação

Se observarmos as três características abordadas neste capítulo (conector, transparente e negociador), temos algo em comum: a comunicação efetiva. A comunicação é, e sempre foi no decorrer da história, o maior desafio entre os seres vivos!

Estabelecer um canal de comunicação efetivo demanda, pelo menos, alguns itens básicos:

- **Emissor** – Responsável por enviar a informação ao receptor (Ex.: solicitante de uma demanda).
- **Receptor** – Responsável por receber a informação enviada (Ex.: executor de uma demanda).
- **Meio** – Canal de comunicação a ser utilizado (Ex.: e-mail).
- **Protocolo** – Codificação em que a mensagem foi descrita (Ex.: idioma de escrita).

Dos itens descritos, o protocolo de comunicação é o que está mais ao alcance de gestão pelo facilitador do que os outros itens, e através da sua criação é possível atuar nos outros itens, ajustando para o melhor fluxo de comunicação possível.

O protocolo de comunicação estabelece a linguagem, o tom, o volume, a abrangência e a abordagem com cada público. No caso dos professores, existem momentos durante a explanação de um tema em que avisam: "isso cai na prova!".

Esse gatilho provoca imediatamente nos alunos que têm interesse em alcançar boas notas uma dedicação especial àquele tema, efetuando as devidas anotações e buscando a fixação daquele conhecimento.

Em nossos projetos, é comum, durante a apresentação das necessidades, buscarmos identificar quais são as prioridades e do que não podemos abrir mão.

Garantir esse entendimento entre as partes e, como resultado da negociação o compromisso do que será entregue, é um ganho significativo de possibilidade de sucesso e satisfação da entrega programada.

Comunicador – Comunicação é a ferramenta base da facilitação, seja ela verbal, não verbal ou sistêmica, e sempre estará presente em todas as fases e situações da nossa vida, incluindo o dia a dia nas empresas.

O facilitador, ao conduzir os times para a realização do que precisa ser feito, administra os ânimos e anseios (isso inclui uma boa dose de CNV – Comunicação Não Violenta –, que será vista no Capítulo 11), atua na manutenção do foco do evento e garante o entendimento dos acordos entre as partes.

Questionamento

No decorrer do percurso, também são comuns, principalmente quando estamos em busca de uma solução para algo que precisa acontecer, momentos nos quais as pessoas e equipes "travam" e não evoluem para o estágio seguinte.

O apego às hipóteses propostas, o cansaço e o desgaste são componentes que contribuem para a estagnação. O princípio de "se apaixone pelo problema e não pela solução" é um caminho viável para sair da inércia e retomar a evolução do time em direção à meta estabelecida.

Dessa forma, o facilitador tem como ferramenta realizar questionamentos, como, por exemplo, "por que optamos por este caminho?", buscando sempre: invalidar as hipóteses de solução; evidenciar junto ao time o maior nível de detalhamento de cada caminho que temos como opção; destrinchar toda a informação possível; e enriquecer o entendimento de todos.

A estagnação estabelecida é, assim, quebrada e voltamos a seguir rumo ao sucesso da nossa missão!

O questionamento nos ajuda também a provocar um maior entendimento entre as partes sobre o que cada um entende como importante e por que esse entendimento, além de gerar entre as pessoas o sentimento/comportamento fundamental para o sucesso das negociações e acordos: a empatia (detalhada no Capítulo 7).

Questionador – Um princípio muito utilizado no mundo das descobertas é: "o que move o mundo são as perguntas e não as respostas". Sendo assim, questionar todos os "porquês", "quês" e "como" conduz os times a novas reflexões, revisões do que já foi vivido e enriquece esse "passado" com as novas descobertas que surgiram após as etapas anteriores.

Surge então um novo e mais abrangente entendimento sobre o cenário e, consequentemente, um maior conhecimento e novas possibilidades, bem como tira dos indivíduos o peso de impor algo e traz a discussão do "como seria se..." ou "por que precisa ser assim?".

Motivação

Esse estado talvez seja o que mais demande esforço do indivíduo, dos times e, principalmente, do facilitador. Vale lembrar que a motivação é baseada em interesses e benefícios a serem atingidos, e ambos são individuais!

Existem pessoas que se sentem motivadas se puderem ter horário de trabalho flexível. Para outros, a possibilidade de viagens e ascensão profissional. Enfim, temos uma incontável lista de motivadores que habitam nosso dia a dia, e quanto maior o time e sua diversidade, maior será a quantidade de motivadores que devemos ter em nosso radar.

Como citado antes, quando um professor diz em sua aula "isso cai na prova", esse gatilho desperta em nós a motivação para prestarmos mais atenção, darmos mais valor ao tema e nos preocuparmos com a fixação daquele conhecimento.

O facilitador deve possuir o "radar da motivação" ligado durante todo o tempo de atuação com os times, pois será comum deparar com indivíduos e times desmotivados por diversas razões. Por exemplo, um resultado ruim de uma entrega, o não atingimento de uma meta, o não cumprimento de algo prometido, o desgaste nas relações e tantas outras frustrações inerentes ao dia a dia de todos nós.

A inclusão no processo do time da "comemoração de pequenas vitórias" é um caminho que ajuda o facilitador a manter a motivação do time, pois promove o reconhecimento do esforço feito até o momento, finaliza etapas e eleva a tendência de "zerar" sentimentos ou percepções ruins de si mesmo e de outros indivíduos.

Motivador – O facilitador deve ter a capacidade de motivar os indivíduos e times que atuam para atingir um objetivo. Necessariamente, ele precisa identificar os motivadores intrínsecos de cada um e o *link* com cada entrega, fato ou fase do projeto em que estamos atuando.

Manter o status desse *link* evidenciado com transparência e visão de futuro irá contribuir para que os níveis de motivação estejam no melhor patamar possível para o momento presente. Temos também as comemorações de pequenas vitórias, que entregam o sentimento de realização a cada um que faz parte do time.

Disciplina e cadência

Seguindo a linha de que aquilo que gera habilidade é o uso, o costume e o hábito em repetir ações e comportamentos, a disciplina é um fator importante no resultado de um processo de facilitação a ser concretizado.

Podemos incluir nesse cenário: as reuniões de equipe com seus devidos horários e "*time boxes*" respeitados; os cronogramas de comunicação e divulgação de andamento do projeto e seus resultados já obtidos; programas de treinamentos e reconhecimentos mantidos dentro de datas e horários combinados.

Vale lembrar que a flexibilidade também faz parte da disciplina, pois existem momentos nessa jornada que precisamos nos adaptar à situação. Uma alteração, desde que avisada com antecedência e alinhada com todos, mantém a cadência do trabalho em equipe.

A cadência, por sua vez, tem o papel de criar o hábito de executar as ações propostas e manter o sentido de urgência em níveis necessários para as entregas. Quando lembramos do nosso processo de aprendizado, por exemplo, basicamente: os professores nos dão o conteúdo; fazemos exercícios práticos; são compartilhadas as dúvidas; e então é aplicada a prova, para comprovar o conhecimento sobre a matéria.

Em todas as partes do processo sabemos o que vai acontecer, nos preparamos para isso e seguimos atuando em cada etapa cada vez melhor, pois foi gerada a habilidade com a cadência das ações que são efetuadas.

Em projetos de desenvolvimento de softwares com metodologias ágeis, esse conceito é vivido na íntegra quando criamos as esteiras de *discovery* e *delivery*, e podemos observar a evolução das entregas a cada *Sprint* concluída.

Disciplinado – Manter uma disciplina em times heterogêneos faz parte do desafio do facilitador. Com o passar do tempo, as pessoas tendem a uma busca até inconsciente de relaxamento nos compromissos, entregas e principalmente de *reports* e comunicação.

O facilitador, por sua vez, mantendo-se como referência nos compromissos e comunicações acordados, buscando o *link* com as ações que precisam ser executadas e os motivadores de cada membro do time de forma constante, irá contribuir para que a disciplina seja orgânica na equipe e que a cadência do trabalho seja mantida.

Conclusão

Neste capítulo, comentamos a anatomia do facilitador, ou seja, a estrutura de princípios fundamentais que o facilitador deve possuir e que deve usar para elevar a comunicação do grupo na busca por soluções.

Na anatomia do facilitador temos o papel do comunicador como ferramenta base dos princípios fundamentais. O papel de comunicador está englobado em todas as outras características, e com essa base é possível ter os demais papéis: negociador, questionador e motivador.

Essa comunicação pode ser corporal, falada, escrita e ilustrativa, e deve ser feita de forma empática e transparente. É importante que o grupo consiga perceber todos esses papéis, bem como a empatia e transparência em todos os momentos.

Dessa forma, o facilitador terá seu grupo disciplinado e com cadência. E essa percepção do grupo sobre seu facilitador é o sucesso da comunicação. Com isso, o grupo terá um ambiente harmonioso, encorajador, engajador e com alto grau de confiança entre os integrantes e seu líder.

PARTE II
DEVELOP (HABILIDADES)

6. Inteligência emocional e autopercepção

Luiz Eduardo Labriola
Vasco Roberto Marinho Braga
Robertha Magalhães Rodrigues
Leonardo Cruz

A importância da autopercepção e do autoconhecimento para o melhor desempenho da facilitação.

Nos capítulos anteriores compreendemos o que é a facilitação, seus processos, sua importância para as organizações e algumas características do facilitador. Neste capítulo abordaremos um ponto altamente relevante para a facilitação: a **inteligência emocional**.

Entretanto, não iremos apresentar apenas os conceitos que permeiam o tema. Iremos propor algumas reflexões para que, ao longo da leitura, possamos compreender a importância da autopercepção e do autoconhecimento para a atuação do facilitador.

Antes de falarmos diretamente sobre inteligência emocional, vamos trazer pequenas coisas do nosso dia a dia pelas quais passamos muitas vezes de forma despercebida. Vamos começar abordando alguns sentimentos como felicidade, amor, surpresa, frustração, medo, raiva – certamente essas são algumas emoções que você já vivenciou ao longo da sua vida.

Provavelmente, frente a uma delas, em frações de segundos, você teve alguma reação que depois o levou a pensar: por que fiz isso? Por que não pensei antes de agir? Por que não tomei uma ação?

Quando paramos para analisar nossas reações, a forma como nos mostramos para o outro, percebemos a complexidade desse tema. Agora imagine esses mesmos sentimentos quando aplicados no lado profissional.

Com essa complexidade, a inteligência emocional vem ganhando cada vez mais destaque, seja no mundo corporativo, independentemente da área de atuação, seja nas nossas relações pessoais, visto que nossas emoções permeiam todos os tipos de relação, inclusive as profissionais, como, por exemplo, durante as facilitações.

No mundo corporativo, sempre ouvimos que um profissional é contratado por suas "*hard skills*" e demitido por falta de "*soft skills*", ou seja, contrata-se por habilidade técnica e demite-se por comportamento.

Nosso desempenho não deve ser avaliado apenas pelo conhecimento técnico, e a inteligência emocional é um requisito cada vez mais solicitado. Segundo o site da consultoria TalentSmart EQ (s.d.), 58% do desempenho no trabalho está ligado à inteligência emocional.

O que é inteligência emocional

Inteligência Emocional (IE) é um conceito criado em 1990 pelos psicólogos John Mayer e Peter Salovey que foi difundido pelo também psicólogo Daniel Goleman, conhecido como o pai da IE, através do livro "Inteligência Emocional: a teoria revolucionária que redefine o que é ser inteligente" (2012).

Goleman recebeu esse título por ter sido um dos pioneiros a afirmar que a forma como as pessoas reconhecem e gerem suas emoções e as emoções de seus relacionamentos (ou seja, a IE) é tão importante quanto o Quociente Intelectual (QI).

Para Salovey e Mayer (1997), inteligência emocional é "a capacidade de perceber e exprimir a emoção, assimilá-la ao pensamento, compreender e raciocinar com ela, e saber regulá-la em si próprio e nos outros".

Inteligência emocional é uma habilidade individual de processamento das informações trazidas pelas emoções. Consequentemente, trata-se da maneira com a qual cada um reage a elas.

Goleman (1999) define a inteligência emocional como a "capacidade de identificar os nossos próprios sentimentos e os dos outros, de nos motivarmos e de gerir bem as emoções dentro de nós e nos nossos relacionamentos".

Pilares da inteligência emocional

De acordo com Salovey e Mayer, *apud* Goleman (2012), a inteligência emocional pode ser definida em cinco pilares:

1. **Conhecer as próprias emoções.** Autoconhecimento é uma parte fundamental da inteligência emocional. O primeiro passo para poder controlar seus sentimentos é percebê-los. A falta dessa percepção nos deixa mais vulneráveis e à mercê de nossos sentimentos.
2. **Lidar com emoções.** Com o autoconhecimento é possível desenvolver a autoconsciência. Essa autoconsciência nos permite lidar com sentimentos de desespero. Conseguimos notar quando uma pessoa lida melhor com notícias ruins do que outras pessoas. No nosso dia a dia já conhecemos pessoas que são avessas a mudanças, seja por medo, rejeição ou dúvida se poderá fazer bem-feito.
3. **Motivar-se.** Motivar-se pode parecer um discurso pronto à primeira vista, mas colocar as emoções como uma meta é fundamental para se sentir bem. Esse sentimento permite que você consiga ser mais feliz, tendendo a ser mais produtivo nas atividades que exercer.
4. **Reconhecer emoções nos outros.** Em outras palavras, podemos chamar de empatia. Ler pessoas traz consequências incríveis, desde tirar o melhor delas até fazê-las se comprometerem com você. Quantas vezes você lidou com pessoas que simplesmente ouviam, mas não escutavam o que você dizia? Ou quantas vezes você fez uma atividade pela pessoa, e não pela empresa?
5. **Lidar com relacionamentos.** Tudo que foi falado antes forja a pessoa (autoconhecimento, autoconsciência, motivação e empatia) a criar relacionamentos. Pessoas com excelentes habilidades interpessoais são estrelas sociais, se saindo bem em qualquer situação que dependa de interação com outras pessoas.

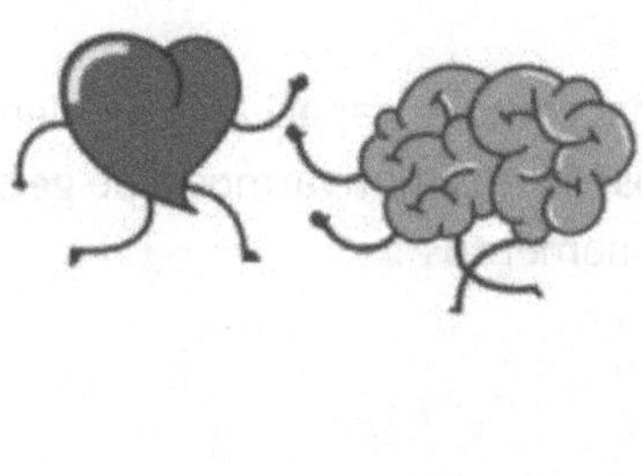

1. Autoconsciência
Tomarmos consciência do que sentimos e como isso nos afeta

2. Lidar com Emoções
Capacidade de lidar com as próprias emoções

3. Motivar-se
Capacidade de se motivar e de se manter motivado

4. Empatia
Sabermos nos colocar no lugar das outras pessoas

5. Lidar com Relacionamentos
Aptidão de lidar com as emoções dos outros

Figura 6.1. Cinco pilares da inteligência emocional. Fonte: os autores.

Entendendo o conceito e os pilares da IE, é possível compreender por que ela tem sido considerada tão importante nas últimas décadas. De acordo com relatório publicado pelo Fórum Econômico Mundial em 2019, a inteligência emocional é uma das dez principais competências mais valiosas até 2022 (BOTELHO, 2020).

Inteligência emocional, autoconhecimento e autopercepção

A inteligência emocional permite reagir de forma mais adequada às situações enfrentadas no dia a dia. Com IE uma pessoa consegue lidar mais facilmente com um evento – por exemplo, em uma situação de perda do emprego, agir e tomar decisões que a ajudarão a obter outro emprego e manter a sua estabilidade emocional em momentos como esse.

De acordo com as afirmações de Goleman (2012), desenvolver a própria IE conduz ao amadurecimento e melhoramento da vida pessoal e profissional. Quanto mais a inteligência emocional for aprimorada, mais confortável e seguro o indivíduo se sentirá para resolver seus problemas.

Para desenvolver a IE, além do autoconhecimento, da arte da empatia e da arte do saber ouvir, há diversas técnicas e ferramentas, entre elas:

- Praticar meditação.
- Aprimorar a comunicação.
- Praticar exercícios físicos.
- Desenvolver a autoconfiança.
- Solicitar *feedback* das pessoas próximas.
- Organizar uma agenda de atividades diárias.
- Realizar eventos/situações que melhorem o seu humor.
- Escrever sobre as suas emoções diariamente, como tem reagido e o que aprendeu com as reações.

Daniel Goleman cita, no seu livro "Inteligência Emocional" (2012), um bom exemplo de como a IE pode agir rapidamente para mudar os comportamentos das pessoas.

> *"Era verão em Nova York e, naquela tarde, fazia um calor sufocante, insuportável. As pessoas andavam pelas ruas mal-humoradas, em visível desconforto. Na avenida*

Madison, peguei um ônibus para voltar para o hotel. Ao entrar, fui surpreendido com a saudação que veio do motorista: "oi, como vai?".

Esse homem negro de meia-idade e largo sorriso repetiu a mesma saudação a todos os outros passageiros que foram entrando ao longo do percurso no denso tráfego do centro da cidade. Todos, como eu, se surpreendiam, mas, porque estavam com o humor comprometido pelas condições climáticas do dia, poucos retribuíram o cumprimento.

À medida que o ônibus se arrastava pelo traçado quadriculado do centro da cidade, porém, uma transformação mágica foi gradativamente ocorrendo. Para nosso deleite, o motorista encetou um animado comentário sobre o cenário à nossa volta: havia uma liquidação sensacional naquela loja, uma exposição maravilhosa naquele museu, já souberam do novo filme que acabou de estrear ali na esquina?

O prazer dele com a riqueza de possibilidades que a cidade oferecia contagiou a todos. Ao descerem do ônibus, as pessoas já haviam se despido da couraça de mau humor com que tinham entrado, e, quando o motorista lhes dirigiu o sonoro "Até logo, tenha um ótimo dia!", todas lhe deram uma resposta sorridente.

Há vinte anos a lembrança desse episódio me acompanha.

Quando entrei naquele ônibus da avenida Madison, eu havia acabado de me doutorar em psicologia — mas a psicologia da época não dava muita atenção para uma alteração comportamental que ocorresse desse modo. A psicologia não conhecia praticamente nada acerca dos mecanismos da emoção.

Ainda hoje, ao imaginar a possibilidade de os passageiros daquele ônibus terem propagado pela cidade aquele vírus de bem-estar, constato que aquele motorista era uma espécie de pacificador urbano, uma espécie de mago que tinha o poder de transmutar a soturna irritabilidade que fervilhava nos passageiros de seu ônibus, de amolecer e abrir corações".

Inteligência emocional e o processo de facilitação

Na década passada, no Brasil, surgiram algumas atividades voltadas para a facilitação no ambiente profissional, entre elas o *Scrum Master*, o *Agile Coach*, o *Agile Leader*, o *Team Facilitator*, dentre outras.

A seguir, uma breve descrição de cada uma dessas atividades, demonstrando a necessidade do conhecimento e aplicação diária da IE no ambiente de facilitação com os times de trabalho.

- ***Scrum Master.*** Membro de um Time *Scrum* que detém, em geral, maior conhecimento sobre esse *framework*, sendo, além de um facilitador, guardião do processo. Logo, ele é responsável por potencializar o trabalho da equipe e garantir que todos entendam e apliquem os princípios do *Scrum*. Uma de suas principais características são os *soft skills*, que são habilidades de comunicação, facilitação e política.
- ***Agile Coach.*** Seu papel é atuar como agente de mudanças, sempre facilitando a transformação e sustentação da filosofia e cultura *Lean-Agile* nos times e nas organizações, com ênfase na melhoria contínua, no crescimento e na geração de resultados.
- ***Agile Leader.*** Profissional com a missão de facilitar, orientar e treinar suas equipes para melhorar seus recursos ágeis, além de preparar líderes de equipes e pessoas de negócio para enfrentar os novos desafios do mundo digital e ágil.
- ***Team Facilitator.*** As pessoas que atuam como facilitadoras de equipes (*Team Facilitator*) são responsáveis pela criação de um ambiente que permita ao grupo atingir o objetivo. Durante o processo, um time pode passar por diferentes momentos que influenciam o nível de colaboração. Para que o ambiente funcione, é necessário que exista empatia, respeito, confiança, liberdade, diálogo, sinergia e compartilhamento. O papel da pessoa facilitadora é garantir que exista responsabilidade, liderança e colaboração entre as pessoas participantes.

Conforme verificado nas descrições anteriores, esses profissionais possuem perfis com algumas similaridades. No entanto, é a capacidade de provocar o uso do autoconhecimento, de gerar empatia e de promover a conexão das emoções das pessoas que tornou os papéis desses profissionais tão importantes para o verdadeiro exercício da facilitação.

Pois, como citado por Chiavenato (2006), "inteligência emocional não significa simplesmente ter autocontrole sobre as emoções ou se dar bem com as pessoas, mas entender bem sua própria constituição emocional e a das outras pessoas para direcioná-las no rumo certo para a realização dos objetivos da empresa".

Um facilitador trabalha muito mais com as habilidades emocionais de cada indivíduo do que com as habilidades técnicas. A conexão das pessoas ocorre pelas suas emoções e não pelas suas cognições. Por isso, um facilitador precisa realmente ter uma excelente capacidade de conectar as pessoas de uma equipe para que alcancem um objetivo comum.

A inteligência emocional mostra a sua importância na facilitação porque é através dela que os profissionais se conectam com si mesmos e com os outros profissionais para obter o melhor da coletividade.

Paulo Vieira, o principal escritor brasileiro sobre o assunto, afirma que "toda pessoa com inteligência emocional está vocacionada a ajudar" (2015). Certamente, ele está citando que toda pessoa que sabe controlar corretamente as intensidades das suas emoções, dosando corretamente quando utilizar uma ou outra emoção, naturalmente age de forma a colaborar com as pessoas próximas.

Dessa forma, aflorar o controle da inteligência emocional nas equipes levará a melhores relacionamentos e consequentemente maior empatia e melhores resultados na equipe. Para realizar o processo de facilitação de equipes é necessário agir de forma a auxiliar a construção coletiva e ao mesmo tempo não tendenciar as discussões.

Uma forma de iniciar a facilitação é entender os comportamentos inerentes a cada indivíduo. Isso também leva a um desafio porque pessoas diferentes possuem emoções diferentes e motivações diferentes.

Logo, o facilitador realmente precisa de uma enorme habilidade para entender essas emoções e motivações, e utilizá-las para criar um ambiente mais aberto, com mais confiança e oportuno para gerar boas soluções. Em suma, aplicar a inteligência emocional no maior grau possível para obtenção dos melhores resultados.

7. Empatia

Luisa Escobar
Solange Oliveira
Alessandro Seixas
Leonardo Cruz

O que você sempre quis saber sobre empatia e como aplicar nos processos de facilitação.

Esse é um dos assuntos mais badalados dos últimos tempos, mas, afinal, o que é essa tal empatia? Quem nunca ouviu a expressão "empatia é colocar-se no lugar do outro"?

Analisando de forma literal, é impossível tal ação, considerando que cada indivíduo tem uma vida, um *background*, uma perspectiva, uma forma de sentir e reagir a uma determinada emoção.

Se ler um livro em momentos diferentes da nossa vida nos faz ter uma interpretação e sentimentos diferentes, imagine enxergar as coisas de uma perspectiva diferente da sua. Existem inúmeras definições sobre esse tema, mas a sociológica é a mais coesa:

> *"Compreensão do "Eu" social a partir de três recursos: enxergar-se de acordo com a opinião de outra pessoa; enxergar os outros de acordo com a opinião de outra pessoa; enxergar os outros de acordo com a opinião deles próprios." – Dicionário online de Português (s.d.).*

A empatia é, então, uma habilidade importante para estabelecer uma relação interpessoal autêntica, demonstrar sensibilidade e ter atenção – vale para qualquer tipo de relacionamento direto ou indireto no papel de facilitador.

Aprendendo a praticar a empatia

Para quem tiver a oportunidade de se aprofundar no assunto, com certeza deparará com Daniel Goleman (como visto no capítulo anterior). No contexto da inteligência emocional (IE), a empatia é um dos seus cinco principais pilares.

Ele apresenta algumas variáveis fundamentais, ressaltando que ser empático com eficácia requer ter controle e entender suas emoções. Ele completa dizendo que a empatia pode ser desenvolvida.

Existem três tipos distintos de empatia, cada um deles importante para a eficácia da liderança. Vamos explicar um pouquinho sobre cada um:

- **Empatia cognitiva:** a capacidade de compreender a perspectiva da outra pessoa, permitindo aos líderes se justificarem de maneira significativa.
- **Empatia emocional:** a capacidade de sentir o que a outra pessoa sente. Ela se origina de partes remotas do cérebro abaixo do córtex – a amígdala, o hipotálamo, o hipocampo e o córtex orbitofrontal – que nos permitem sentir rápido sem pensar.
- **Preocupação empática:** a capacidade de sentir o que a outra pessoa precisa de você.

A empatia tem papel fundamental entre as relações (familiar, social, profissional), tornando-se assim um dos papéis principais no método da Comunicação Não Violenta (CNV), de Marshall Rosenberg (2006).

Segundo a psicologia e a neurociência moderna, uma das qualidades do ser humano ligadas à inteligência emocional é poder desenvolvê-la, e isso envolve três componentes: **afetivo, cognitivo e reguladores de emoções**.

O componente afetivo baseia-se na partilha e na compreensão de estados emocionais de outros. O componente cognitivo refere-se à capacidade de deliberar sobre os estados mentais de outras pessoas. A regulação das emoções lida com o grau das respostas empáticas.

Para auxiliar no aprendizado pode-se utilizar o processo do despertar da empatia. Muito mais do que projetar os seus sentimentos e lembranças de ter vivido algo similar, é estar, ver, olhar, se deixar vulnerável, criar uma narrativa pessoal (ouvir), despertar de uma sensação, conectar-se e a partir disso entender se precisa tomar uma ação ou fazer uma reflexão, como mostra a imagem a seguir.

Figura 7.1. Como despertar empatia. Fonte: adaptado de Rozovsky (2015).

O outro lado da empatia

Nem tudo são flores. Como tudo nessa vida, a empatia também tem seu lado obscuro, e muitos irão se perguntar se o que muitos acreditam ser a cura da humanidade pode ser interpretado de tal maneira – **e a resposta é sim**.

O psicólogo e pesquisador canadense Paul Bloom (2015), em seus experimentos e pesquisas, observou que a empatia pode não ser uma guia confiável. Algumas pessoas podem possuir genes específicos que fazem as pessoas mais sensíveis à vasopressina e à ocitocina, hormônios que estão associados à compaixão, à ajuda e à empatia, e as pessoas mais empáticas podem ser mais agressivas quando expostas ao sofrimento de estranhos.

Segundo ele, existem especialistas em vários segmentos que utilizam a empatia como forma de alcançar o que se almeja. Por exemplo, políticos que citam histórias tristes do passado para conseguir apoio para uma causa, publicam fotos com senhoras e crianças no colo etc., atitudes que podem gerar empatia em eleitores em potencial.

O psicólogo ainda explica que reações violentas e sentimentos vingativos podem ser criados nos seres humanos quando estes são confrontados, demonstrando o poder que o sentimento gerado pela empatia pode ter sobre uma pessoa e como é mais fácil e confortável ser empático com as pessoas do nosso entorno e gerar um sentimento vingativo por pessoas de fora do nosso círculo de relacionamento.

Conclusão

Diante de tudo isso, podemos entender o impacto e a importância de gerar empatia durante um processo de facilitação. Fazer com que o grupo perceba que cada indivíduo presente traz consigo uma história e que respeitar as experiências vividas de cada um tornará o processo mais 'proveitoso' e fará a diferença na facilitação e na evolução de cada um presente.

Afinal, empatia é sobre criar espaço e fortalecer conexões: é sempre sobre pessoas, sempre!

8. Confiança e segurança psicológica

Luisa Escobar
Franciele Koch
Marcia Maximiano
Nelson Júnior

Construindo um ambiente seguro para a facilitação.

Um espaço de confiança e segurança psicológica é fundamental para os processos de facilitação. Essas palavras podem até parecer ter o mesmo sentido, entretanto, ao contrário do que muitos pensam, elas não significam a mesma coisa.

Sabemos que o ser humano busca constantemente conexões e se relacionar é primordial para o seu desenvolvimento. Nesse sentido, ter confiança é a base essencial para qualquer relacionamento, sendo necessária para podermos seguir da melhor maneira o processo de facilitação de um time. É através dela que fazemos nossos acordos e sabemos que todos os lados envolvidos os cumprirão para chegar aos resultados esperados.

Quando falamos em confiança, nos referimos à relação entre duas pessoas, enquanto segurança psicológica se refere a um grupo. Assim, esta está relacionada com o quanto estou confortável para ser eu mesmo (compartilhando opiniões, ideias, erros e dúvidas) dentro do espaço e da equipe em que estou inserido no momento, sem ser julgado ou prejudicado por isso.

É importante ressaltar, nesse contexto, que um ambiente psicologicamente seguro não é um ambiente físico, mas, sim, um 'ambiente da psique, ou emocional'.

Apesar de o tema estar em evidência na atualidade, as pesquisas vêm ocorrendo há mais de 20 anos. O termo foi cunhado por William Kahn, professor de Gestão e Liderança da *Harvard Business School* e participante da pesquisa liderada por Amy C. Edmondson. Segundo ele, segurança psicológica é "ser capaz de mostrar e empregar-se sem medo das consequências negativas para a autoimagem, o status ou a carreira" (KAHN, 1990).

Conforme as evidências apresentadas nessa pesquisa, times com segurança psicológica obtêm melhores resultados, sendo considerados times de alta performance. Nessa linha, o Google, através do Projeto Aristóteles – que objetivava responder à pergunta: "'o que torna uma equipe eficaz no Google?'" –, realizou pesquisas com 180 equipes e trouxe à tona mais uma vez o seu impacto.

Após identificarem o que chamaram de as 'cinco chaves de sucesso' (Figura 8.1), segundo eles, a "segurança psicológica foi de longe a mais importante das cinco dinâmicas encontradas – é a base das outras quatro" (ROZOVSKY, 2015).

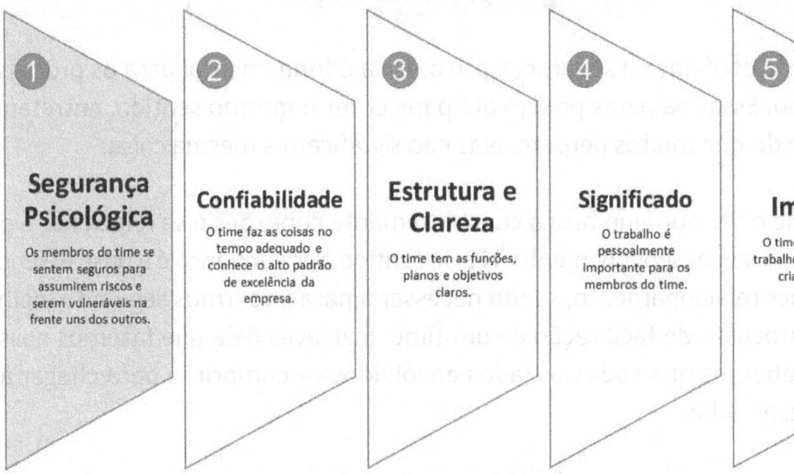

Figura 8.1. As cinco chaves de sucesso para um time Google.
Fonte: adaptado de Rozovsky (2015).

O projeto demonstrou que esses times, além de ter menor probabilidade de sair da empresa, estão também mais propensos a aproveitar ideias diferentes (sendo mais inovadores), acabando por gerar maior receita e sendo avaliados como mais eficazes.

Segurança psicológica e aprendizagem

Existem duas dimensões (igualmente importantes) às quais precisamos nos atentar quando estamos trabalhando com grupos: **segurança psicológica e foco em resultados**. Levando isso em consideração, destacam-se quatro possíveis zonas em que o time pode estar:

1. Zona de apatia
2. Zona de conforto
3. Zona de ansiedade
4. Zona de aprendizagem

Quando não estamos focados em nenhuma das dimensões, podemos considerar que estamos na **zona de apatia**. Estar nessa zona é como se as pessoas estivessem apenas de 'corpo presente', mas com pensamentos e foco em outras questões.

Caso nosso foco esteja apenas no ambiente de segurança psicológica, estaremos na **zona de conforto**, com um time que está bem integrado, porém sem desafios (pela falta de foco nos resultados), o que não possibilita o aprendizado e a inovação.

A zona que podemos considerar mais preocupante é a de **ansiedade**. Com o foco apenas no resultado, tendemos a ter times preocupados e com receio em se posicionar, e o resultado geralmente não será dos melhores.

Nosso objetivo, como líderes e facilitadores, é fazer com que o time esteja na **zona de aprendizagem**, com um ambiente psicologicamente seguro e foco em resultados. Assim todos se sentirão confortáveis para o compartilhamento de maneira colaborativa, tendo entregas mais inovadoras, evolução constante e de maior impacto (mesmo em um contexto de complexidade ou incerteza).

Basicamente, o medo inibe o processo de aprendizagem e por isso a importância da segurança psicológica. Edmondson (2019) comenta que quando conseguimos ter esse ambiente de abertura, onde as pessoas se sentem confortáveis para se posicionar e expor seus erros, podemos considerar que temos um 'comportamento de aprendizagem'.

E como construir esse ambiente de segurança psicológica?

Amy Edmondson, tanto em seu livro ("The fearless organization", 2018) como em seu TED, nos traz de maneira muito simples (o que não quer dizer que seja fácil) como podemos criar um ambiente psicologicamente seguro. Segundo a autora, são três principais pontos:

1. **Trate o trabalho como um problema de aprendizado e não um problema de execução** – Ter clareza de que vivemos em um mundo complexo e de incertezas é um dos grandes diferenciais.
2. **Aceite que você também pode falhar** – Todos somos passíveis de falha, independentemente da nossa posição ou conhecimento. E somos constantes aprendizes – como já nos disse Platão: "o sábio que tudo sabe é aquele que sabe que nada sabe".
3. **Crie um modelo de curiosidade: faça muitas perguntas** – Construa ambientes em que todos possam falar e seja você o propulsor através de perguntas ao time.

Em todos os três pontos destacados é evidente a importância da comunicação nessa construção, lembrando que comunicação não é apenas sobre falar, mas também sobre ouvir. É importante se posicionar de maneira clara, dando espaço para que todos tragam suas opiniões (sem esquecer de que está tudo bem se alguém não quiser participar).

Esse processo é uma construção, não ocorre do dia para a noite e envolve não apenas a sua postura quando pensamos no papel do facilitador, mas também do time. Proporcionar um espaço aberto para trocas e aprendizagem fará a grande diferença na evolução da equipe, e você poderá construí-lo a partir de dinâmicas de apresentação e de integração.

Fazer com que as pessoas conheçam a história e as similaridades entre si é o passo inicial nesse processo. Busque também constantes *feedbacks* do time para entender como cada um percebe o contexto e faça reflexões sobre como você pode contribuir para ter esse ambiente.

Concluindo, criar e manter um ambiente psicologicamente seguro é responsabilidade de todos os envolvidos, sendo o facilitador primordial para o direcionamento durante o percurso ao levar o time para a tão sonhada zona de aprendizagem.

9. Criatividade

Douglas Castanharo
Carlos Eduardo
Queli Silva

Como desenvolver a habilidade criativa e promover isso no grupo.

Continuando nossa jornada colaborativa desvendando os segredos da facilitação, vamos abordar a criatividade, um tema de grande relevância onde a necessidade de aprender e se adaptar é fundamental.

Então, afinal, o que é criatividade?

Segundo o dicionário Houaiss, a criatividade pode ser definida como uma qualidade da pessoa criativa, de quem tem capacidade, inteligência e talento para criar, inventar ou fazer inovações na área em que atua; originalidade.

Seria a capacidade de inventar, de criar, de compor a partir da imaginação.

A criatividade pode ser aplicada em qualquer área da vida. Ser criativo é "pensar fora da caixa" (*think outside the box*), ou seja, pensar de maneira autêntica, original, diferente do que já se é pressuposto ou preestabelecido.

A criatividade é um elemento essencial no contexto de trabalho. Nas empresas, funcionários criativos são muitas vezes recompensados porque conseguem pensar em soluções eficazes para diversos problemas. A criatividade frequentemente proporciona soluções que permitem à empresa economizar ou criar produtos encantadores aos seus clientes.

A criatividade não é um dom com o qual as pessoas nascem. De acordo com Jeff Dyer, Clayton M. Christensen e Hal Gregersen, autores do livro "DNA do Inovador" (2019), de 25% a 40% da criatividade está relacionada à genética, e o restante vem de um processo mental que pode ser ensinado e, portanto, aprendido.

Segundo Abraham H. Maslow (1987), a criatividade é possível quando há liberdade para se pensar diferente ao criar algo novo, sem estar apegado à rigidez de métodos. Um ambiente flexível onde novas ideias são ouvidas e consideradas todas igualitariamente, sem preconceitos, pode potencializar os resultados e a autoestima de uma equipe.

Nem sempre a criatividade consiste de grandes ideias, mas de pequenas transformações nos métodos e paradigmas, repercutindo no processo produtivo como um todo e gerando confiança e comprometimento de todos.

A criatividade ou o pensamento criativo é de fato muito útil e importante na arte da facilitação. Não é incomum durante uma facilitação haver a necessidade de nos adaptarmos e inovarmos para nos ajustarmos a uma determinada situação ou fato que não havia sido previsto.

Antes mesmo da facilitação, quando estamos construindo a ideia de como iremos facilitar determinada discussão ou agenda, a criatividade é imprescindível para criarmos algo simples que encante e de fato estabeleça uma conexão com o público com o qual realizaremos a facilitação.

Bons facilitadores, de fato, têm a capacidade da criatividade aflorada, utilizando técnicas de facilitação muitas vezes de maneira criativa e diferenciada, ajudando o público a se conectar e gerando o resultado esperado de forma simples, porém objetiva.

Entretanto, como usar a criatividade no dia a dia dentro de uma facilitação com seu time ou um grupo de trabalho ou para resolver um problema?

Usando a criatividade na facilitação para cocriar e resolver problemas

Desde o início dos tempos a criatividade é usada pela humanidade e sempre foi essencial para a sobrevivência e evolução da espécie, mas, no ambiente empresarial, é um assunto relativamente novo. No processo de criação percebemos que podemos enxergar novas possibilidades e novas maneiras de agir e pensar sem esquecer da pessoa que fomos e somos.

Como dito anteriormente, a criatividade é possível quando há liberdade do pensamento diferenciado – e para que tal liberdade seja aplicada de forma prática no seu time ou em seu grupo de trabalho, é necessário haver um ambiente adequado, uma cultura de diversidade, uma equipe participativa e aplicação de ferramentas.

Há um método simples criado na década de 50 pelo Dr. Sidney J. Parnes e Alex Osborn que estrutura o pensamento e auxilia na tomada de decisão (RAVENELL, 2018). Esse método foi chamado de Solução Criativa de Problemas (SCP).

A SCP é um conjunto de processos para a solução de problemas ou desafios de forma criativa e não convencional. A SCP é cíclica, portanto, pode ser utilizada quantas vezes for necessária para obter a solução do problema.

Na SCP existem seis passos que ordenam e estimulam o pensamento e o processo criativo. Em cada passo utilizamos tanto o pensamento divergente quanto o pensamento convergente. Na fase do pensamento divergente se busca o aumento do número de ideias para se ter um maior número de alternativas, e na fase convergente é feita uma avaliação/seleção dentre as opções disponíveis.

Figura 9.1. Ciclo dos seis passos para o pensamento criativo. Fonte: adaptado de Ravenell (2018).

1. A **identificação** e definição inicial de forma clara do desafio ou do objetivo é o ponto inicial do processo e beneficia a busca de soluções.

2. Na fase da **obtenção de dados** são exploradas formas de prospecção dos dados, como pontos de vista das partes, notícias, suposições, relatórios e qualquer outra informação que ajude a elencar dados sobre a situação.
3. Na **formulação do problema** devemos trazer os dados obtidos e nos concentrar no problema identificado inicialmente para aperfeiçoar a sua definição. Tal etapa se faz importante para não desviarmos do objetivo principal.
4. Na **exploração de ideias** são geradas as alternativas para a solução do problema. Para obtermos um aumento do número de ideias é necessário que o ambiente profissional promova o pensamento criativo sem julgamentos. Quanto mais ideias, mais soluções.
5. Passamos agora para o pensamento convergente, pois é na fase do **desenvolvimento da solução** que predomina tal pensamento. Nesta fase é feita uma avaliação das ideias propostas para propor a melhor ação para a resolução do problema.
6. Agora que escolhemos o melhor cenário, passamos para a fase do **planejamento**. No seu time ou no seu grupo de trabalho, pode ser que não haja anuência de todos, logo, se faz necessário explicar a ideia para promover consenso entre as partes interessadas e reduzir situações de conflito e impasses. Nesta fase serão aplicadas medidas e ações para a solução do problema e serão decididos os mecanismos de monitoramento para avaliarmos os resultados e a eficácia das ações executadas.

Usando a criatividade em grupo

Usar a criatividade e promovê-la em um grupo de pessoas é fundamental para a colaboração e o estabelecimento da empatia, como mencionado no Capítulo 7 deste livro. Como dito anteriormente neste capítulo, a criatividade é a qualidade de saber inovar e pensar diferente sobre algo já existente ou encontrar uma solução para um problema de uma forma que antes não havia sido pensada. Quando a criatividade é incentivada no grupo, há mais ideias divergentes e criativas que podem ser levadas em conta para a criação de uma ideia ou de algo novo. Várias metodologias de trabalho utilizam a criatividade em grupo para a resolução de um problema.

Se pensarmos no *design thinking* com seu ***double diamond***, na fase da divergência temos uma grande oportunidade para o grupo exercitar sua criatividade e colocá-la em prática para a cocriação de ideias que ajudem na resolução de um problema ou na melhoria de algo existente.

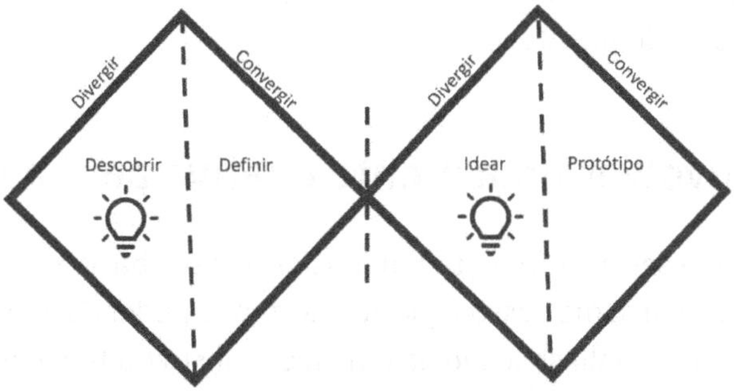

Figura 9.2. Modelo do duplo diamante. Fonte: adaptado de Design Council (s.d.).

Como estimulamos a criatividade em um grupo?

A primeira e mais importante lição é: não há ideia ruim! Nunca desestimule ou repreenda o grupo caso haja alguma ideia que possa parecer boba ou inconsistente com o problema que está sendo discutido.

Nesse momento o facilitador deve ajudar o grupo a entender que todas as ideias, por mais absurdas que possam parecer, devem ser levadas em conta e podem de fato agregar valor no momento de convergência.

É muito importante que o grupo se sinta seguro para expressar suas ideias – isso estimula a criatividade do grupo e, por sua vez, gera um ambiente de confiança. Esse ambiente de confiança proporciona a inovação, onde a criatividade tem um espaço importante. Felipe Ost Scherer e Maximiliano Selistre Carlomagno, no livro "Gestão da inovação na prática" (2017), dizem:

> *Inovar significa valorizar as pessoas. O processo de inovação é fundamentalmente baseado no giro do conhecimento tácito, do conhecimento que está na cabeça das pessoas. Incentivar a socialização do conhecimento dentro da empresa significa valorizar o ser humano e qualificá-lo para contribuir com sua criatividade, sua iniciativa e seus resultados. Empresas que consideram as pessoas como custo acabam se tornando incapazes de inovar.*

Em resumo, há diversas técnicas que podem ser utilizadas para estimular a criatividade no grupo, como *design thinking*, que será citado no Capítulo 44, *Design Sprint*, que será abordado no Capítulo 13, *brainstorming*, *elevator pitch*, decantadores de ideias ou qualquer outra técnica que você, facilitador, deseje usar para incentivar e estimular o grupo a pensar diferente e se expressar. Estimule a criatividade em seu grupo e veja a inovação acontecer!

Como desenvolver uma mente criativa para a facilitação

A criatividade pode ser decomposta em dois processos básicos: o pensamento e a materialização da ideia. Uma pessoa que apenas tem o poder da imaginação, mas não consegue de fato materializar sua ideia em algo realista ou tangível, não é criativa.

Para que a ideia se torne possível, segundo Jeff Dyer, Clayton M. Christensen e Hal Gregersen (2019), existem algumas habilidades que devemos estimular:

- Capacidade de associação.
- Questionamento.
- Observação.
- *Networking*.
- Experimentação.

A **capacidade de associação** é uma habilidade extremamente importante no desenvolvimento de uma mente criativa, pois permite que o indivíduo construa um pensamento sistêmico de associação com algo já existente, tornando o pensamento lógico e coerente.

O **questionamento** está presente em mentes criativas, pois geralmente uma pessoa criativa tem o hábito de sempre desafiar o *status quo* sobre tudo, e não aceitar métodos ou fórmulas fáceis ou que sejam mais "confortáveis" para a solução de um problema.

A **observação** é a habilidade de estar sempre prestando atenção a tudo ao seu redor, seja processos, pessoas, comportamentos, tecnologias, estruturas ou serviços, gerando *insights* que tornam possível construir algo novo em cima de algo já existente.

O ***networking*** e a **experimentação** estão relacionados, já que pessoas criativas tendem a sempre estar testando suas ideias em sua rede de contatos, aprimorando e evoluindo sempre que necessário, e buscando conhecer novos cenários que o possibilitem estimular seu pensamento criativo e inovar sempre.

Diante do exposto, podemos concluir que a criatividade é uma das grandes aliadas nos processos de facilitação, e a facilitação é um excelente caminho para cocriação, alcance de resultados e solução de problemas.

10. Comunicação e expressão corporal

Karla Karolina Cavalcanti de Lima e Silva
Caio Monfort

Como usar a expressão corporal para ter uma comunicação mais efetiva.

Neste capítulo, vamos conversar sobre a habilidade da comunicação e o uso da expressão corporal para termos uma comunicação mais efetiva.

Esses são pontos fundamentais para todos os profissionais alcançarem sucesso nas atividades do dia a dia, mas em especial também para o nosso personagem principal objeto deste livro, o facilitador.

Vejamos, primeiramente, o que é uma comunicação efetiva.

Comunicação efetiva

O Instituto Brasileiro de Coaching (MARQUES, 2019) afirma que a comunicação efetiva "representa muito mais do que ter boas conversas e um bom relacionamento interpessoal com colegas e superiores, ou ainda saber fazer relatórios escritos e mandar e-mails".

Trata-se de uma competência necessária a todos nós, seres humanos, e principalmente para os que estão em posição de liderança e para os facilitadores.

Existem diversos benefícios quando ocorre a prática da comunicação efetiva de fato. Dentre eles, temos:

- **Equipe mais unida:** comunicação aberta e franca gera um laço de conforto e segurança entre o time, fazendo com que compartilhem objetivos comuns mais facilmente.
- **Evita mal-entendidos:** conflitos e mal-entendidos são evitados com uma boa comunicação entre todos.

- **Melhora na tomada de decisões:** uma vez que a comunicação flui com eficácia no time, o líder/facilitador pode tomar decisões mais acuradas, baseadas em dados concretos, sobre o que acontece com o time.
- **Delegação mais eficaz:** com a comunicação clara sobre o que e como fazer, a atividade delegada tem uma chance muito maior de sucesso na sua realização.

Oito dicas para ter uma comunicação verdadeiramente efetiva

Ainda segundo o IBC (MARQUES, 2019), a efetividade na comunicação é algo que requer prática e foco constantes. Ou seja, é uma habilidade que pode e deve ser praticada diariamente para alcançarmos bons resultados e se tornar natural para nós.

A seguir, vamos apresentar algumas dicas para facilitar esse processo:

1. **Vá direto ao ponto:** fale de forma direta e objetiva, sem rodeios.
2. **Utilize a persuasão positiva:** se possível, use as técnicas apresentadas pelo Dale Carnegie, em seu clássico *best-seller* "Como fazer amigos e influenciar pessoas" (2019). Ele ensina como podemos ser entendidos e, principalmente, atendidos.
3. **Tenha conhecimento do que fala:** não conduza nem facilite nada com achismos. Prepare-se antecipadamente, estude algo novo quando necessário e se atualize constantemente. E mesmo seguindo esses conselhos, caso aconteça alguma situação sobre a qual não saiba argumentar, deixe claro que não sabe e nunca tente responder sem ter certeza sobre o assunto.
4. **Escolha bem as suas palavras:** a fim de evitar qualquer tipo de discriminação ou constrangimento, procure dar o real sentido que se deseja à sua mensagem e sempre respeite o grupo.
5. **Ouça as pessoas:** crie conexões com o grupo. Ouça-os e entenda o que os faz pensar ou agir de determinada maneira e, então, responda de forma mais objetiva.
6. **Pratique a empatia:** além de ser uma habilidade da inteligência emocional, colocar-se no lugar do outro é um sinal de respeito e fortalece as nossas relações.
7. **Escolha o momento certo:** tenha a sensibilidade de saber o melhor momento para falar. Dê oportunidade a todos e esteja sempre atento.
8. **Preste atenção ao próprio corpo:** não é só ter domínio sobre o que fala. É necessário também estar atento a gestos, expressões, movimentos corporais e tom de voz, ou seja, todo o contexto não verbal da comunicação.

Esta última dica será objeto das discussões a seguir.

O que é expressão corporal

A expressão corporal é um "algo a mais" na nossa comunicação.

Vinicius Aguiar (s.d.) nos traz algumas referências e revela que: "afinal, não é só sua boca que fala, como o seu corpo também".

Podemos nos comunicar com palavras escritas ou faladas (comunicação verbal), mas o nosso corpo, nossos movimentos, nossas posturas e as expressões faciais (comunicação não verbal) também falam por nós, complementam nossa mensagem e podem, inclusive, nos contradizer.

A comunicação sempre será composta, então, das duas formas: o que falamos de fato e também o que o nosso corpo mostra, mesmo que involuntariamente ou intuitivamente.

Alguns exemplos desses tipos de expressões que o nosso corpo revela são:

- Movimentos dos olhos.
- Postura, em pé e sentado.
- Posição dos braços.
- Posição das pernas.
- Movimentos da cabeça.
- Movimentos das mãos.
- Gesticulação.
- E muitos outros.

Diante desse fato, é importante ressaltar que, além de trabalharmos sempre a fim de melhorar nossa oratória, sendo excelentes falantes, precisamos também conhecer e trabalhar constantemente a nossa linguagem corporal.

Ambos os desenvolvimentos são fundamentais para qualquer profissional, e ainda mais para um facilitador, que precisa ser bastante natural e sempre transmitir total clareza e confiança em tudo o que fala ao grupo.

Benefícios da expressão corporal

Ainda conforme o Vinicius Aguiar (s.d.), a observação e o estudo da expressão corporal podem produzir alguns benefícios:

- Melhor compreensão da nossa própria comunicação.
- Compreensão da linguagem corporal do outro.
- Alinhamento do nosso discurso, nossa fala, com o que o nosso corpo também fala.
- Desenvolvimento da autoconfiança através da postura corporal.
- Melhor compreensão e controle dos sentimentos e emoções, com o uso de ambas as formas de comunicação.

Uso da expressão corporal para melhorar a comunicação

Falamos sobre o que é expressão corporal e os benefícios que alcançamos com ela.

Agora, fechando o nosso capítulo, falaremos sobre como tornar a comunicação mais efetiva com o bom uso da expressão corporal.

Vimos que, muitas vezes, a expressão corporal ocorre involuntariamente, sem percebermos. Ao dedicarmos tempo para compreendermos como ela ocorre e o que pode revelar, passamos a ter uma comunicação mais efetiva e também a interpretar mais informações durante a comunicação.

Passadori Comunicação (2017) diz que: "pela análise da expressão corporal e facial podemos decifrar as pessoas – e elas a nós". E é exatamente assim.

Veremos a seguir alguns códigos que regem nossas ações e reações, que são importantes pontos a serem sempre observados:

A quem fala

Já compartilhamos que a expressão corporal pode complementar ou contradizer a nossa fala, dependendo de como ocorre.

Para quem está falando, é importante uma atitude relaxada para transmitir segurança e confiança a quem ouve (uma atitude relaxada, e não uma postura relaxada, ok?). Falar com naturalidade, com postura ereta, facilita muito a comunicação. Dessa forma, o orador transmite serenidade e autoridade, e passa sua mensagem com mais credibilidade.

Além disso, é importante também sempre falar com um sorriso no rosto, olhos brilhantes, passando a mensagem de forma entusiasmada e viva, a fim de contagiar a todos os ouvintes do grupo.

O nosso personagem principal deste livro, o facilitador, deve avaliar sempre o contexto do que estiver trazendo ao grupo e repassar da melhor forma, para que as pessoas tenham interesse de fato em ouvi-lo e participar da sessão que estiver sendo conduzida com vontade e disposição. A união de fala e expressões corporais e faciais faz toda a diferença para conquistar a atenção do público ouvinte.

A quem ouve

A quem ouve, quanto mais se ouve, mais se percebem corretamente os sinais emitidos junto à fala e mais conexão é criada entre os dois lados – interlocutor e ouvinte.

O ambiente fica muito mais receptivo e acolhedor quando há uma boa comunicação sendo transmitida. E há uma troca entre ambos, o interlocutor falando mais claramente e o grupo reagindo muito mais e com mais paciência e disposição para participar da sessão. Todos saem ganhando com esse ciclo.

Dicas gerais

Para fechar este capítulo, seguem algumas dicas gerais sobre expressões positivas e negativas nas nossas comunicações, conforme Passadori Comunicação (2017) e Gasparini (2016).

Expressões positivas. Use e abuse de:

- **Gestos e semblantes calmos:** transmitem confiança e conhecimento do assunto sendo falado.
- **Inclinação para frente ao falar:** demonstra atenção e interesse pelo assunto.
- **Comunicar-se com todo o grupo, não fixando a atenção e o olhar em apenas alguns:** demonstra inclusão e segue a comunicação sem exceções.

- **Virar o corpo na direção da pessoa que estiver olhando:** demonstra atenção e valorização do grupo, além de facilitar a compreensão da comunicação.
- **Expressividade dos olhos:** transmite seriedade e profissionalismo.
- **Gestos de ensino:** mímicas ou movimentos que facilitem a visualização das ideias sendo faladas, como um professor em sala de aula faz com seus alunos. Exemplo: contar números com os dedos prende a atenção e transmite confiança, autoridade e credibilidade.
- **Técnica do espelhamento (espelhar posturas corporais do outro, também conhecido como "*rapport* – técnica de criar uma ligação de empatia com outra pessoa, para que se comunique com menos resistência"):** muito usado também em negociações, essa técnica pode transmitir ao outro que você tem algo agradável a falar e ele fica atento para ouvir.

Expressões negativas. Evite sempre:

- **Gestos exagerados:** transmitem uma mensagem de manipulação.
- **Ombros contraídos:** demonstra insegurança.
- **Corpo rígido:** demonstra nervosismo e falta de conhecimento sobre o assunto a ser falado.
- **Preocupação excessiva com a aparência (mulheres mexendo sempre no cabelo e homens mexendo sempre no nó da gravata, por exemplo):** transmite uma necessidade muito alta de atenção.
- **Cruzar os braços:** transmite a sensação de estar fechado à mensagem.
- **Postura relaxada:** demonstra desrespeito e desinteresse.

Podemos concluir que a comunicação é uma alavanca para o sucesso da facilitação, visto que o facilitador precisa não somente expressar com clareza as diretrizes do jogo (Capítulo 3), como também perceber nos participantes os padrões de comunicação existentes e usá-los a seu favor para maximizar a dinâmica entre os participantes e fazer com que todos sejam ouvidos e tudo seja percebido.

11. Comunicação e oratória

Deyse Krüger
Meire Helen Batista Dias
Rafaela Sampaio

Como se comunicar bem por meio da fala e usar os conceitos da comunicação não violenta para obter melhores resultados.

A comunicação exerce importância fundamental na nossa vida, impactando diretamente nos resultados que obtemos, seja no âmbito pessoal ou profissional. Quanto mais clara, precisa e objetiva a fala, expressando nossa necessidade genuína, melhor e mais eficiente ela se torna.

Nesse momento gostaríamos que você fizesse uma pequena reflexão: é fácil se comunicar? O que você acha? Muitas vezes pode parecer fácil, falamos de forma natural, faz parte da maioria dos seres humanos diariamente se utilizar da fala para se comunicar com outras pessoas.

Não podemos esquecer que a comunicação deve ser entendida por nossos interlocutores deixando o mínimo de ruído possível, sem "entrelinhas", sem pensar "mas o que falei foi o óbvio", tendo consciência de que o óbvio depende do olhar de quem está assistindo você falar.

O comunicador deve ter muita responsabilidade ao enviar a mensagem, seja esta para uma pessoa ou um grupo. Quando temos a ciência disso iniciamos o processo de percepção de nós mesmos, sabendo que conhecer a própria forma de se comunicar é imprescindível para se tornar um bom comunicador e gerar empatia com a audiência.

Marshall Rosenberg, o criador da comunicação não violenta (CNV) (2006), aborda quatro componentes que devemos utilizar na hora de interagir com o público, gerando maior fluidez na comunicação. Antes de explorar esses princípios, queremos abordar uma das ferramentas utilizadas na PNL (Programação Neurolinguística), que são os **sistemas representacionais**.

Consideramos primordial o entendimento dos sistemas representacionais para melhorar de forma efetiva a comunicação, tanto interpessoal quanto intrapessoal. Essa ferramenta vem para complementar os princípios da CNV.

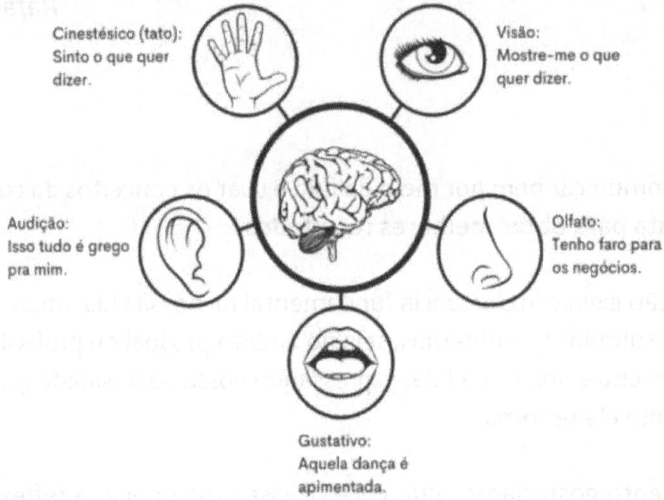

Figura 11.1. Sistemas representacionais e seus exemplos. Fonte: Krüger (2019).

Conforme ilustrado na Figura 11.1, os **sistemas representacionais** são compostos pelos nossos cinco sentidos: olfato, tato (consciência corporal), audição, visão e gustação, sendo o último aqui escrito o que menos aplicamos na hora de nos expressarmos pela fala. Quando estamos nos comunicando com alguém utilizamos os sentidos para falar e para captar a mensagem do interlocutor.

Citamos três exemplos da mesma fala para melhor compreensão: eu sinto/percebo o que o palestrante fala, eu ouço o que o palestrante fala ou eu vejo o que o palestrante fala.

Na primeira frase foi usado o tato (sentir/perceber), que também podemos chamar de cinestésico, na segunda a audição e na terceira a visão. Nós usamos todos os sistemas representacionais, porém, um ou dois deles são empregados com maior frequência. Um jeito eficaz para descobrir qual dos sistemas você mais utiliza é contar uma história real, algo que de fato aconteceu com você. Perceba quais são as palavras mais ditas e anote.

Complementando os sistemas representacionais e contribuindo para o aprimoramento da comunicação falada, procure evitar as generalizações, pois elas podem confundir o interlocutor e impedir o perfeito entendimento do assunto em pauta.

Evite frases como: todo mundo sabe, isso tudo é grego pra mim, aquilo não funciona, todo mundo é igual. Seja o mais específico possível: quem é todo mundo? O que especificamente é grego pra você? Qual parte você não conseguiu compreender? Igual ao que exatamente?

Essas pequenas e importantes dicas vão permitir que você aprimore sua comunicação, seja para ministrar palestras, treinamentos, aulas ou falar de maneira mais fluida com seus colaboradores, amigos e colegas. Tanto os sistemas representacionais quanto ser específico na hora da fala ajudam o fluxo para uma boa comunicação e complementam os quatro componentes da CNV.

A comunicação não violenta foi concebida por Marshall Rosenberg, psicólogo clínico americano na década de 1960. A CNV está focada em atender às necessidades humanas para criar conexões com as pessoas à nossa volta. Também é uma forma de achar um espaço de compreensão mútua. Na CNV aprimoramos nossa linguagem para nos expressarmos com honestidade, porém de forma respeitosa, e recebermos a mensagem com empatia, identificando aspectos importantes na fala de quem está nos passando a mensagem.

Ao aplicar seus quatro componentes, é preciso expressar-se com honestidade e receber o que se ouve com empatia. Segue detalhamento de cada um dos componentes da CNV.

1. **Observação:** na observação procuramos avaliar a situação de forma a eliminar julgamentos, com foco nos fatos.
2. **Sentimentos:** nos sentimentos o foco está nas nossas emoções e do nosso interlocutor, é preciso saber ouvir de forma empática para gerar a conexão. Os sentimentos estão diretamente ligados a nossas crenças, valores e pensamentos, por isso o autoconhecimento é muito importante nesta fase.
3. **Necessidades:** por trás de um sentimento existe uma necessidade não atendida – por exemplo, quando você fica com raiva, ciúme ou medo, já parou para avaliar qual necessidade sua não estava sendo atendida? Segundo Rosenberg (2006), por trás de todo comportamento existe uma necessidade que precisa ser atendida.

4. **Pedido:** no pedido entra a especificidade e a clareza que abordamos anteriormente juntamente com a vulnerabilidade. É preciso coragem e muitas vezes gerenciamento das emoções, como o medo, por exemplo, para falar o que precisa ser dito, sempre com muita honestidade e compaixão. Dessa maneira, é possível colaborar para o crescimento do outro.

A CNV nos ensina a termos responsabilidade pelo que estamos falando. Para isso evitamos palavras como: sempre, nunca, frequentemente e outras verdades absolutas. Assim levaremos a mensagem de forma clara, respeitosa, sem comparações, aumentando assim a probabilidade de compreensão e conexão.

Conclusão

Ao se comunicar ouça com empatia, tente identificar na fala da outra pessoa quais são as necessidades por trás daquilo que você está ouvindo, observe, não traga julgamentos ou deduções sobre os fatos, tente compreender o que está sendo dito.

Seja sempre claro, porém respeitoso, em suas colocações. É muito importante também perceber se há negatividade e julgamentos no seu discurso; caso sim, busque alterá-lo, criando maior qualidade em suas conexões.

Quando aplicamos na nossa comunicação os sistemas representacionais, eliminamos as generalizações e acrescentamos de forma consciente a CNV, sendo possível superar barreiras, ter mais autocompaixão e empatia com nós mesmos e com a audiência, e manter um fluxo eficiente na comunicação, gerando resultados positivos para todos os envolvidos.

12. Escuta ativa

Alessandro Seixas
Leonardo Cruz

O que é escuta ativa? Por que e como usar essa prática?

O processo de comunicação vem sendo estudado pelo ser humano em diversos campos, científicos, sociológicos, antropológicos e filosóficos, sempre com o intuito de entender e otimizar essa poderosa ferramenta.

O ser humano ao longo do tempo desenvolveu habilidades e ferramentas capazes de prover maiores recursos comunicativos e maior propagação da mensagem em uma velocidade jamais vista – os meios de comunicação vêm sofrendo mudanças exponenciais no decorrer da evolução/revolução tecnológica com recursos muito mais eficazes – contudo, muitas vezes a comunicação não consegue ser tão eficiente.

À medida que o ser humano aprimorou técnicas e ferramentas, conseguiu escalar velocidade e contato entre pessoas, mas conseguiu também deteriorar a capacidade de ter uma atenção concentrada na relação entre os interlocutores.

A sociedade atual vive em um dilema: os mesmos adventos tecnológicos que possibilitaram o aprimoramento da escala da comunicação e de novas conexões trouxeram problemas de dependência, multitarefa e o grande senso de urgência nas pessoas.

Dois estudos realizados pelo professor de Psicologia da UCLA (*University of California, Los Angeles*) Albert Mehrabian em 1967 – *Decoding of inconsistent communications* (MEHRABIAN; WIENER, 1967) e *Inference of attitudes from nonverbal communications in two channels* (MEHRABIAN; FERRIS, 1967) – trouxeram como resultado que a comunicação presencial (cara a cara) pode ser dividida em três componentes (palavras, tom de voz e posturas/gestos), sendo que:

- 55% do impacto da comunicação é oriundo da comunicação não verbal (cérebro reptiliano): intenção de falar, postura, gestos, contato visual.

- 38% do impacto na comunicação deve-se ao tom de voz (sistema límbico): corda da voz, timbre, sonoridade, ondas sonoras.
- 7% do impacto da comunicação é relacionado diretamente às palavras ditas (neocórtex): linguística, grafismo.

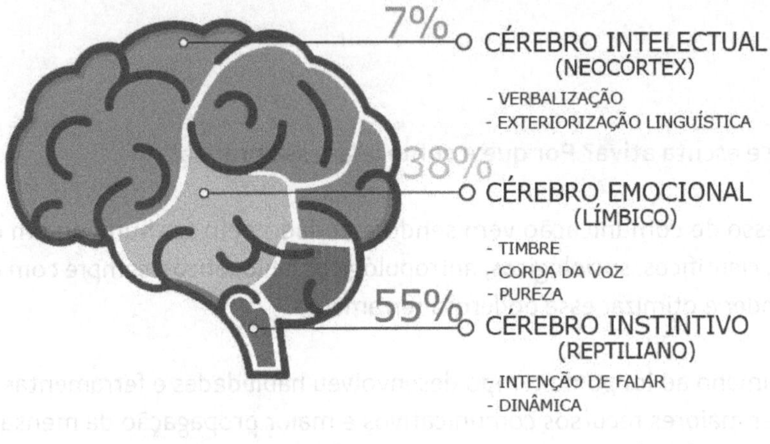

Figura 12.1. O cérebro trino. Fonte: adaptado de Paul MacLean (1990).

Assim, é possível constatar que mais de 90% de nosso processo de comunicação independe do que propriamente se fala ou escuta, sendo decorrente da comunicação não verbal.

Compreender que a comunicação vai além do dito é fundamental para praticar o processo de escuta ativa. Na visão de Tolle (2002), a escuta ativa não acontece porque as pessoas tendem a ter grande parte de sua atenção direcionada aos seus pensamentos do que de fato ao que propriamente importa, as palavras e o comportamento do interlocutor.

Marques (2018) entende que a escuta ativa é a técnica mais importante para o estabelecimento de diálogos eficientes entre interlocutores e ouvintes, emissores e receptores, tudo isso porque a ação de escutar ativamente é um processo de compreensão e interpretação que requer atenção concentrada, tanto na comunicação verbal como na comunicação não verbal dos interlocutores.

Para a construção de um *mindset* em uma escuta ativa, faz-se necessário o entendimento de algumas técnicas e comportamentos:

- **Atenção concentrada** – Marques (2018): "é o processo de focalizar, dedicar, mesmo que momentaneamente, a máxima atenção a uma única coisa. Sendo, no processo de escuta ativa, focar sua atenção na compreensão do interlocutor".
- **Intenção genuína** – É a curiosidade de conhecer o que o interlocutor tem a comunicar. Não selecionar na fala do outro somente aquilo que o agrada, recusando toda comunicação que seja uma crítica ou que não satisfaça uma expectativa. Naturalmente, ao ter curiosidade pelo que é dito, o comportamento do receptor tende a sair de um estado passivo, onde apenas recebe as informações, para um comportamento ativo, passando a estimular o emissor, através de perguntas, a fornecer mais detalhes sobre o fato.
- **Empatia e *rapport*** – Entende-se por empatia a capacidade de se identificar mutuamente com alguém, de se colocar no lugar de outras pessoas e compreendê-las em sua essência. O Capítulo 7, que aborda o tema empatia, descreve-a como uma habilidade importante para estabelecer relações interpessoais autênticas, sejam elas diretas ou indiretas. Quando a empatia é de fato praticada naturalmente, estabelece o processo de *rapport* definido por Webster (1985, *apud* MARQUES, 2018, p. 322) como uma relação na qual há harmonia, acordo, confronto ou afinidade. Para Robbins (1991, *apud* Marques, 2018 p. 219), *rapport* é a capacidade de entrar no mundo de alguém, fazê-lo sentir que você o entende e que vocês têm um forte laço em comum. Ter empatia e estabelecer *rapport* é de fato importantíssimo para um processo de escuta ativa.
- **Suspensão de julgamento** – Quando a partir da história de vida, visão, valores, crenças e costumes o interlocutor faz uma crítica ou se posiciona em relação ao dito pelo emissor, é criado um processo de julgamento. No processo de escuta ativa é de suma importância que a recepção seja despida do "eu" do receptor.

Na origem etimológica das palavras já é perceptível a diferença. Ouvir se origina do latim "*audire*," que é a capacidade biológica do entendimento do som, enquanto escutar tem origem do latim "*auscultare*", que significa ouvir com atenção.

Escutar alguém é uma escolha. O ato de escutar, mesmo que não se concorde com o que está sendo dito, demonstra por parte do receptor um interesse genuíno, entendendo e respeitando o ponto de vista do outro sempre de maneira empática.

A escuta ativa é importante no processo de comunicação em apresentações, conversas formais e informais. O comportamento dos interlocutores estabelece relações de cumplicidade e generosidade, qualidades cada vez menos presentes nas relações atuais, sejam profissionais ou até mesmo pessoais.

A escuta promove inúmeros benefícios nas relações, tanto para o emissor quanto para o receptor. O emissor consegue demonstrar a importância da sua visão, opinião ou história de vida, e o receptor compreende as perspectivas, valores e visão do mundo. Os principais benefícios da prática dessa habilidade são:

- **Comunicação eficaz** – A habilidade da escuta ativa estabelece um diálogo claro, preciso, sem distorções e interpretações difusas.
- **Confiança entre as pessoas** – Ao demonstrar respeito, ausência de julgamento e empatia com o emissor, o receptor estabelece uma relação segura. A interação passa a ser uma zona segura onde as pessoas podem ser elas mesmas sem a preocupação de sofrer qualquer tipo de retaliações pelo que disse.
- **Otimização do tempo** – Uma comunicação clara e eficaz reduz ruídos. As pessoas de fato estão dispostas a compreender e ser compreendidas, assim diminui a necessidade de repetições.
- **Promove o relacionamento interpessoal** – Escutar ativamente é um ato de respeito, cumplicidade e generosidade. Promove um ambiente propício a sinceras e saudáveis relações interpessoais.
- **Melhoria de processos colaborativos** – Equipes que possuem clareza em sua comunicação tendem a melhorar a performance. A escuta ativa possibilita aos times um melhor entendimento dos processos e objetivos e, por consequência, elimina desperdícios em decorrência do não entendimento.

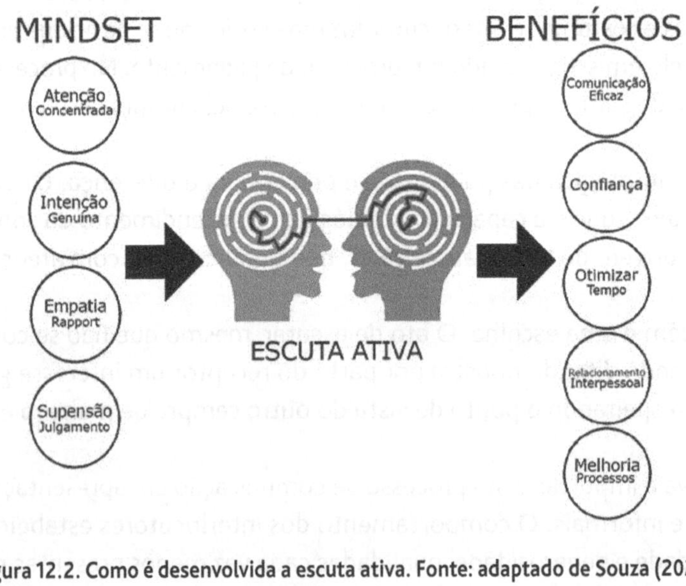

Figura 12.2. Como é desenvolvida a escuta ativa. Fonte: adaptado de Souza (2021).

Essa atenção e esse cuidado com o próximo que a escuta ativa requer colaboram positivamente na construção de relações sólidas e conexões sadias, valoriza o interlocutor e contribui para os relacionamentos, sem julgamentos, acolhendo ideias mesmo que sejam divergentes.

Escuta ativa e a facilitação dos times ágeis

A escuta ativa é uma habilidade muito desenvolvida em times ágeis. Nos times ágeis temos os papéis do *Product Owner* (PO), do Time de Desenvolvimento e do *Scrum Master* (SM), que precisam ter uma escuta ativa para facilitar o desenvolvimento dos produtos e do time.

O *Product Owner* faz a interface junto ao cliente para trazer ao Time de Desenvolvimento a visão, os objetivos e o direcionamento do que será desenvolvido. O *Scrum Guide* (2020) define o *Product Owner* como sendo o responsável pelo *Product Backlog*, portanto ele tem a missão de escutar ativamente os clientes através de entrevistas ou reuniões e traduzir com as histórias de usuários a visão do produto para que este seja desenvolvido.

O Time de Desenvolvimento, por sua vez, deve escutar ativamente as diretrizes do *Product Owner* para que os critérios de pronto sejam devidamente atendidos.

O *Scrum Master* age como facilitador, líder servidor, mentor, *coaching*. O SM deve escutar ativamente seus liderados para poder ter as informações necessárias para facilitar o processo de desenvolvimento, remover os impedimentos e a condução do projeto.

Através das cerimônias como a *Daily*, a Retrospectiva e *Review*, consegue ter *feedbacks* rápidos que permitem promover mudanças de direcionamento do projeto, mapear riscos e procurar formas de promover melhorias de processo e comunicação.

Por isso a escuta ativa é tão importante para os times ágeis, pois vai ao encontro dos três pilares da agilidade, que são a transparência, a inspeção e a adaptação. Tendo essa habilidade de escutar ativamente, conseguimos fazer com que esses pilares se tornem sólidos e sustentem todo o processo de desenvolvimento dos times ágeis.

A escuta ativa permite uma comunicação mais eficaz, constrói uma base de confiança sólida com as demais pessoas ao nosso redor, otimiza tempo (pois reduzimos os ruídos) e promove os relacionamentos pessoais, pois aprendemos a nos colocar no lugar do outro de modo que os escutemos empaticamente. Consequentemente, melhoramos nossos processos colaborativos dentro dos nossos times.

Promover a escuta ativa, dentro de um time ágil ou não, pode não ser uma das tarefas mais fáceis, porém, como facilitadores, devemos buscar incessantemente os benefícios desse recurso tanto para o negócio quanto para a operação.

13. Questionamento

Jailson Barbosa
Vânia Oliveira
Marcia Maximiano
Nelson Júnior
Gustavo Andrade

Estar atento para questionar de forma certa, na hora certa, fazendo perguntas poderosas, permite um maior aprofundamento das questões.

Já sabemos que facilitar consiste em tornar mais fácil uma ação, uma atividade ou o acesso à informação, ajudando assim a vida das pessoas. O profissional que exerce o papel de facilitador precisa manter uma postura neutra, imparcial, evitando pré-julgamentos e/ou suposições, além de praticar a boa comunicação com os participantes e ser capaz de manter o foco no objetivo e no *timebox*.

Para isso, precisa observar plena e atentamente as situações e comportamentos dos envolvidos durante o evento. Também é necessário que, previamente, tenha acesso ao conteúdo/objetivo do evento a ser facilitado e, se possível, conhecer o perfil dos participantes.

Esses conhecimentos prévios são primordiais para que o facilitador possa elaborar questionamentos da maneira correta e colocar suas perguntas no momento certo da interação.

Ou seja, deve fazer uso de algumas perguntas essenciais que servem para voltar a atenção para o objetivo – em caso de distração de algum dos envolvidos – e para fazer com que as pessoas sejam integralmente acolhidas.

As perguntas essenciais servem também para aqueles com função-chave, mas tímidos, se expressarem de forma mais objetiva; também auxiliam a direcionar o evento para um tema específico, medir o progresso da aprendizagem do grupo, interromper momentos de silêncio, entre outras finalidades. A atenção plena ao momento ajudará o facilitador a improvisar, caso a situação demande tal postura.

Para o processo de facilitação são necessárias diversas técnicas de intervenção, e, no caso da proposição de questionamentos, o facilitador pode atuar como uma espécie de *coach*.

De acordo com o Instituto Brasileiro de Coaching (s.d.), o termo *coach* significa "treinador" (conforme tradução literal da palavra de origem inglesa) e se refere ao "profissional capacitado e habilitado a aplicar os processos, técnicas e ferramentas da metodologia no intuito de desenvolver pessoas e organizações e, assim, auxiliá-las a alcançar resultados extraordinários" (IBC, s.d.).

Outro exemplo é o *Design Sprint*, do Google Ventures, que, segundo Knapp, Zeratsky e Kowitz (2017), consiste em um método de criação e de atividades planejadas onde, ao final de cinco dias, uma empresa ou pessoa possa testar com clientes reais um protótipo da sua ideia.

Durante o processo, após ser exposto aos participantes o tema a ser tratado (ou problema a ser resolvido), em uma etapa denominada "Como poderíamos?", o facilitador conduz os participantes a levantar questionamentos sobre como solucionar problemas que são observados no dia a dia e estão relacionados ao tema abordado, conduzindo dessa forma à priorização do que deve ser resolvido pelo time e testado pelo cliente.

Em resumo, o facilitador fará uso de determinadas abordagens, de forma a ajudar os participantes a refletir sobre o tema/problema proposto, conduzindo-os a encontrar respostas coerentes e, assim, ter sucesso e eficácia no resultado. Logo, nota-se a importância das perguntas certas no momento da facilitação.

Um questionamento produtivo é aquele que faz o participante ter consciência de que ele é parte fundamental do processo, como um aluno em sala de aula sendo capaz de construir a solução – e não apenas um receptor passivo de informações repassadas (MORAES; LIMA, 2002).

Saber questionar de forma produtiva é uma das habilidades (do inglês, *skills*) mais utilizadas atualmente, pois possibilita que pessoas nos papéis de líder, treinador, facilitador etc. conheçam verdadeiramente os membros de suas equipes, sendo capazes de identificar seus pontos fortes e de melhoria e facilitando, assim, a concepção de estratégias para o alcance das metas.

Adaptando as perguntas a diferentes perfis de equipes

É importante que o facilitador, por intermédio de questionamento produtivo, entenda a equipe e em quais pontos deve focar. As respostas obtidas facilitarão o desenvolvimento do grupo e, consequentemente, propiciarão o alcance dos resultados almejados.

E por que essa preocupação com a equipe? Porque as pessoas são o que há de mais valioso para as empresas. Elas representam o capital humano, um dos diferenciais competitivos mais importantes das organizações.

Segundo Schultz (1961, *apud* BEYER; SOLER, 2019), o capital humano é um fator fundamental para o crescimento econômico nas organizações e na vida dos sujeitos. Ele é composto por habilidades, conhecimentos e características metacognitivas do ser humano, ou seja, a sua capacidade para produzir no contexto da educação/formação e da aprendizagem constante de novas ferramentas.

As equipes, portanto, congregam os indivíduos, ou o capital humano, da empresa. Na sua constituição, são formadas por pessoas especialistas e qualificadas para desempenhar funções determinadas e, assim, garantir resultados eficientes na sua área de atuação. Logo, as pessoas e suas respectivas equipes precisam ser tratadas e valorizadas como únicas.

Portanto, para um bom desempenho das atividades, como foi dito anteriormente, o facilitador deve saber falar de forma certa, e na hora certa, de maneira que todos possam entender o que deverá ser feito e, desse modo, maximizar resultados com altos níveis de produtividade.

Levando em consideração que as pessoas são diferentes umas das outras, e que têm suas complexidades como seres humanos, é importante que o profissional que desenvolve a facilitação tenha em mente que, além de falar no momento certo e sobre os assuntos pertinentes, também precisa estar atento às perguntas que serão propostas.

Principalmente quando o grupo é muito heterogêneo, em termos de características humanas, o facilitador necessita de habilidades e competências específicas para conduzir e mediar as interações. Dentre as várias competências do facilitador, a comunicação interpessoal é extremamente significativa quando se trata de "perguntas a serem feitas à equipe".

Essas perguntas devem ser elaboradas de acordo com os perfis e características específicas do profissional ou da equipe. Como já dito, as pessoas são únicas e as formas de entendimento podem sofrer muitas variações.

Uma pessoa sob um momento de estresse generalizado pode receber e entender uma pergunta de forma completamente diferente de uma pessoa que esteja mais serena e com os pensamentos mais equilibrados.

Igualmente, pessoas muito tímidas, quando questionadas em grupos de grandes proporções, podem ter menor desenvoltura e habilidade de resposta do que se estivesse em um grupo menor, ou em comparação a uma pessoa extrovertida.

Como conclusão, o facilitador deve ser cauteloso em relação às personalidades e culturas dos indivíduos. É importante estar ciente de que a mesma pergunta deverá ser feita de modos diferentes, dependendo da situação e do contexto por ele percebido. Deve, também, usar a empatia para perguntar e receber os *feedbacks*, respeitando a diversidade de opiniões que poderá surgir.

Na literatura de Pontalis (1993, *apud* ANDALÓ, 2001), há referência a conceituados autores americanos e seus receituários que descrevem o facilitador. Entre eles, pode-se encontrar o seguinte trecho sobre uma característica fundamental deste profissional: "mostrar simpatia pelas palavras e expressões do rosto [...]" (PONTALIS, 1993 *apud* ANDALÓ, 2001).

Com isso, podemos verificar o quão necessário torna-se o zelo por ter uma boa desenvoltura na colocação das perguntas e dos direcionamentos a serem abordados.

Portanto, o facilitador precisa entender e conhecer os momentos e as culturas da equipe para saber qual a melhor abordagem a ser realizada, e considerar também a possibilidade de refazer a pergunta, ou questionamento, de forma diferenciada. Assim, abarcará possibilidades de atingir de forma eficaz uma pessoa ou grupo específico, de forma adequada à necessidade de cada um.

Ainda no mesmo contexto, Macedo contribui explicando que o facilitador "[...] conduz o grupo como um maestro conduz uma orquestra – com cientificidade, tecnicidade, espontaneidade, sensibilidade, poder de entrega e capacidade para criar" (MACEDO, 1998, *apud* ANDALÓ, 2001).

Sendo assim, é notório que o facilitador deve ser sensível e estar atento à equipe e suas diferenças, procurando confortar as reações e levando o grupo a potencializar seu rendimento. Como pode ser constatado no trabalho de Roger (1985 *apud* LIMA; BARBOSA; PEIXOTO, 2018), sugere-se ainda a não padronização e universalização dos comportamentos, e sim a singularização e o respeito às diferenças.

Então, podemos concluir que fazer perguntas da forma certa é uma maneira de obter a informação eficiente para buscar o resultado pretendido. A forma certa é o como fazer, e esta é realizada, principalmente, quando usadas as perguntas poderosas, sendo que estas exigem técnica e habilidade, conforme veremos a seguir.

Fazer perguntas não é simplesmente trazer interrogações para o indivíduo ou grupo. Estas devem provocar reflexões direcionadas e que realmente ajudem a encontrar as respostas necessárias para ir além. Por isso, as maiores habilidades de um facilitador são simplesmente saber ouvir e perguntar. Isso, contudo, é uma competência desenvolvida com o passar do tempo e somente por meio das suas experiências objetivas e práticas.

Entretanto, quanto mais a energia for direcionada ao aperfeiçoamento, melhores e mais rápidos serão os resultados dos profissionais facilitadores em seus atendimentos.

O objetivo do facilitador é também identificar hábitos atuais da pessoa, ou do grupo, e entender como eles podem estar sabotando ou promovendo os resultados profissionais ou pessoais.

Dentre os hábitos passíveis de identificação, compreensão e discussão com a mediação do facilitador, estão desde atitudes pessoais até atitudes em grupo. Cabe ao facilitador reconhecer em quais momentos as pessoas repetem tais hábitos e como estes podem contribuir/afetar de forma significativa o desempenho do grupo.

Dentre os desejos que podem ser percebidos pelo facilitador, para que o indivíduo se integre melhor ao seu grupo, estão:

1. Desejo de aprimorar os seus talentos e expandir suas possibilidades profissionais.
2. Vontade de ser uma liderança mais completa.
3. Auxiliar o grupo a compor um conjunto extraordinário em sua atuação.
4. Necessidade de fazer mudanças de vida para um melhor desempenho profissional.

Com base nessas percepções, o facilitador pode propor questões fortes ao indivíduo e ao grupo. Inicialmente, deve mapear medos e angústias, traduzindo-os para um plano lógico e racional onde possam ser trabalhados com maior eficácia. São perguntas relevantes:

1. Quais os medos e dificuldades que impedem de avançar?
2. O que parece ser mais desafiador ou o que mais preocupa você?
3. Qual é a história da situação?
4. Quais são os resultados e o que estamos tentando alcançar?

Com base nesse mapeamento inicial, o facilitador deve agir como um guia, direcionando as pessoas a encontrar as próprias e significativas respostas. Nesse momento, as perguntas fortes são aquelas que estimulam as pessoas e a equipe a tomar atitudes práticas, efetivas e conclusivas para a resolução dos problemas elencados:

1. Como transformar experiências negativas anteriores em aprendizado e progresso?
2. Quais as ações prioritárias para modificar seu comportamento atual?
3. O que pode fazer, na prática, para não perder o foco dos objetivos principais?
4. O que você tem feito que contribui para atingir seus objetivos?
5. E o que tem feito que contribui para sabotar seu desempenho?

Perceba que tais questões, do nível pessoal ao de grupo, são norteadoras de comportamentos e podem servir de métricas para avaliação de crescimento. A partir da identificação dos principais pontos de melhoria, pode-se constantemente propor a reavaliação de comportamentos, ações e hábitos que eventualmente desviem a pessoa ou o grupo do maior objetivo a ser alcançado.

E partilhando tais métricas de forma não invasiva, pode-se contar com o amparo geral para as devidas correções, não perdendo o foco do resultado desejado.

As perguntas poderosas e suas aplicações

Em seu trabalho intitulado "The Art and Architecture of Powerful Questions", Eric E. Vogt (1994) tenta provar que o problema de grande parte das reuniões é que elas falham em despertar o interesse e a criatividade das pessoas.

Por conta da qualidade das perguntas realizadas, aquelas com caráter ruim ou mal colocadas podem criar barreiras e silêncios desconfortáveis entre os participantes. Já as boas perguntas têm o objetivo de iniciar diálogos realmente produtivos, de onde nascem respostas criativas com potencial transformador para a organização.

Para clarificar o que faz uma pergunta ser realmente poderosa, é necessário disseminar os elementos que a constituem para entendermos a extensão do seu poder. Isso porque o adjetivo traz consigo um nível de subjetividade muito alto, que necessita de especificação para não ser abstrato a quem atua como facilitador.

De acordo com a formulação das perguntas propostas e da forma como a intervenção é realizada, os danos causados em nível emocional podem ser severos, dificultando o progresso pessoal e da equipe.

Em seu trabalho, Vogt (1994) preocupa-se com a estrutura das perguntas, já que o arranjo e a seleção das palavras têm influência sobre a forma como a pergunta pode ser posta e interpretada. Assim, a arquitetura linguística das perguntas poderosas é expressa segundo um arranjo hierárquico, como o representado na Figura 13.1.

Como exemplificado na pirâmide, aquelas perguntas iniciadas com "por que" são as que possuem maior força para provocar atitudes reflexivas, enquanto perguntas genéricas, com uso de "onde?" ou "qual?", podem não provocar a elaboração das respostas desejadas, em conteúdo e criatividade. Assim, essa pirâmide é um norteador da forma como as perguntas devem ser colocadas.

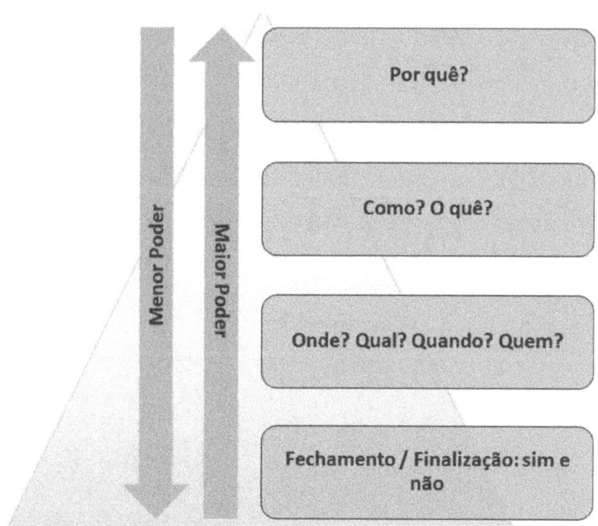

Figura 13.1. Perguntas poderosas/Atitudes reflexivas. Fonte: adaptado de Martins (2018).

A pergunta é, portanto, essencial para que a pessoa ou equipe chegue a entender as respostas que busca e as ações que precisa tomar para iniciar as mudanças necessárias.

Ao pensar a respeito, tem mais condições de se conectar com a sua essência, suas crenças e atitudes, e definir os alvos, assim construindo um plano de ação congruente e que leve à conquista dos seus objetivos.

Por estar em nível hierárquico acima do seu colaborador, um facilitador deve saber questionar os membros de sua equipe de forma branda, porém direta. Essa postura não irá inibir a sinceridade na expressão do seu colaborador, ao passo que pode ser decisiva para o seu crescimento pessoal, refletindo então no crescimento da equipe.

Portanto, o líder-facilitador será aquele que tiver conhecimento total de sua equipe e estiver comprometido com as necessidades dos seus membros. Conhecer individualmente seus integrantes para saber aproveitá-los em sua plena capacidade torna-se determinante para a superação de desafios e o desenvolvimento de habilidades.

Saber questionar/perguntar quais as necessidades da equipe e por qual caminho pretendem ir ajudará na sua tomada da decisão a respeito de intervenções, bem como em saber qual o ritmo, a capacidade de rendimento e a efetividade do trabalho que a equipe está apta a desenvolver, com reflexo na agilidade e qualidade dos resultados.

14. Neutralidade e imparcialidade

Victor Gonçalves

Como usar uma abordagem e um posicionamento efetivos para a facilitação.

Uma das grandes responsabilidades do facilitador é fazer com que tudo seja percebido, visto que as pessoas precisam acreditar e perceber que as decisões são tomadas de maneira justa. Além disso, é necessário considerar que todos são iguais, sem distinção de qualquer natureza.

Uma pessoa não é mais especial que a outra porque ocupa um cargo mais importante, por exemplo. Logo, em uma dinâmica, um facilitador não apoia ideias ou atribui mais peso à palavra de uma pessoa com cargo mais elevado, mas, sim, apoia o processo de reflexão sobre tudo o que for expresso e apresentado pela equipe.

Tal característica faz com que o facilitador seja naturalmente percebido como um líder sem que haja o peso da palavra. Ser imparcial significa não ter um lado, mas considerar todos. E com isso permitir que tudo seja expresso e considerado em uma discussão.

A habilidade de facilitar com imparcialidade e neutralidade envolve o senso de justiça que o ser humano espera que esteja presente em líderes. Naturalmente, para agir de tal maneira, é necessário considerar outra característica já apresentada nesta obra: a empatia.

Ser imparcial exige do facilitador a capacidade de reprimir opiniões ou apegos e críticas em relação a *insights* e ideias, mas observar todas as possibilidades valorizando cada palavra e reflexão apresentada pelos participantes, sendo dessa forma uma prática empática, já que a voz ativa dos participantes é permitida e o facilitador sente que é necessário dar a oportunidade para que todos se posicionem.

O desafio nesse caso é entender que, se a pessoa está expressando alguma visão, é porque aquele momento carrega um conjunto de crenças e valores daquele indivíduo, e permitir que tudo seja apresentado é valorizar aquele momento, portanto, valorizar aquela pessoa. Ou seja, é ter uma atitude empática relacionada a ouvir com atenção e buscar a compreensão de mais um ponto de vista.

Essa atitude empática é considerada em diversos processos criativos, como no duplo diamante (citado no Capítulo 9), já que promove o aumento de repertório e favorece a criatividade de todo o time.

Outra atitude que contribui com a imparcialidade e neutralidade é a escuta ativa, e como citado no livro da história da Jornada Colaborativa, capítulo 22 (MUNIZ, 2021), ouvir "diz respeito ao ato prático de perceber o som chegando ao seu cérebro, enquanto escutar é uma entrega legítima de atenção que um ser humano atribui a outro, ou a muitos, no intuito de ter compreensão plena sobre o que está sendo dito".

E escutar legitimamente cada integrante de um time exige outras habilidades, como paciência, humildade e curiosidade integral sobre o outro.

Uma técnica que pode ser aplicada para fortalecer a capacidade de escutar ativamente os membros de uma equipe e fazer com que os participantes percebam que tudo está sendo considerado é o *backtracking*; trata-se de prestar atenção plena no que é dito e checar seu entendimento através de palavras-chave utilizadas pelo interlocutor, de maneira sintética.

Esse "resumo" de entendimento utilizando palavras-chave do interlocutor exige a prática consciente de presença e atenção.

Outra abordagem que promove a neutralidade e imparcialidade é o uso de técnicas de linguagem focadas em questionamento (conceito amplamente explorado no capítulo anterior). Como ponto de acréscimo ao discutido no Capítulo 13, apresentamos aqui o metamodelo de linguagem, que aborda as afirmações ditas pelos seres humanos com perguntas-desafio, buscando mais reflexões acerca das ideias expressas.

O metamodelo de linguagem parte do princípio de que todos os seres humanos omitem, distorcem ou generalizam suas ideias, e tudo isso se reflete na comunicação. Dessa forma, o metamodelo de linguagem visa recuperar os elementos que de algum modo parecem incompletos em uma sentença, mas que carregam crenças profundas que, se não forem exploradas, deixam brechas de reflexão abertas.

Em uma dinâmica facilitada, é importante que toda a equipe compreenda mais que as "entrelinhas"; tudo precisa ser expresso de maneira clara, sem ambiguidade, e o metamodelo de linguagem auxilia nesse propósito.

Como diria Richard Bandler, um dos criadores da PNL (programação neurolinguística), "as pessoas tomam as palavras que você lhes oferece e as relacionam à sua própria experiência pessoal" (BANDLER; GRINDER, 1982).

Considerar a imparcialidade e a neutralidade como características essenciais no seu papel de facilitador(a) é adiar o julgamento que lhe cabe e apoiar o time no entendimento dos diversos pontos de vista, ampliando a perspectiva que cada um tem sobre as ideias e visões dos outros.

Esse processo torna a dinâmica mais nobre, onde todos são capazes de efetivamente apresentar seus valores e crenças, e não somente algo superficial que eventualmente é desprezado.

Dessa forma, entende-se que aplicar a neutralidade e a imparcialidade é fazer com que tudo seja percebido, pessoas sejam valorizadas, crenças sejam compreendidas e julgamentos coletivos sejam adiados.

A tarefa não é fácil, mas com as técnicas aqui propostas o caminho se torna menos árduo, restando ao facilitador a capacidade de experimentar as práticas, ganhar experiência e colher resultados.

PARTE III
BUILD (PROCESSO DE FACILITAÇÃO)

15. Compreensão do contexto e levantamento de informações

Delano de Milano
Deyse Krüger
Jailson Barbosa

A importância de realizar uma leitura eficaz do cenário, por meio de um *assessment* prévio ou até mesmo *ongoing*, buscando identificar o nível de energia das pessoas.

O levantamento de informações é essencial para qualquer iniciativa. Ele abre a fronteira do conhecimento a respeito da oportunidade da facilitação e estabelece um canal de comunicação com os envolvidos, sendo assim o alicerce para uma facilitação poderosa.

Importante entender a facilitação como uma oportunidade que permite às pessoas responderem perguntas de forma surpreendentemente natural.

Para que a facilitação alcance seu objetivo, é necessário o preparo adequado, e isso a diferencia de uma reunião qualquer. Vamos tratar esse tema de forma específica a seguir.

Planejamento e levantamento de contexto

Toda reunião de sucesso parte do princípio do planejamento; logo, quanto mais o fizermos, mais seguros estaremos em nossa missão de facilitar. Em alguns cenários a oratória e o excesso de confiança do facilitador podem tirar a relevância do planejamento da facilitação.

Todavia, essa fase não deve ser negligenciada, pois ela é de total importância para diferenciar a facilitação e a performance sob a ótica do público envolvido. Todo bom planejamento parte de entendermos o contexto no qual estaremos inseridos, do levantamento de informações e dos preparativos para a agenda em si.

Entender o contexto começa pelo levantamento de informações junto às pessoas que nos fizeram o convite para facilitar o encontro ou a reunião em questão. Para isso, busque agendas com o dono da reunião para que você consiga levantar toda e qualquer informação que seja útil.

Importante atentar para algumas particularidades na origem da reunião; vejamos a seguir.

Facilitação interna e externa

Se a facilitação é parte de um processo interno ao contexto do facilitador, buscar entender as particularidades que envolvam o objetivo da facilitação e definir um roteiro é essencial para o sucesso.

Nesse caso, é importante que você se muna de informações, tais como público esperado, objetivo da reunião, desafios atuais, duração da reunião e metas ou OKRs das áreas envolvidas, conforme poderá ser visto com mais detalhes no Capítulo 17.

O fato de a facilitação ser interna permite a você entender de forma mais simples quem são as pessoas e áreas envolvidas e lhe dá a oportunidade de interagir com elas de forma mais fluida. Aproveite e use isso a seu favor!

Agora, e se a facilitação for externa? É importante considerar, além dos pontos citados na facilitação interna, uma busca ativa na internet para obter informações que ajudem a ter o olhar do mercado para a companhia. A visão do cliente externo pode ajudar a tornar tangíveis os desafios que a organização vive no momento.

Aqui vale o lembrete: é necessário buscar fontes confiáveis de informação, em especial nessa era em que o real e o fictício se misturam.

No que tange à agenda que será facilitada, importante defini-la em conjunto com quem lhe fez o convite, lembrando de conceder uma palavra inicial e final aos *stakeholders*, pois isso ajudará a manter o público focado e a estratégia da reunião orientada à organização. Não se esqueça de colocar tempos factíveis para cada parte de sua facilitação a fim de que você consiga cumpri-la.

É interessante conseguir informações de clima interno com aqueles que o convidaram. Mas, se não for obtido, uma pesquisa em sites com informações organizacionais, como o Glassdoor, pode ajudar na sua visão da organização e do público que você encontrará.

Vale a pena fazer o *assessment*?

Outro processo que pode andar junto é o *assessment*. Nesse caso, é interessante mapear a partir dos objetivos levantados, com perguntas-chave e orientadoras, as quais podem ser utilizadas dentro da dinâmica, durante a condução do processo, tais como aquelas iniciadas por "como podemos...?". Elas permitem, além do engajamento, gerar *insights* no decorrer da facilitação.

O uso de perguntas poderosas, conforme visto no Capítulo 13, não pode ser negligenciado durante o processo. Faça uso dessa técnica!

Feito o *assessment*, é hora de tabular e estudar as respostas, a fim de que sejam gerados *insights* para que sua facilitação tenha uma riqueza maior de detalhes e o permita se munir de dados e percepções interessantes.

Conclusão

Ter o mapeamento do contexto, o levantamento das informações e uma agenda definida é essencial para uma boa facilitação! Mas o *assessment* e as informações de clima podem diferenciar seu preparo para a facilitação.

Sendo assim, atentar para o ambiente e para a natureza da facilitação é um aspecto que não pode ser negligenciado e é a via condutora para o sucesso de sua facilitação.

16. Preparação/Criando seu próprio processo

Yuri Bilinski Escarião
Adriana Brandão
Márcia Rodrigues Campos
Caroline Carmona

Como realizar o planejamento de uma facilitação, seja usando modelos existentes, seja criando o seu próprio.

Participar de uma facilitação não é somente estar lá como ouvinte ou sendo tutor de atividades. É conduzir o que quer que seja de maneira a extrair o máximo possível de participação, ideias e *insights* de cada participante.

Para ser um facilitador efetivo, devemos ter em conta certos aspectos, que vamos expor aqui, para tornar o processo de facilitação algo que realmente agregue valor para os participantes de qualquer evento.

Conheça seu objetivo

Antes de entrarmos em uma facilitação, devemos ter claro qual o objetivo que queremos alcançar no seu processo. Verificar se o objetivo se coaduna com o que será feito é essencial. A partir desse objetivo podemos confirmar se realmente faz sentido e o que faz sentido dentro do evento a ser facilitado.

Para facilitar alguma dinâmica específica ou alguma cerimônia já existente, você deve ver o que fará sentido dentro do contexto de cada uma. Por exemplo, imagine que você irá facilitar uma *Planning* do *Scrum*.

Esse processo já é conhecido por todos e acontece em todas as *Sprints*, mas, mesmo ela deve ter um objetivo maior que simplesmente sair com o *Sprint Backlog* pronto e um objetivo da *Sprint*.

Cabe ao facilitador entender como está seu time, qual sua maturidade e, a partir disso, verificar "ok, na última *Sprint* percebi que a *Planning* foi dominada pelo líder técnico" ou "percebi que o pessoal está com muita dificuldade nas estimativas".

Veja que com isso seu objetivo, enquanto facilitador, muda e passa a ser "que o time inteiro passe a participar mais, amenizando a influência do líder técnico" ou "fazer com que o time entenda melhor o que é estimativa e tornar esse processo mais claro".

Veja que não tem receita de bolo! O uso da criatividade é todo seu, desde que você entenda o que você, enquanto facilitador, quer extrair de seu time ou grupo. A partir desse conhecimento, você pode alterar ou criar processos que ajudem seu grupo.

Entenda o contexto

Algumas perguntas que podem ajudá-lo a entender o contexto da facilitação:

Sobre a demanda

- Qual o objetivo do responsável pelo produto?
- Qual o objetivo de negócio?
- Qual o impacto que o negócio quer gerar?
- Qual é o escopo da demanda?
- Qual o objetivo desta facilitação?
- Temos dados sobre o tema?
- Em quais momentos vamos atuar?

Sobre o usuário

- Quem vai consumir a solução?
- Qual o impacto dessa solução para o cliente?
- Temos visão de NPS[1]?
- Temos uma jornada?
- Temos telas de referência?

Sobre o produto:

- Qual o produto/serviço ofertado?

Sobre o problema/a dor:

- Quais problemas e necessidades serão tratados?
- Qual é o impacto desse problema na efetividade do produto/serviço?
- Qual é o impacto desse problema na base de reclamações?

---

1 *Net Promoter Score*: métrica que verifica a nota que um cliente dá a um produto ou serviço, sendo normalmente de 0 a 10. Mais informações em Reichheld e Markey (2011).

Sobre os *stakeholders*:

- Quais são as áreas/siglas envolvidas?
- Quem são os envolvidos?
- Qual o papel de cada um?
- O que se espera de cada um?
- Quem são os responsáveis/definidores?
- Todos irão atuar *full time*?
- Haverá envolvimento de outras partes em momentos pontuais?

Essas perguntas são exemplos de como obter mais clareza sobre o objetivo da facilitação, pois elas buscam informações importantes que podem ser mais ou menos relevantes, de acordo com o seu contexto.

Tenha um arsenal de ferramentas (ou *toolbox*)

Conforme apresentado no Capítulo 3, o processo de facilitação passa por três etapas: abertura, exploração e fechamento.

É importante se preparar para cada uma delas e, ainda mais, para alterar o que foi planejado, caso necessário.

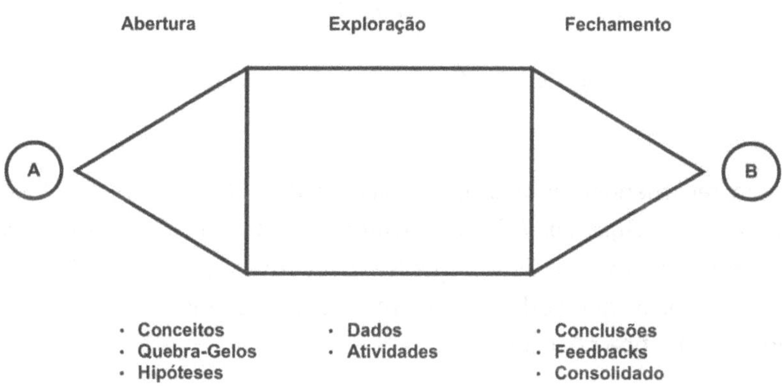

Figura 16.1. Processo de facilitação em três etapas. Fonte: os autores.

Sistematizar os conceitos e práticas e organizar as atividades de acordo com seu público, objetivos e própria experiência será fundamental para o sucesso do trabalho.

Para a fase de abertura, o facilitador deverá organizar as técnicas de quebra-gelo (exploradas no Capítulo 37) para obter a atenção dos participantes, da mesma forma que cabe ao facilitador identificar as técnicas que serão utilizadas para o desenvolvimento dos trabalhos durante a fase da exploração e fechamento.

Ratifique o trabalho e dê *feedback* aos participantes. Outro ponto importante a ser planejado é a forma de registro dos trabalhos, conforme abordado no Capítulo 19 mais adiante.

Agora que você já sabe o que deve ser feito, vamos pensar o que devemos fazer para criar essa facilitação. Antes de mais nada, você deve ter em mãos um *toolbox* de conhecimento, um conjunto de técnicas que possam ser utilizadas.

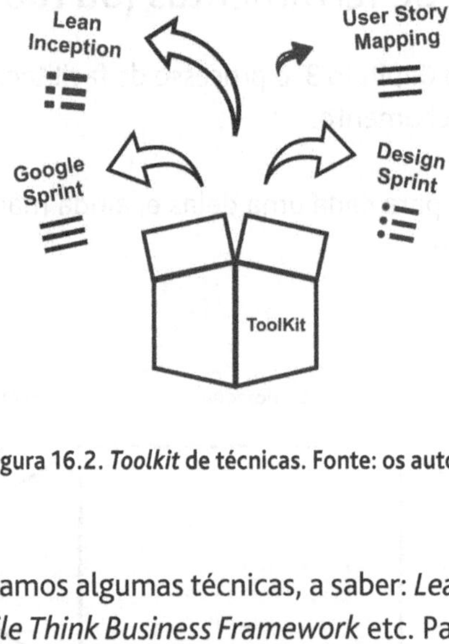

Figura 16.2. *Toolkit* de técnicas. Fonte: os autores.

Por exemplo, recomendamos algumas técnicas, a saber: *Lean Inception*, *Design Sprint*, *User Story Mapping*, *Agile Think Business Framework* etc. Para a Retrospectiva, temos o site *Fun Retrospectives* e o livro "Agile Retrospectives" (ESTHER; LARSEN, 2006), com várias dinâmicas que podem ajudar muito, além de lhe dar um contexto sobre como montar uma boa retrospectiva.

Alguns aspectos, ferramentas e técnicas que podem ser considerados para uma facilitação:

- **Agenda.** Artefato que ajuda no gerenciamento do tempo no *workshop*.
- **Acordos.** Tempo de início, tempo das atividades, pausas, encerramento.

- **Apresentação da iniciativa.** Apresentação e alinhamento dos objetivos do projeto.
- **Alinhamento de expectativas.** Momento importante para equalizar entendimento entre os participantes sobre o escopo delimitado.
- ***Team building*.** Construir relações entre a equipe que está se conhecendo e amenizar futuras dificuldades de relacionamento entre esse grupo de pessoas.
- **Visão do produto (dinâmica).** A visão do produto apresenta em linhas gerais qual a proposta de valor do produto, a quem ele se destina e quais seus diferenciais.
- **Matriz É/Não é/Faz/Não faz.** Essa matriz visa esclarecer o escopo do projeto e definir consensualmente as grandes características e restrições do produto, investigando especificamente cada aspecto positivo e negativo sobre ser ou fazer algo.
- **Matriz CSD.** As Certezas, Suposições e Dúvidas retratam o que já se sabe e o que se quer descobrir sobre o projeto, permitindo elencar pontos de atenção e definir onde se concentrar.
- **Persona.** Arquétipo de perfil de pessoas que poderão utilizar o produto em desenvolvimento, útil para que a equipe analise as características necessárias ao produto.
- **Desenho da jornada.** Definição da jornada ideal, geralmente pela perspectiva de *Feature*, especificando todas as etapas, campos de *inputs*, informações da tela, chamadas de serviços, regras de negócio etc.
- **Desenho da solução.** Desenho macro da solução, mapeando as diferentes possibilidades de atuação.
- **Mapa de riscos.** Usado para **sinalizar com clareza todos os riscos presentes no projeto** e assim identificar respostas e oportunidades inerentes a cada risco. Ex.: devido a (causa) pode (risco) impactando em (efeito).
- **Estacionamento de ideias.** As ideias e assuntos que não podem ser tratados na sessão, que precisam ser validados ou que não são pertinentes ao momento são agrupados em um espaço reservado, para serem tratados no devido momento, a fim de focar no objetivo da reunião.
- ***Roadmap*.** Representa as entregas de valor do projeto priorizadas na linha do tempo. Alinha todos os *stakeholders*, compreendendo quais variáveis envolvem esse caminho.
- **Glossário.** Explica conceitos relevantes relacionados ao tema do projeto. O conhecimento de determinados termos é essencial para equalizar o entendimento do time.

Assim sendo, tendo todo um aparato de conhecimento, podemos já ir para o próximo nível, que seria...

Conheça as regras... e saiba quebrá-las

Agora que temos um arcabouço de conhecimento sobre diversas dinâmicas, podemos começar a explorá-las.

Como dissemos no título, para se quebrar uma regra, devemos conhecê-la muito bem. Recomendamos que pratique *ipsis litteris* e, com sua sensibilidade, vá mudando conforme o público e a necessidade.

Já aplicamos, por exemplo, o *Lean Inception* misturado com o *User Story Mapping*. Também já usamos a jornada do cliente e personas para uma *Sprint* 0.

A dica aqui é: ao ter uma facilitação à frente, desenhe o processo que será aplicado inteiro seguindo à risca o que ele pede. Se for um *Google Sprint*, verifique o que se pede e os eventos de cada dia. Depois, comece a verificar o que faz mais sentido e o que pode ser tirado ou melhorado. Veja se pode misturar práticas.

Figura 16.3. Adequando seu estilo. Fonte: os autores.

Na dúvida, siga o *script*! Mas asseguramos que, com o passar do tempo e a prática, você verá aquilo que o deixa mais confortável, o que acabou funcionando melhor e o que você acredita que mais se adequa a seu estilo.

Criando algo novo

Com o tempo e a bagagem de conhecimento, agora já podemos criar nossas próprias formas de trabalhar. Não é fácil, mas, com o entendimento do seu objetivo e o que você deseja para seu time, você mesmo já poderá criar seu processo.

Tivemos um time com o qual fazíamos uma retrospectiva de onde nunca saía algo prático. O time sempre visualizava o problema de forma superficial e as ações sempre eram etéreas, colocando a culpa na diretoria, na consultoria e nunca se chegava a uma ação concreta.

O que fizemos foi criar uma retrospectiva onde, em pares, um desafiava o outro. Com base nos 5 porquês, um falava do problema e outro desafiava perguntando "por quê?", e falávamos: só parem de perguntar quando vocês estiverem satisfeitos e chegarem à causa-raiz.

Depois, ainda em pares, a próxima pergunta era "o que você pode fazer para melhorar ou mitigar isso?", e novamente um falava e outro retrucava "mas o que você vai fazer?". Com essa dinâmica, os componentes do grupo foram forçados a pensar mais a fundo os problemas e a encontrar soluções factíveis para uma melhora real do time.

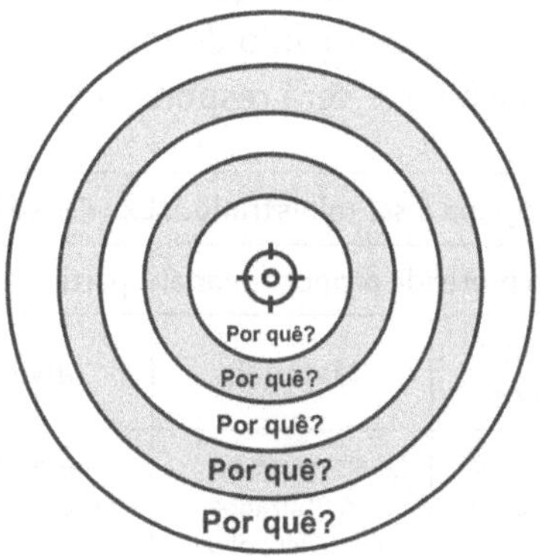

Figura 16.4. Os 5 Porquês. Fonte: os autores.

Então veja que ter um *toolbox* de dinâmicas e conhecimento sobre *Lean* nos ajudou muito a criar dinâmicas diferentes e que se encaixavam mais na realidade da equipe.

Planejando uma aula ou treinamento

O plano de aula pode ser elaborado tanto para aulas tradicionais quanto para aulas *on-line*, treinamentos e *workshops*. Ele é um instrumento fundamental e nos auxilia a organizar as aulas.

E a sua "ausência pode ter, como consequência, aulas monótonas e desorganizadas, desencadeando o desinteresse dos alunos pelo conteúdo e tornando as aulas desestimulantes" (FRANCISCO, s.d.).

Ao criar um plano de aula, precisamos ter o cuidado de definir as ações e as metas a serem executadas e atingidas pelos participantes. É importante também separar os materiais e os tipos de mídia que serão utilizados no decorrer da aula, e definir quais atividades serão propostas.

Para cada atividade devemos estimar o tempo necessário para a sua execução. Outros pontos importantes em um planejamento são a revisão e a avaliação, que auxiliam na medição da aprendizagem dos participantes.

Ao final do curso, devemos solicitar o *feedback* aos participantes, pois isso nos auxiliará a criar cursos cada vez melhores.

O plano a seguir possui uma breve explicação sobre cada campo e pode ser usado em instituições de ensino. Foi desenvolvido de forma mais elaborada com o intuito de ser apresentado à instituição que será responsável pela ministração do curso.

Curso – O nome do curso/disciplina a ser ministrado... Ex.: Curso Intensivo de *Design Thinking*				
Objetivo geral – O que o curso pretende proporcionar aos participantes?				
Aulas	**Objetivos específicos**	**Materiais**	**Atividades**	**Resumo/Avaliação**
Aula 1 – Conceitos de *Design Thinking*	Indicam as ações e os componentes do conteúdo que será trabalhado.	Quais recursos serão utilizados para desenvolver as aulas?	Quais exercícios serão realizados?	– O resumo auxilia na retenção do conhecimento adquirido durante a aula. – Indicar as formas e os critérios utilizados e verificar o nível de êxito no processo de ensino-aprendizagem.
Duração: 50 minutos	Ex.: – Explicar os conceitos do *Design Thinking* – Abordar o primeiro capítulo do livro	Ex.: *post-it*, *flip chart*, cartazes, vídeos etc.	Ex.: dinâmica de grupo, aula expositiva, *brainstorming*, mapa de empatia, *storyboard* etc.	Ex.: – O resumo pode ser os principais tópicos estudados. – A avaliação pode ser observações ou apenas atividades individuais ou em grupo.

Figura 16.5. Exemplo de plano de aula. Fonte: os autores.

Já o plano de aula a seguir funciona como uma agenda semanal simples e você poderá utilizá-lo em cursos onde não há a necessidade de formalização.

Segunda	Terça	Quarta	Quinta	Sexta
1. Apresentação do conteúdo - 25 minutos	1. Tempestade de ideias - 25 minutos 2. Material: *post-it* e canetas	1. Apresentação de conteúdo - 25 minutos	1. Apresentação de conteúdo - 25 minutos	1. Apresentação de conteúdo - 25 minutos
		Intervalo - 10 minutos		
2. Dinâmica de grupo - 10 minutos 3. Material: *flip chart* 4. Revisão - 5 minutos	3. Apresentação do conteúdo - 10 minutos 4. Revisão - 5 minutos	2. Mapa de empatia - 10 minutos 3. Material: cartaz e canetas 4. Revisão - 5 minutos	2. Cocriação - 10 minutos 3. Material: Quadro branco e canetas (ou Miro - *on-line*) 4. Revisão - 5 minutos	2. *Storyboard* - 15 minutos 3. Fechamento - 10 minutos 4. Revisão - 5 minutos

Figura 16.6. Exemplo de plano de treinamento. Fonte: os autores.

Conclusão

Para criar o seu próprio processo, cada facilitador deve conhecer o objetivo do evento, seu público e a si mesmo, além de conhecer as técnicas que podem ser aplicadas em cada etapa do processo.

Portanto, uma relação de técnicas por etapas pode ser elaborada para que possam ser combinadas de acordo com a experiência e o conhecimento do facilitador, a fim de conduzi-lo aos resultados esperados.

17. Pré-evento

Yuri Bilinski Escarião
Juliana Acosta Zavata

Ações de engajamento com os participantes previamente à facilitação.

Toda facilitação requer um preparo. Não adianta simplesmente achar que sabe o assunto e ir sem uma base, sem um plano, antes. Aqui neste capítulo queremos deixar um pouco da nossa experiência, erros e acertos que cometemos, e o mais importante: o que nós aprendemos com eles.

Antes de iniciarmos qualquer atividade como facilitadores, devemos tomar alguns cuidados. A seguir, vamos mostrar alguns pontos muito importantes que acreditamos serem boas práticas para termos sessões e trabalhos efetivos junto à equipe que vamos estar facilitando.

Conheça o objetivo a ser entregue

O seu primeiro ato enquanto facilitador é entender o motivo que levou a empresa, time ou liderança a executar essa atividade. Você deve ter o mais claro possível o porquê de eles estarem fazendo isso. Será que vai ser uma facilitação para criar um MVP? E se for, qual o objetivo disso? Qual o objetivo e os resultados esperados nessa atividade?

Recomendamos aqui o uso de OKRs, onde podemos colocar qual será o **O**bjetivo que vamos perseguir com essa dinâmica e quais os resultados esperados (***K**ey **R**esults*). É muito interessante criar esses OKRs junto com os *sponsors* da dinâmica, pois assim você consegue alinhar o objetivo final de onde quer chegar, a factibilidade da sua dinâmica e, por fim, medir se realmente o que foi proposto foi conseguido.

Já participamos e criamos dinâmicas sem esses OKRs, e mesmo chegando no objetivo ficava difícil mensurar se o que era esperado foi atingido. Muitas vezes o objetivo ou a expectativa não eram claros, o que gerava uma certa decepção. Mesmo depois de explicar o que foi entregue, ficava ainda uma sensação de "mas era isso mesmo?" ou "será que não deveria ser diferente?".

Entenda que o facilitador deve buscar o real objetivo por trás dessa atividade, seja criar um MVP, ou fazer uma análise de processo, ou talvez até mesmo uma facilitação de uma cerimônia *Scrum*.

Se você se satisfaz com a primeira resposta dada (o que é comumente feito), acabamos tendo uma facilitação pobre. Muito do que poderia ser feito e melhorado acaba caindo na vala comum e esquecido no meio das reuniões ou atividades.

Imagine que você pergunta qual o objetivo e tem como resposta: "queremos ter o MVP do produto X".

Então você imagina: "vou usar um *Lean Inception*... (CAROLI, 2018)"! Mas será que somente o *Lean Inception* vai ajudar? Ou será que poderia usar somente um PBB (AGUIAR; CAROLI, 2021) ou *User Story Mapping* (PATTON; ECONOMY, 2014)?

Aqui devemos explorar um pouco mais. "Por que você deseja esse MVP?", "que produto final você acredita que sairá ao final das atividades?", "o que se espera das pessoas que irão participar?", "o que temos até agora de informação sobre esse produto?".

Esse *assessment* é muito importante para você alinhar expectativas e até questionar se o que está sendo esperado realmente é factível. Existem gestores que acreditam em milagres e que ao final da sessão todos os seus problemas estarão resolvidos. E pior: acham que aquilo que imaginavam (que pode ser qualquer coisa, desde o mais simples até o mais complexo) necessariamente sairá pronto do evento.

Assim, temos que retirar uma quantidade suficiente de informações do que se espera desse evento e já alinhar antes as expectativas. Às vezes é melhor cancelar antes de começar do que finalizar algo frustrante para todos.

Além de alinhar essas expectativas, devemos entender, como dito antes, o objetivo do evento e ver se ele é factível, qual a técnica a ser empregada e se esta é aderente ao resultado desejado.

Verificar se podemos ir além do objetivo dito e encontrar o objetivo "não dito", aquele por trás do objetivo que está na frente, pois muitas vezes o objetivo "não dito" é o mais importante.

Já vivemos uma situação na qual estávamos criando o *User Story Mapping* para uma aplicação. O objetivo era criar um *app* para o pessoal de vendas. Porém, uma frase de um diretor nos chamou a atenção: "eu não quero que o vendedor abra mais o *notebook*".

Ou seja, não adiantava somente termos um *app* de vendas; o vendedor não deveria mais ter que acessar o *notebook* durante a venda. Assim, toda a facilitação para elaboração das *user stories* foi pensada em tirar as *features* de venda da aplicação *web* e fazer com que no ato da venda o vendedor somente acessasse o *app* em seu celular.

Entender os objetivos diretos e indiretos trará o efeito *wow*. Então, invista um pouco mais de tempo para entender no que vocês vão trabalhar e aonde se quer chegar com isso.

Escolha e entenda qual a ferramenta para atingir o objetivo

Entendido o objetivo, temos que agora entender se o que será feito no evento se coaduna com o que se espera de resultado.

Para cada necessidade, podemos ter uma gama de ferramentas. E pode ser que você tenha que usar diversas ferramentas em um mesmo evento, ou, ainda, ser obrigado a mudar o curso do evento, a depender de como este evolui.

Assim, recomendamos que conheça bem o que deverá ser feito. Estude o processo e cada etapa. Desenhe, estude e estruture cada etapa e atividade que deverá ser empregada. Se não foi você quem propôs o evento, estude ainda mais.

Entenda detalhes do que será feito, pois quando você estiver na frente do pessoal e não souber responder às dúvidas – ou, pior ainda, responder de maneira equivocada, com pouca clareza, de forma dúbia – você se tornará um **dificultador**, e não um facilitador.

Lembre-se, você está lá para liderar e servir as pessoas, e isso é de muita responsabilidade! Logo, entenda o que você está fazendo.

Já nos vimos em situações em que não tínhamos muito claro o contexto do que tinha que ser feito e, digamos assim, foi horrível, pois para muitas dúvidas nós não sabíamos dizer se a resposta era essa mesma ou se estava claro o que estava sendo proposto.

Não se iluda que "as coisas se ajeitam". Entenda bem o que deverá ser feito e qual o fluxo do trabalho e para que serve cada atividade. Explore possíveis dúvidas e prepare as respostas.

Outra dica interessante é coletar com outros profissionais experiências no uso das técnicas e/ou ferramentas escolhidas ou como resolveram o mesmo tipo de problema/objetivo. Pode ser com seu mentor, seus pares ou até com a sua comunidade de agilidade.

Identifique seus *stakeholders*

Você sabe o que se deseja e como deverá ser implementado. Agora identifique e conheça quem é sua audiência. Entenda seu público, quem são, qual a visão que podem lhe passar deles: suas características, se são apoiadores do objetivo ou detratores. Se têm poder ou não, se influenciam ou são influenciáveis. Se são quietos ou faladores. Tudo isso importa para entender, em cada etapa do evento, como você irá trabalhar com eles.

Se vamos ter dinâmicas de grupo, quem seria melhor estar em qual time? Se temos altas hierarquias, será que vale a pena juntar essas pessoas com os mais juniores? Pode ser que para um tipo de atividade valha a pena, já que é a oportunidade da alta hierarquia empatizar com o pessoal do dia a dia, ou pode ser que a alta hierarquia venha a inibir os outros.

No Capítulo 28, tratamos mais detalhadamente aspectos importantes da facilitação para executivos (*C-level*).

Com esse conhecimento de quem é quem, temos a oportunidade de montar dinâmicas que possam minimizar possíveis problemas e alcançar melhor o objetivo que temos em vista. Aqui entra a imaginação de cada facilitador, que poderá colocar cada participante em situações que possam extrair o melhor dele na atividade.

Não espere apenas criar grupos e colocá-los para trabalhar que tudo irá magicamente acontecer. Devemos, como facilitadores, imaginar o melhor time para cada situação. Para isso, devemos conhecer nossos jogadores para tirar o maior proveito deles em cada atividade.

O livro "Problemas de dinâmica de grupo", de Kurt Lewin (1978), mostra uma leitura muito interessante de como se formam e atuam os indivíduos dentro de um grupo. A montagem de um grupo depende de vários fatores, como a cultura da empresa, tipos de indivíduos etc. Para não ir muito a fundo nesse tema aqui, pois somente temos um capítulo, recomendamos sua leitura e vamos resumir seus pontos.

Existem dois tipos básicos de grupos: o autocrático e o democrático. Grupos autocráticos são pobres em soluções e inibem os participantes criando distensões desnecessárias e nocivas entre seus membros. Grupos democráticos são ricos, participativos e enxergam soluções mais inovadoras, criando laços entre seus membros e um ambiente de colaboração.

Nossa função enquanto facilitadores é desde já perceber como podemos montar um grupo que seja o mais democrático possível. Para isso, temos que, antes de iniciar nossas dinâmicas, identificar aqueles indivíduos que tendem a ser mais autoritários e juntá-los entre si, evitando assim que eles contaminem o grupo todo.

Se tivermos uma dinâmica com diretores e desde antes soubermos quais são mais impositivos ou autoritários, montamos um grupo mais homogêneo com essas características. Caso contrário, você <u>não</u> terá uma dinâmica de grupo participativa e rica, mas terá um grupo de pessoas acuadas com a voz apenas desse líder.

E também não se engane: mesmo que alguns grupos não tenham líderes, sempre pode surgir um dentro do grupo. O importante é identificar líderes democráticos. Ou seja, aquele que estimula a discussão e faz com que o grupo participe. Como dito antes, líderes autoritários empobrecem a discussão e criam propostas enviesadas, que muitas vezes não ajudam a inovar ou são, muitas vezes, mais do mesmo.

Comunicação e engajamento

Imagine o quão complexa é toda essa quantidade de informações e inovação para o público que está sendo convidado a participar de um evento, ainda mais remotamente, se for o caso. Como as pessoas se sentem ao receber esse tipo de convite?

Pensando nisso, recomendamos um reforço na comunicação, principalmente em conteúdo e forma, mais do que em sua frequência.

A comunicação para obter engajamento visa principalmente atrair, envolver e dar um propósito ao convidado do evento, não sendo meramente a transmissão de uma informação ou um simples lembrete de agenda.

As pessoas precisam entender claramente o objetivo, o seu papel e o resultado esperado delas e para elas, para se sentirem confiantes e estarem realmente engajadas em um evento.

Conforme nos ensina as práticas de *Management* 3.0 (s.d.), tecnicamente não podemos fazer as pessoas se sentirem motivadas e engajadas, mas certamente podemos configurar as condições corretas para maximizar a probabilidade de isso acontecer.

Na primeira *PI Planning* remota que facilitamos, fizemos apenas um único tipo de convite para todos os participantes, com o calendário detalhado para sessões, tentando não criar "spam" ou "spoiler".

Porém, isso desanimou alguns (que só enxergaram uma longa agenda); não sensibilizou outros (que só enxergaram o processo e não o resultado); e também criou falsas expectativas para outros (que enxergaram um processo mágico ao qual elas iriam apenas assistir passivamente). Ou seja, para a maioria houve surpresa e nem sempre a surpresa é algo positivo.

Coletando alguns *feedbacks* e sugestões pós-evento, na edição seguinte, com apoio da equipe de comunicação, realizamos um reforço da divulgação do propósito, além de também sessões prévias de treinamento e "*dry-run*" (ensaio) com um time identificado como influenciador (líderes formais ou informais).

Inclusive, ouvindo seus novos *feedbacks* e ajustando o que era necessário e possível, essas ações foram o complemento perfeito que trouxe o engajamento de que precisávamos.

Focando aqui em ações de comunicação para maior engajamento, vale lembrar das opções de canais e formas de comunicação que podemos utilizar para esse objetivo. A tecnologia está aí como a principal ferramenta de comunicação, principalmente para grandes grupos e para comunicação instantânea.

Porém, não podemos esquecer que o contato pessoal, mesmo que remoto, é algo de valor insuperável. Use, mas não abuse, de ambos! Cuidado com o excesso de contato, que também pode irritar ou até gerar "spoiler", o que quebrará algumas dinâmicas.

Você deve buscar o contato pessoal pré-evento como um investimento junto aos influenciadores – como também, por que não, junto aos possíveis detratores, para neutralizá-los ou, em último caso, eliminá-los.

Assim como para preparar o evento em si, preparar a sua comunicação para obter engajamento exige um profundo conhecimento de quem são os participantes e clientes desse evento, para que a comunicação seja mais eficiente e eficaz.

Como dissemos antes, as pessoas não querem ser muito surpreendidas, mas um toque de surpresa também faz parte para motivar a participação através da curiosidade e permitir uma experiência inovadora e positivamente memorável ao participante.

Por fim, não podemos deixar de citar o impacto da pandemia do COVID-19 na facilitação em termos de comunicação e engajamento. Com as restrições estabelecidas a partir de 2020, todos os times, distribuídos ou não, passaram a trabalhar somente remotamente e em *home office*.

Aparentemente, as pessoas se adaptaram rapidamente ao novo jeito de trabalhar. Porém, nós facilitadores precisamos ficar atentos às mudanças nos canais de comunicação e engajamento das pessoas.

A princípio, uma facilitação remota é mais democrática, já que com a tecnologia você consegue atingir um grupo em maior número.

Porém, por outro lado, você precisa aumentar o esforço para conquistar o real engajamento do participante no evento remoto, para que ele não se torne apenas um telespectador passivo e disperso ou simplesmente não "entre" no seu evento por esquecimento, já que não é mais necessário um deslocamento físico, mas um simples "click" para participar. Ou, ainda, que não se motive a participar somente do seu evento e ele se torne mais uma aba aberta no *browser*. Considerando esse cenário de maior concorrência na atenção dos participantes, o engajamento prévio dos convidados se tornou algo vital para o sucesso do evento.

Esse engajamento pode ser conquistado através de uma boa comunicação que considere os motivadores de cada convidado e alinhe as expectativas. Um convidado engajado pode engajar outros – e o contrário também é verdadeiro.

Alinhe as expectativas e engaje seu convidado para que ele se torne um real participante do seu evento!

Uma sugestão prática para buscar o interesse e/ou o engajamento dos participantes durante o pré-evento:

1. Faça uma programação de comunicação para semanas anteriores ao evento.
2. Envie um vídeo de boas-vindas e se apresente rapidamente, alinhando a expectativa.
3. Envie uma enquete com questões sobre o assunto que será facilitado e depois apresente o resultado conectando-o ao assunto durante o evento.
4. Busque trazer algum conteúdo de forma prévia para que comecem mais aquecidos para a facilitação.

Teste e ajuste

Com o planejamento já montado, agora é hora de colocar em prática o que foi pensado. Recomendamos fortemente que seja feito o "*dry-run*", um teste do que será aplicado. Pegue de preferência algum conhecido e ensaie o que será feito, veja as dúvidas que podem surgir, estude os tempos, veja o que faz mais sentido e faça os ajustes necessários.

Nós mesmos executamos sempre um teste daquilo que vai ser aplicado, e nesse processo conseguimos antever perguntas, verificar a ordem do que será feito, ajustamos nosso discurso e vemos onde pode haver pontos de conflito.

Pelo olhar do outro, conseguimos enriquecer nosso trabalho, pois muitas coisas que são óbvias para nós não necessariamente serão para nossa audiência. Já tivemos que mudar a posição de *slides*, a forma de montagem dos grupos, a forma do discurso e já nos pegamos sem saber responder a alguns questionamentos. Pratique, pois somente assim você poderá verificar a eficácia e eficiência de sua facilitação.

Percorra o evento como um todo, veja como e que horas cada atividade acontece, pratique suas explicações, veja se o outro entende o que você deseja fazer e qual o objetivo de cada atividade.

Conclusão

Como vimos, se preparar para fazer uma facilitação é essencial: entender, desenhar, planejar, se comunicar e treinar são processos que devem ser feitos antes do início de cada facilitação.

O planejamento de uma facilitação é essencial para sua boa condução! Não releve sua importância e esteja atento em todo o seu processo, pois só assim será possível obter sucesso e ter um evento ou atividade eficaz.

18. Durante o evento

Delano de Milano

***Warm up*, nivelamento de expectativas e acordos. Direcione as pessoas e evite que fujam do assunto.**
Como realizar uma boa conclusão e garantir que todos estejam alinhados?

Como mencionado em capítulos anteriores, antes de iniciar a reunião que você irá facilitar, garanta que o ambiente esteja preparado, que o material usado esteja disponível, que existam condições para que as pessoas se sintam respeitadas, prestigiadas e consequentemente atendidas, tais como: assentos, materiais informativos (se existentes), informações úteis em local visível (como agenda, acesso a sanitários, bebedouros, café etc.).

Se houver *coffee break*, considere em sua agenda ter um horário para isso, de modo que não ocorram distrações. Porém, se o grupo for interno, considere perguntar às pessoas se preferem ter acesso livre ao *coffee* ou estipular um horário. Nesse caso, garanta que no seu planejamento conste esse arranjo.

Apresentação e acordos de trabalho

No início da reunião, apresente-se e faça com que as pessoas se apresentem. Isso permite abrir espaço para que todos possam falar e participar. Seja o exemplo e faça a sua apresentação primeiro.

Opte por trazer elementos externos, como, por exemplo, cidade ou bairro em que vive, família, *hobbies* ou algum outro que ajude a gerar empatia. Em organizações muito hierárquicas, evite colocar o cargo nessa apresentação, mas destaque a área de conhecimento das pessoas, para que haja maior interação e menor receio em falar.

Para que a fluidez durante a agenda seja completa, apresente acordos de trabalho para que todos estejam alinhados sobre as regras do evento. Veja a seguir alguns exemplos de acordos de trabalho:

- Agenda do evento.
- Horários dos intervalos para almoço, *coffee* e descompressão.
- Regras sobre utilização de dispositivos móveis (celulares, *tablets* e *notebook*) durante o evento.
- Se for uma facilitação de *discovery*, *setup* ou *brainstorm*, deixe claro que não há hierarquias ou "crachás", que todos são cocriadores junto com você. Isso quebra paradigmas e permite às pessoas serem mais transparentes. Uma sugestão é pedir que deixem os crachás fora da sala ou logo na entrada. Em ambiente virtual, destaque a unidade do grupo no propósito da reunião.
- Dê espaço para que as pessoas falem e sejam ouvidas. Nesse sentido, acorde o modo como as pessoas irão pedir a palavra, seja virtual ou presencial. Garanta a participação de todos, orientando no sentido de que toda a palavra é importante, que não há opinião que não seja válida e que não tenha alguma relevância, que você como facilitador tem a missão de ser mediador e que respeitará e garantirá o respeito para com todos.

Foco no objetivo e nas pessoas

Para estabelecer o foco, dentro dos acordos estabeleça a regra de não usar equipamentos eletrônicos durante o tempo da facilitação. Nesse caso, atente-se para situações de exceção, tais como: time de sustentação ou suporte a produção, time de vendas ou de atendimento ao cliente e cargos de direção.

Para tal, considere ter na sua agenda tempos definidos para que as pessoas possam consultar seus dispositivos eletrônicos e reagir a quaisquer eventualidades.

Talvez o ponto mais sensível para qualquer facilitador, no que tange ao foco, seja abrir espaço para interromper as pessoas em caso de desvirtuamento do tema, distanciamento do objetivo da facilitação ou até mesmo alguma discussão vazia.

Para isso, olhe nos olhos da pessoa e, de forma empática, coloque-se como alguém que tem a missão de garantir o foco e o objetivo da reunião, citando que irá interromper as pessoas sempre que necessário para garantir o bom andamento, a agenda e os acordos realizados.

Sempre afirme que não fará isso por motivos pessoais ou em demérito a ninguém, mas que essa é uma das funções inerentes à figura de um facilitador.

Grande parte do sucesso da facilitação depende da empatia e das conexões estabelecidas entre o facilitador e o público. Dicas importantes para essa conexão: olhe nos olhos, sorria com o corpo, exercite sua escuta ativa e trabalhe a comunicação não violenta. Se preferir, verifique os capítulos iniciais deste livro para revisão desses pontos.

Ao realizar a conclusão, garanta que todos estejam alinhados

O sucesso de um evento é fruto do engajamento aliado aos resultados obtidos ao longo da facilitação.

Durante a facilitação, você foi subsidiado com insumos para que sua conclusão fosse impactante; logo, faça uso deles. Relacione os insumos recebidos com o objetivo da reunião, através de anotações feitas ao longo do processo, ou por meio de *insights* recebidos e coletados.

Destaque o processo de evolução do evento desde o início, considere o desenvolvimento do tema, observações e fatos importantes, fluxos ou algum tipo de recurso visual produzido.

Tudo isso formará a narrativa de sua facilitação. Faça com segurança e empatia de modo a tornar tangível o trabalho realizado e trazer as pessoas para o resultado alcançado.

A narrativa bem-feita gera entusiasmo e senso de propósito, faça uso disso.

Destaque o quão próximo os objetivos da reunião foram atendidos junto à condução do processo e ao resultado alcançado. Obtenha das pessoas a confirmação de que sua fala é verdadeira e dê espaço para contribuições. Caso haja espaço ou veja necessidade, reescreva o objetivo completando com os resultados obtidos.

Fazer com que as pessoas participem e se sintam parte do processo é crucial para o resultado final. Dê espaço para os *stakeholders* falarem do trabalho realizado e exalte sua participação caso veja essa necessidade.

As pessoas têm carência de entender o que fazer com o conhecimento adquirido, e isso não é diferente ao término de uma reunião. Os participantes necessitam da definição dos próximos passos para enxergar o propósito pelo qual estavam na reunião de trabalho e entender o caminho que será tomado.

Portanto, defina com o time os próximos passos a partir do resultado alcançado de modo que isso emerja do próprio grupo. Nesse momento, fomente atos de liderança para que as pessoas assumam as atividades levantadas. Caso não haja voluntários, repasse essa atribuição ao seu interlocutor, desde que previamente acordado com ele.

Em todas as facilitações, o aprendizado é um fato concreto, mas acompanhado da reflexão ele é potencializado, ganhando contornos que o tornam essencial.

Cada facilitação permite diversas situações diferentes entre si, e podemos facilmente relacionar o ato de facilitar ao de experimentar, à medida que temos na facilitação a oportunidade de gerar ideias, testar ferramentas, validar hipóteses e cocriar.

Dada a premissa de que em toda experimentação sempre há aprendizado, é correto afirmar que em toda facilitação produzimos o aprendizado. Para cada ponto levantado, destaque o aprendizado, criando assim suas *lessons learned*.

Eventualmente, estimule uma retrospectiva rápida com o público envolvido destacando os pontos citados anteriormente. Garanta que sua gestão de conhecimento seja viva, alimentando-a com os aprendizados levantados e a relembrando quando da preparação das próximas (vide Capítulo 27).

Faça o fechamento exaltando o trabalho realizado, agradecendo a presença de todos e o convite realizado, e colocando-se à disposição para eventuais dúvidas. Reflita sobre os aprendizados e alimente sua base de conhecimento. Certamente, isso solidificará o sucesso da sua facilitação!

19. Registro/Organizando as informações com ferramentas visuais

Victor Gonçalves
Adriana Brandão
Leoneide Tonso

Como registrar as informações de forma efetiva e atentar para que elas sejam organizadas ao longo do processo.

Tão importante quanto a experiência e a habilidade do facilitador nas dinâmicas interpessoais, seja na construção de um pensamento coletivo ou na identificação de *gaps*, é o devido registro/análise dos eventos percebidos nas dinâmicas.

Os registros deverão servir para o fechamento das atividades (conclusão) junto aos participantes e permitir posterior análise de dados que viabilize a elaboração do relatório final ao demandante, quando contextualmente for necessário.

Não raro, o facilitador terá que replanejar as técnicas de facilitação, bem como as de registro, adequando-as às percepções acerca dos indivíduos participantes e da sua interação. Contudo, algumas técnicas de registro poderão ser consideradas. Veja a seguir.

Facilitação visual

A facilitação gráfica ou visual é o tema do quarto capítulo desta obra, e o uso dessa técnica para registro de dinâmicas de grupos, palestras e afins não só promove o entendimento e a memorização do tema e do conteúdo abordado como cria um elemento leve e descontraído para os participantes.

> *"Facilitação gráfica é servir a um grupo, escrevendo e desenhando sua conversa ao vivo e de forma grande para ajudá-lo com seu trabalho. É uma poderosa ferramenta para ajudar as pessoas a se sentirem fortes, para desenvolver um conhecimento compartilhado enquanto grupo e disponíveis para sentir e tocar de uma forma que não poderiam antes" (AGERBECK, 2012).*

A utilização de desenhos em painéis e quadros brancos, feitos em tempo real, à medida que as discussões avançam, cria um *storytelling* visual que sintetiza e ordena as ideias apresentadas.

Essa técnica usa palavras-chave, metáforas e esquemas e é bastante utilizada em conferências, simpósios, palestras, *workshops* e treinamentos. Mais detalhes podem ser explorados no Capítulo 4 deste livro.

Figura 19.1. Registro com facilitação visual. Fonte: os autores.

Mapa mental

Sistematizado por Tony Buzan, os mapas mentais representam o máximo de detalhes possíveis, relacionando-os ao conceito central e agrupando-os de maneira que seja possível mapear relacionamentos de causa e efeito, simetria e/ou similaridades existentes, dando àqueles que os analisam informações claras para que possam planejar ações e estratégias para alcançar objetivos.

Segundo Buzan e Buzan (1994), uma vantagem particular de usar mapas mentais em reuniões é que eles fornecem uma imagem mais clara e equilibrada do verdadeiro conteúdo da reunião. O autor afirma ainda que o uso de mapas mentais em reuniões e apresentações as tornam mais estimulantes e produtivas.

Eventos registrados em mapas mentais fornecem não só uma visão clara do conteúdo adquirido como uma possível estrutura de etapas e atividades futuras.

Figura 19.2. Registro com mapa mental. Fonte: os autores.

Vídeo

Segundo Rocha (2005), o registro de eventos em grupo permite observar detalhes como expressões verbais (tonalidade das falas) e não verbais (expressões corporais) que representam relações estabelecidas entre eles e que podem auxiliar o facilitador na leitura de suas ações e reações durante o trabalho em grupo.

Figura 19.3. Registro com gravação em vídeo. Fonte: os autores.

De acordo com Pinheiro, Kakehashi e Angelo (2005), este método de observação permite a obtenção de muitos dados que não são possíveis por outros métodos como a entrevista ou a aplicação de questionários. Há muitos elementos que não podem ser apreendidos por meio da fala e da escrita.

Esse registro permite que o facilitador observe sem julgamento todas as questões que se fizeram presentes no evento, dando base para seu relatório final e suas sugestões de avanço, quando cabíveis.

Canvas

Inicialmente proposto como uma ferramenta específica para o desenvolvimento de modelos de negócio, o *canvas* ampliou sua usabilidade e vem sendo aplicado no mapeamento e na construção de iniciativas de crescimento e gestão. Sua formatação em uma única página fornece uma visão geral e clara dos eventos, que são agrupados em nove segmentos que formam os blocos de construção para o modelo de negócios em uma bela tela de uma página.

Figura 19.4. Registro com *canvas*. Fonte: os autores.

Outras formas de registro

As dinâmicas em geral são de características exploratórias ou decisórias, portanto escolher o instrumento de registro é determinante para o sucesso do processo. Muitas ferramentas visuais utilizadas em processos de cocriação facilitados são adotadas não somente para guiar o processo como também se tornam o próprio relatório visual que consolida os resultados.

Por isso, é bastante comum a aplicação de técnicas de aglutinação e clusterização para que a síntese do aprendizado e das definições seja traçada, levando a uma leitura mais objetiva do registro após concluído.

No entanto, alguns processos requerem mais robustez na documentação e são fruto de muitas dinâmicas ou de uma combinação de ferramentas aplicadas para chegar a um objetivo, gerando assim relatórios mais complexos, mas que apresentam dados analíticos quantitativos e qualitativos sobre todo o aprendizado.

Nesse contexto, o facilitador assume uma postura consultiva. Ou seja, em termos de aplicação prática de técnicas e abordagens de facilitação, o consultor precisa refletir sobre as melhores formas de capturar dados e posteriormente analisá-los, adotando métodos que julgar necessários e competências para tratamento das informações levantadas e composição de um relatório conclusivo sobre o projeto em que está atuando.

Esse cenário é muito comum em diagnósticos de cultura ou para projetos de transformação ágil, onde são coletadas informações de diversos ângulos, seja através de *assessments*, *focus groups*, entrevistas semiestruturadas e dinâmicas de diversas naturezas facilitadas por um profissional competente.

Então somente através da análise de todos os registros combinados é que se pode chegar a conclusões sobre o cenário da empresa, área ou time.

Repare que o registro de cada encontro tem papel fundamental na otimização do tempo de análise; portanto, quanto mais experiência o facilitador (ou consultor aplicando a facilitação) tiver para aglutinar e sintetizar ideias, menos tempo para "entendimento" dos registros será necessário.

Conclusão

Como podemos observar, as técnicas de registro dos eventos, individuais ou em grupo, são parte integrante da dinâmica e possuem total relevância para a eficiência durante o processo e resultado final, seja de uma única dinâmica ou de um conjunto de práticas que fazem parte de um processo consultivo mais abrangente.

Na Parte V deste livro o leitor encontrará dicas e um *kit* de ferramentas que poderão ajudá-lo na sua jornada de facilitação.

20. Pós-evento

Anderson Sales
Déborah Zavistanavicius Zapata

***Follow-up*/acompanhamento/dores e resultados obtidos/avaliação.**

Falamos nos últimos capítulos sobre pré-evento, evento e registro das facilitações, mas não podemos esquecer que uma facilitação pode ser apenas o início de um processo de cocriação, de construção de algo maior que soma esforços para o alcance de grandes objetivos.

Frustrações ocorrem quando acreditamos que uma única sessão de facilitação será o suficiente para alcançar os resultados desejados. Dessa forma, o pós-evento é fator crítico de sucesso e pode inclusive potencializar os efeitos causados na facilitação.

Alguns aspectos devem ser considerados para melhores resultados pós-evento:

1. Avaliação da facilitação
2. Mentoria pós-evento
3. Grupo de discussão
4. *Clipping*

1. Avaliação da facilitação

A frase "métricas moldam comportamentos" é altamente aplicável no contexto das facilitações. A avaliação dos participantes sobre conteúdo, estrutura e o facilitador é essencial para a evolução contínua da experiência.

Essa avaliação pode ser feita de diversas formas. As mais comuns são formulário impresso e formulário eletrônico. Também é possível coletar as impressões dos participantes com uma avaliação oral no encerramento do evento, pedindo depoimentos espontâneos ou uma palavra ou sentimento que resuma a experiência.

Para avaliações enviadas aos participantes após o evento, é altamente recomendável que, ao enviar *link* com formulário eletrônico (Google Forms, Survey Monkey, Survio etc.), algum incentivo esteja atrelado à resposta, como, por exemplo, o material em PDF usado na facilitação, o certificado de participação, a ata de uma reunião, fotos do evento etc.

Nossa experiência diz que o volume de respostas em formulário eletrônico normalmente é baixo, necessitando de três ou mais lembretes para um melhor resultado, porém esse processo economiza o tempo de tabulação das respostas.

De acordo com o artigo publicado por Letícia Franco Martinez no site EDisciplinas, da Universidade de São Paulo (s.d.), avaliações devem medir:

Tabela 20.1. Métricas possíveis para a avaliação de uma facilitação. Fonte: Martinez (s.d.).

Reação	**Estimar o valor do treinamento** Quais eram suas metas de aprendizagem para este programa, se foi atingida, se os participantes gostaram, se recomendam, se têm sugestões e se a organização deve continuar.
Aprendizagem	Avalia o que os participantes pensam sobre o treinamento.
Mudança de comportamento	Visa mensurar de forma objetiva os resultados práticos de um programa de treinamento e o quanto este impactou as rotinas de trabalho.
Resultados	É possível identificar as contribuições formais dos programas de treinamento e desenvolvimento para os resultados do negócio.

Modelo de questões para avaliação normalmente utilizado:

Tabela 20.2. Modelo sugerido para a avaliação de uma facilitação. Fonte: os autores.

Modelo de avaliação da facilitação	
Sobre o facilitador: domínio do conteúdo	0 a 10
Sobre o facilitador: administração do tempo	0 a 10
Sobre o facilitador: método de ensinar (didática)	0 a 10
Sobre o facilitador: casos e exemplos abordados	0 a 10
Sobre o facilitador: recursos de interação e apresentação	0 a 10
Sobre o facilitador: avaliação geral	0 a 10

Com relação a sua expectativa sobre o evento, como você qualifica?	Superou Atendeu Parcialmente Não atendeu
A dificuldade da facilitação correspondeu às suas expectativas?	Muito difícil Dentro do esperado Achei fácil
Classifique seu nível de interesse em aprender mais sobre os temas a seguir:	Informe assuntos relacionados ao tema da facilitação para que seja classificado o interesse em aprender Alto Médio Baixo

2. Mentoria pós-evento

Transformar organizações, culturas e pessoas em apenas uma ação de facilitação é o que podemos chamar de um milagre. Sabemos que esse é um processo contínuo e perseverante e que ações de mentoria pós-evento podem ser fortes aliadas para melhores resultados.

A prática de uma sessão de mentoria semanas após a realização da facilitação pode trazer à tona situações não exercitadas no momento e que travam a usabilidade dos conceitos discutidos. É uma forma de perguntar: "como posso continuar a ajudá-lo?".

3. Grupo de discussão

Manter a "chama" acesa e os participantes de uma facilitação engajados e interessados em saber mais é uma missão que os grupos de mensagens (WhatsApp, Telegram, grupos do LinkedIn e Facebook) podem apoiar e muito.

Criar grupos e mantê-los vivos com conteúdo de boa qualidade motiva os participantes a também compartilhar suas experiências, gerando discussões de alta qualidade e valor. Cuidados são necessários para que o grupo não perca seu foco.

4. *Clipping*

Clipping é o recorte de notícias, notas, imagens, vídeos e novidades em geral para manter as pessoas atualizadas sobre um determinado assunto de interesse.

Desenvolver um *clipping* para manter as pessoas atualizadas sobre o assunto da facilitação é uma forma de apoiar a evolução e manter vínculo com os participantes e a organização. Esse *clipping* pode ser feito por e-mail ou através de grupos de mensagens.

5. Um caso real

Recebemos um pedido nada incomum de um importante cliente:

> *"Por favor, meu pessoal não sabe nada sobre gestão ágil (Scrum). Preciso que entendam o que é e consigam encontrar formas de transformar seu trabalho para entregar mais rápido e que o cliente se sinta bem atendido."*

Fizemos todo trabalho de pré-evento, evento, encerramento e registro, mas nosso entendimento, mesmo antes da assinatura do contrato, era de que deveríamos contratualmente prever ações de pós-evento, com pelo menos mais quatro horas de mentoria divididas em quatro encontros com 15, 30, 90 e 180 dias após a facilitação, apoiando os participantes nas situações que se apresentaram após obterem mais conhecimento teórico e prático.

Os encontros permitiram uma maior imersão dos facilitadores na vida real dos participantes, o que possibilitou novos contratos e facilitações de novas habilidades e conhecimentos para os participantes.

Conclusão

Para uma experiência de aprendizagem completa, consciente e evolutiva, uma facilitação não deve estar restrita apenas à carga horária definida para a realização do evento. Ela pode ir além e garantir a realização dos benefícios esperados quando ela foi planejada, ou ao menos levar a seu patrocinador transparência sobre as expectativas x resultado.

PARTE IV
APPLY (PONTOS DE ATENÇÃO)

21. Gerenciando o caos

Felipe Oliveira
Erica Motta

Como um facilitador pode identificar e auxiliar na mediação de conflitos e lidar com disfunções como falta de comprometimento e confiança. Como aumentar o engajamento das pessoas. Disfunções/conflitos de um grupo/busca pelo consenso.

Facilitação, na sua essência, se assemelha ao trabalho de um mágico. Começa com algumas palavras, um elemento de distração, um início levemente estruturado, um percurso caótico e, por fim, um encerramento surpreendente! Pelo menos é o que se espera, não é mesmo?

Segundo Folloni (2016), o caos está presente em um sistema quando este é extremamente sensível às suas condições ou variáveis iniciais. Em outras palavras, qualquer alteração em uma variável que determina o estado inicial de um sistema pode gerar imprevisibilidade e inconstância.

Quando estamos facilitando, seja um *workshop*, uma apresentação ou um evento, estamos também balanceando as variáveis que podem – ou não – influenciar a geração do caos.

Como tudo o que fazemos, o resultado das nossas ações e inter-relações depende da forma como lidamos e trabalhamos com as pessoas. Se não tomarmos o devido cuidado, *workshops* e eventos que necessitam das habilidades de um facilitador podem tomar proporções catastróficas.

Neste capítulo, vamos mostrar por que as pessoas agem como agem, como diagnosticar as situações e como e quando intervir com o objetivo de propiciar um bom resultado. Mas antes iniciaremos falando das principais causas dos problemas.

Comportamento humano e sua influência

O comportamento das pessoas nos mostra parte do que elas são, mas também uma outra parte do que lhes ocorreu, o que passaram e sofreram na vida.

Esse processo está associado a como reconhecemos e lidamos com nossas emoções, conforme apresentado no Capítulo 6. Daniel Goleman (2012), por exemplo, fala amplamente sobre a inteligência emocional e como desenvolvê-la.

Um dos principais desafios de uma facilitação efetiva envolve a capacidade do facilitador de perceber as emoções das outras pessoas, determinar seu impacto e reação e intervir na discussão ou até mesmo fomentá-la.

No entanto, várias dessas emoções podem significar um comportamento negativo dos participantes, elevando os conflitos e potencializando os problemas. Entre as emoções que se encaixam nessa perspectiva, podemos citar:

- **Insegurança**: no dia a dia, é fácil sentir certo incômodo sobre assuntos que não dominamos. Seja sobre gestão, tecnologia, política ou até mesmo saúde, ao presenciarmos alguém com esses conhecimentos, imediatamente algo acontece em nossa mente. Para algumas pessoas, esse "algo" é admiração ou surpresa pela pessoa que transmite esse conhecimento. Para outras, esse sentimento é indiferença, pois já se espera que essa pessoa tenha esse conhecimento. Mas, para muitas outras pessoas, um sentimento diferente aparece, como um desconforto ou impaciência. Esse sentimento é a insegurança, espreitando nos escombros da mente.
- **Medo:** o medo é um sentimento natural, primitivo até. Nos milhares de anos que vivemos nesta Terra, o medo nos ajudou a enfrentar nossos adversários e a escapar de predadores ou situações perigosas. Porém, em meio a uma intensa vivência social, com uma complexidade gigantesca, o medo pode nos limitar, seja na expressão de ideias e sentimentos, ao tirar dúvidas ou ao discordar de um assunto.
- **Desconfiança:** assim como o medo, a confiança é um fator decisivo na autodefesa. Quando esse elemento é ausente nas nossas relações, não temos certeza se devemos ou não expor alguma informação ou construir um pensamento junto com as pessoas. Principalmente em exercícios com grupos específicos, a falta de confiança pode representar um silêncio mórbido e troca nula de ideias.
- **Ego:** ego conecta-se com autoconfiança, orgulho próprio e como essas coisas são importantes para o indivíduo. Quando se tornam o foco das relações que

cria, o indivíduo passa a tê-las com um apreço exagerado, causando conflitos internos e externos. Portanto, quando o facilitador traz para o grupo alguma discussão sobre um tema que causa esse gatilho, a sua percepção de si mesmo é diminuída, ferindo este "ego". Consequentemente, temos um comportamento mais egocêntrico e até mesmo arrogante.

Obviamente, esses são apenas exemplos do que podemos sentir em algumas situações da vida – e em eventos de facilitação não é diferente. Porém, cada um dos itens citados pode ser um causador – ou um gatilho – para escalar conflitos e problemas antes, durante e após a facilitação.

Lidando com as disfunções

Durante um *workshop* ou uma palestra, o facilitador precisa manter as pessoas conectadas, não só com o conteúdo, mas entre elas e outros participantes e com o próprio facilitador. A interação precisa ser livre de atritos, desconfiança, impaciência e descontrole. Porém, nada é perfeito.

Apesar de não poder atestar a causa real de alguns comportamentos durante a facilitação, uma habilidade essencial de um bom facilitador é conseguir diagnosticar e, ao mesmo tempo, intervir quando algo inesperado ocorre e pode impactar diretamente no resultado ou na interação entre os participantes (SCHWARZ, 2017).

Mesmo que de forma sutil, o facilitador consegue perceber os momentos certos, tanto para ouvir – perceber o ambiente, o clima e o comportamento das pessoas – quanto para atuar. Por isso, a seguir estão algumas das principais situações que podem ser vivenciadas durante a facilitação, estruturadas em disfunção, característica, ação/intervenção.

Comportamento: desinteresse/desatenção/falta de comprometimento

- **Características**: já tentou fazer perguntas para uma pessoa e ela pedir para repetir? Ou gaguejar depois de fazer o pedido? É um sinal inicial de desatenção. Podemos perceber como as pessoas estão se comprometendo com o evento de acordo com sua participação e formas de interação. O indivíduo não faz perguntas, não responde às interações em grupo e se recusa ou evita ser porta-

-voz em dinâmicas em grupo. Ao presenciar um debate aberto, evita entrar na discussão. Caso o *workshop* seja *on-line*, essa pessoa jamais colocará uma câmera. No evento presencial, estará no celular ou com o olhar em outro lugar.

- **Ação preventiva**: a causa para o desinteresse ou desatenção pode variar muito, mas podemos ponderar alguns fatores sobre a facilitação que podem influenciar. Um exemplo é a quantidade de exercícios ou dinâmicas em grupo. Há um por hora? Um a cada duas horas? Menos? Isso mostra que o *workshop* é apenas uma palestra ou um monólogo, não um lugar para trocar ideias e experiências. Tente propiciar esse ambiente interativo para as pessoas conseguirem trabalhar juntas, discutir e debater. Outro fator é a forma como fala. Se você, como facilitador, está usando um tom muito baixo ou constante, a atenção do participante cai drasticamente. Criamos um ritmo na nossa cabeça e, quando percebemos, já se foram vários minutos. Por isso busque se preparar antes, estudar a forma como abordará cada assunto e trazer um pouco mais de eloquência na voz.
- **Ação de intervenção**: costumamos dizer que quem não participa não está presente. Por isso, procuramos tornar o participante o mais presente possível. Escolha-o para ser porta-voz de exercícios, direcione perguntas a ele, lance dúvidas e crie cenários improvisados para responder o que faria. Busque envolver as pessoas. Isso as traz para o centro da conversa, impede que percam a atenção e é possível avaliar se estão focados. Chamá-los tira essas pessoas do seu devaneio e as retorna para o evento.

Comportamento: dominância

- **Características**: você já presenciou uma situação na qual o participante tomou conta da palavra? Precisa expor tudo o que pensa, no tempo que precisar e no tom que achar conveniente? É o tipo de situação que ocorre quando há pessoas no grupo que precisam se expressar e estão segurando aquele argumento para trazer à tona.
- **Ação preventiva:** dependendo do tipo de *workshop*, é difícil prever a atitude das pessoas quando querem abordar um assunto mais polêmico ou de grande interesse. Em turmas abertas, não há muito o que fazer. Porém, em turmas que são de empresas ou do seu time, tente conhecer o tipo de público, os perfis de cada um e como trabalham. Isso ajuda a entender quem é quem e como irão agir.
- **Ação de intervenção:** no decorrer dos exercícios, é relativamente simples detectar quem está se "apoderando" da fala. Como facilitador, entre nos grupos, veja como as pessoas estão interagindo, conversando e discutindo. Sinta o tom de voz e como as pessoas reagem a ele. Nesses momentos, busque perguntar

a outras pessoas do grupo o que acham ou provocar a solução. Em discussões abertas, com todos do evento, detecte os momentos em que o participante está se aprofundando demais no tema ou trazendo uma insatisfação. Nesse caso, não se acanhe em interrompê-lo e sugerir abordar o assunto em um momento mais adequado.

Comportamento: autoritarismo

- **Características**: você já viu pessoas que impõem suas opiniões às outras? Que, ao iniciar um debate, colocam sua palavra como a máxima verdade e, caso contrariadas, atribuem a correção ou interrupção à falta de contexto, conhecimento ou experiência do profissional?
- **Ação preventiva**: normalmente, durante um *workshop*, é difícil prever que haverá pessoas agressivas ou que forçam suas visões para o grupo. Porém, podemos tentar impedir que isso prolifere. Primeiro, caso seja um *workshop* com diversos exercícios, traga exercícios que permitam às pessoas demonstrarem algum tipo de vulnerabilidade ou que "quebrem o gelo" antes de começar.
- **Ação de intervenção:** durante um evento presencial, podemos captar, entre um exercício e outro, como as pessoas estão se portando. Se estão com alguma atitude grosseira, você percebe rapidamente e, discretamente, chama a atenção do colega. Em um evento *on-line*, fica um pouco mais difícil. Por isso, alguns facilitadores já colocam as regras desde o início, seja para tirar dúvidas, expor opiniões ou discutir os temas do curso. Outro ponto importante é a participação dos facilitadores nos grupos. Caso use funcionalidades como "breakout rooms", presente em softwares de videoconferência, onde os participantes são automaticamente divididos em salas, entre nelas e sinta a energia e a interação das pessoas. Veja como estão conduzindo. Observe, durante as discussões abertas, como o participante de perfil autoritário se posiciona. Quando possível, seja antes da divisão em grupos ou até mesmo no *chat* privado, dar aquele *feedback* antes que as pessoas saiam pode ser uma opção para intervir nessas situações.

Comportamento: divergência tendendo ao conflito

- **Características:** as divergências de pensamento são sempre saudáveis em uma discussão. A troca de ideias traz soluções e novas perspectivas para os problemas. No entanto, há momentos em que a troca se transforma em discordância, que, por sua vez, pode se tornar um furacão se não for bem gerenciada. Você perceberá, durante um debate, que as pessoas começam aos poucos a erguer o tom de voz, interromper antes que as pessoas terminem um argumento ou até mesmo soltar pequenos comentários que tendem ao desrespeito.

- **Ação preventiva:** não há.
- **Ação de intervenção:** existem algumas abordagens. Primeiro, quando perceber que as interrupções deixaram de ser uma ou duas vezes, peça gentilmente para o participante aguardar o colega concluir o argumento. Assim, você mostra que existem regras no evento e que elas são importantes para uma boa interação. Em situações em que a conversa começar a escalar, tente entender o seu teor. O tema é pertinente? O debate está saudável? Estão se aprofundando demais? Busque entender esses pontos antes de agir. Caso o tema da discussão esteja fugindo do foco do evento ou se aprofundando demais, talvez possam buscar um momento dedicado ao assunto. Porém, se a discussão começar a se "acalorar", listamos a seguir algumas ações de apoio:

1. **Interromper o debate:** gentilmente, entre na discussão e peça a palavra. Como facilitador, você tem o controle da situação e precisa tomá-lo para si quando necessário.
2. **Esperar algum intervalo entre os participantes:** entre um argumento e outro as pessoas pensam para responder ou simplesmente respiram, certo? Por isso, aproveite o momento e traga as pessoas para o foco. Tente levá-las a uma resposta ou abandone o tema e coloque no *parking lot* (espaço para guardar ideias importantes, mas que não serão discutidas no momento).
3. **Peça a opinião de outros:** em eventos presenciais, "cortar o áudio" pode ser se colocar entre as pessoas e trazer a atenção delas para si. O evento é para todos, então precisamos possibilitar a interação de todos. Solicite a percepção de outros para desviar a atenção do calor do momento. Com a participação de outras pessoas, o facilitador poderá seguir com o evento.
4. **Corte o áudio:** mesmo em eventos *on-line*, em último caso, podemos ser drásticos. A conversa passou dos limites e pode estar beirando o desrespeito. Então é o momento de tirar a palavra à força. Interrompa, corte o áudio, faça o que for preciso para impedir problemas maiores, como a saída das outras pessoas. Lembre-se: essa é uma ação drástica, portanto pense bem antes de fazer isso. Garanta que os recursos anteriores foram usados e não obtiveram resultados efetivos.

Comportamento: desrespeito

- **Características**: como um item complementar ao comportamento anterior, desrespeito é uma circunstância simples de perceber. Independentemente do motivo, podemos ver pessoas fazendo comentários problemáticos, racistas, homofóbicos etc. São comentários que percebemos com clareza quando algo está errado.

- **Ação preventiva:** as regras do jogo devem estar claras. Então, crie um pacto com as pessoas para que possam ter igualdade de argumento e respeito em discussões.
- **Ação de intervenção:** respeito é um fator ético. Independentemente do que for, o facilitador precisa agir imediatamente quando algum participante traz uma postura desrespeitosa. Quando a atitude é indireta e há espaços para interpretações, tente esclarecer o tema. Caso haja um tom desrespeitoso ou o argumento já esteja carregado com essa "energia", o facilitador pode intervir sendo transparente e expondo o impacto que a fala traz. Caso o participante se recuse a se redimir, seja com uma pessoa específica ou com o público, pode ser preciso, infelizmente, remover a pessoa da sala. Isso vale para pessoas em eventos presenciais ou *on-line*. Assim como a ação de "cortar o áudio" citada antes, este é um último recurso; então, garanta que os esforços anteriores tenham se esgotado antes de tomar essa decisão.

Conclusão

Facilitação é um processo de aprendizado. Não só para quem está participando, mas também para o facilitador, pois, a cada argumentação, história contada ou *workshop* realizado, é um novo conteúdo para absorver ou uma nova perspectiva.

É importante entender que a arte da facilitação traz consigo uma grande pluralidade, desde aprender a capturar a atenção das pessoas até controlar o caos de uma dinâmica com múltiplas variáveis.

Em meio a toda a dificuldade que é a facilitação, entenda que esse tipo de exercício não existe de hoje. As competências e dificuldades presentes nessas circunstâncias existem há décadas, quiçá séculos, então mantenha a calma, prepare-se com cuidado e permita que as coisas fluam.

22. Tamanhos de grupo

Thiago Brant
José Santana Júnior
Nathielly Campos
Erica Motta

O facilitador é uma figura importante no trabalho da equipe, que tem como finalidade agregar o grupo, aumentar a comunicação entre todos e manter o ambiente saudável e harmonioso. Esses grupos estão presentes em todos os níveis da organização, do estratégico ao operacional, e em tamanhos variados. Para que o facilitador consiga interagir com todas as pessoas, é preciso que ele tenha recursos (conhecimentos, técnicas e ferramentas) adequados para cada tipo do grupo.

Este livro trata de muitos aspectos e técnicas da facilitação, com um conteúdo muito rico e relevante. Em meio a tantas oportunidades, fica uma provocação: há diferenças entre facilitar para grupos de diferentes tamanhos? O que deve ser levado em consideração à medida que os grupos começam a crescer? Há limites de pessoas para uma sessão facilitada?

Neste capítulo vamos tratar dessas provocações, abordando e apresentando boas práticas no processo de facilitação.

A relação entre facilitadores e os grupos

Já verificamos em outros capítulos que o facilitador tem como finalidade criar e manter o ambiente saudável e harmonioso, encorajando o compartilhamento de ideias para que todos possam ter voz dentro do grupo. Dessa forma, o facilitador procura aumentar o engajamento das pessoas e manter a sinergia do grupo.

Nesse novo contexto de agilidade, percebemos que predomina a necessidade de descentralização do conhecimento e do poder de decisão, visto que os grupos são multidisciplinares. O facilitador tem como responsabilidade criar e manter o ambiente harmonioso e respeitoso, com uma cultura que fortaleça o engajamento, a autonomia e o desafio. O facilitador pode atuar em todos os grupos dos níveis de uma organização (planejamento até execução).

Mas o que muda em relação ao tamanho do grupo? Um exemplo bem simples, mas que ilustra essa problemática, é sobre o uso do som em reuniões *on-line*. Para grupos de até cinco pessoas, recomenda-se que todos mantenham o microfone aberto o tempo todo. Isso facilita muito a fluidez da reunião e interação entre os participantes. Mas a partir de seis pessoas para cima, isso já se torna um problema. A recomendação aqui é o contrário: mantenha sempre seu microfone no mudo e só abra na hora que for falar (se não, imagine a confusão!).

O que deve ser levado em consideração à medida que os grupos começam a crescer?

Você pode estar se perguntando: há limites de pessoas para uma sessão facilitada? Hoje constatamos que não. Cada vez mais facilitamos para grupos maiores. Comentaremos a experiência de uma *PI Planning* do SAFe.

A *PI Planning*, ou planejamento da PI (*Program Increment*), é um evento também conhecido como *Big Room Planning* (planejamento em sala grande), comum em agilidade em escala, em que todos os envolvidos na entrega se reúnem em um único espaço para planejarem juntos (daí o nome de sala grande!).

Quanto maior o grupo, mais complexo será o processo de facilitação. Mas isso não pode ser um impeditivo para se realizar o trabalho necessário.

Uma forma de administrar grandes grupos é dividir um grupo grande em grupos menores. O grupo define um líder que atuará como facilitador desse grupo menor. Todo o conhecimento produzido pelos grupos menores, em algum momento posterior, deve ser socializado e levado em consideração no processo.

Em ambientes *on-line*, isso é feito com as famosas *breakout rooms* – ou salas separadas, como foram popularizadas no Zoom (as ferramentas são citadas no Capítulo 36) –, uma forma de dividir o público em salas menores. Atualmente é quase que obrigatório as ferramentas oferecerem isso. O Microsoft Teams (MICROSOFT TEAMS, s.d.) já oferece essa funcionalidade também.

E vale citar algo que aparece muito por aí, mas poucos realmente conhecem e utilizam: as **estruturas libertadoras** (LIBERATING STRUCTURES, s.d.). São técnicas de facilitação que ajudam a considerar o pensamento coletivo na construção do conhecimento. Elas ajudam a chegar em um resultado em que ninguém é desconsiderado, mesmo em grupos grandes.

A estrutura básica da técnica de estruturas libertadoras é a **1-2-4-ALL**, ideal para grandes grupos. Ela consiste em uma reflexão individual sobre um tema (1 minuto), separar o grupo em duplas que discutem esse tema (2 minutos) e depois duas duplas formam um quarteto, que consolida o conhecimento das duas duplas (durante 4 minutos), e por fim cada quarteto leva suas conclusões para todo o grupo (o ALL).

Outros pontos importantes para a facilitação de grandes grupos:

- Teste toda a tecnologia realmente, tome muito mais cuidado com isso! Já participamos de um evento no qual só descobriram o limite de 250 pessoas na sala do Microsoft Teams depois que a 251ª pessoa tentou entrar e não conseguiu (e o evento já estava rolando). O aplicativo Zoom (ZOOM, s.d.), por exemplo, tem um limite de 50 *breakout rooms*! E mais: dependendo do tamanho da sala física e do número de participantes, um microfone é indispensável.
- Em eventos grandes, deve haver uma gestão de perguntas. Primeiramente, direcione-as para o *chat* (talvez você precise de um facilitador auxiliar para acompanhar), mas pense em ter um *parking lot* (um espaço onde as pessoas podem colocar dúvidas que serão respondidas posteriormente. Um "estacionamento" de dúvidas, daí o nome *parking lot*). Pode ser um *board* no Miro (MIRO, s.d.) ou Easy Board, alguma ferramenta tipo Sli.do ou até o Mentimeter (MENTIMETER, s.d.). O facilitador deve monitorar a reunião e quem está tentando falar. Ferramentas *on-line* possuem opções de levantar a mão. O Zoom destaca as pessoas que abrem o microfone (chance de ser alguém querendo falar), e pessoas até sinalizam isso com gestos. Temos que estar atentos a tudo isso, olhar e acompanhar a plateia. Em grupos grandes, é essencial o facilitador trabalhar com dois monitores para poder acompanhar participantes, *chat* e apresentação.
- Crie engajamento com ferramentas como o Mentimeter. Trata-se de uma ferramenta incrível de interação para grandes grupos, seja presencial ou remoto. As pessoas podem interagir com cada um dos *slides*, dar opiniões, responder a enquetes e até rodar um *quiz* estilo Kahoot (KAHOOT, s.d.). Mas fique atento: algumas opções do Mentimeter não são recomendáveis, por exemplo, para grupos maiores que mil pessoas. Em eventos transmitidos *on-line*, principalmente

pelo YouTube ou ambientes de conferência, o atraso da transmissão deve ser levado em consideração, pois as pessoas não estão exatamente em tempo real.

- Acordos de trabalho são extremamente importantes, mas em grandes grupos são imprescindíveis. Deixe claras as regras: onde perguntar, quando abrir o microfone, como levantar a mão, vídeo e áudio etc.
- Lembre-se de sempre explicar as dinâmicas antecipadamente e o tempo limite. Quando for separar em salas, explique adequadamente antes da separação e lembre-se de retomar o ponto após o retorno.

Existem muitas outras recomendações de facilitação que precisam ser consideradas à medida que os grupos aumentam:

- **Clareza da expectativa de resultado da sessão:** isso é imprescindível em qualquer facilitação, mas em grandes grupos deve ser considerado, por exemplo, o objetivo específico de cada grupo, caso haja separação de salas.
- **Deixe a agenda sempre visível:** aqui outro desafio em grupos grandes. Quando separamos as pessoas em grupos, elas perdem acesso ao ambiente geral. Como garantir que continuem visualizando o que é importante para toda a sessão? Nós costumamos usar um *board* comum a todos.
- **Faça uma rodada de *check-in*:** isso é essencial, mas como fica em grandes grupos? Como garantir que cem, quinhentas ou mil pessoas participem do *check-in*? Aqui o Mentimeter entra como uma luva. Também pode ser usado um documento compartilhado (Google Docs) onde todos respondem à pergunta do *check-in* (mas essa técnica talvez só funcione até um certo número de pessoas).
- **Escolha a ferramenta de trabalho compartilhada:** e tenha cuidado! Você pode, por exemplo, colocar todos os grupos em único *board* do Miro (mais visibilidade, menos complexidade, mais flexibilidade, menos gestão, porém pode ser confuso e pesado) ou fazer um *board* para cada grupo (aí talvez seja necessário um *board* adicional coletivo, pois podem ter muitos *links*, pessoas podem entrar em *boards* errados...).
- **Faça um sumário e uma revisão da facilitação:** sempre devemos mostrar os resultados. Quando separamos as pessoas em grupos, como consolidar o resultado de vários grupos?
- **Faça intervalos:** uma recomendação é 10 minutos de intervalo a cada 50 minutos de reunião (em ambientes *on-line*). Lembre-se de que há sempre um *overhead* de saída e retorno (ainda mais no presencial). Tudo isso tem que ser levado em conta. Imagine aquela *PI Planning*: as 540 pessoas saem para almoçar juntas? Sim, nós fizemos revezamento para o almoço!

- **Distribua o tempo de fala:** como dividir o tempo de microfone? Como deixar todos que querem falar ter o seu momento, mas sem atrasar os encontros por causa de muitas perguntas? Falamos anteriormente sobre *parking lot*, Sli.do etc. Pense nisso!
- **Use gestos visuais:** o retorno visual é muito mais rápido. Um "joinha", levantar a mão. Use essas ferramentas ao facilitar (o voto de confiança da *PI Planning*, por exemplo – uma forma ótima para colher a opinião de dezenas de pessoas em poucos minutos).
- **Faça uma rodada de *check-out*:** o que achou da facilitação em uma palavra? Aqui vem o Mentimeter de novo! Nuvem de palavras incrível!
- **Manter tudo documentado e acessível aos participantes após a sessão:** Como fazer isso? Os *boards* já são uma documentação natural. Para os físicos, pense como será a digitalização (a Intel chegou a desenvolver uma ferramenta OCR para digitalizar automaticamente o *Program Board* da *PI Planning*!).

Por fim, fica uma dica final: ouse experimentar! Exercite, repita, reflita. A arte da facilitação acontece na prática, e existem muitas (mas muitas mesmo!) ferramentas e técnicas disponíveis para isso: dinâmicas, jogos, atividades, brincadeiras. Seja criativo e corajoso!

Conclusão

Qual é o tamanho ideal de um grupo? Não há na verdade tecnicamente uma quantidade exata, porém, deve ser um número de pessoas que tenham conhecimento dentro das atividades que exercerão, e que dessa interação consigam criar soluções de forma independente e autônoma.

Em grupos pequenos, na maior parte do tempo, é mais amigável para o facilitador conseguir a interação de todos, mantendo a troca de informações intensa e constante. É mais fácil atingir decisões de consenso com o time.

Em caso de grupos grandes, essa relação entre os integrantes do grupo estimula um ambiente mais desafiador para o facilitador. Nessa condição é importante o facilitador ser mais pragmático e ter maior controle do tempo e da interação desse grupo.

As técnicas comentadas no capítulo podem ser usadas em times grandes ou pequenos, porém vemos seu efeito maior em times grandes. Essas técnicas criam uma dinâmica nas reuniões, e o facilitador consegue ter a interação de todos, o que é muito importante para um ambiente encorajador e motivador.

O facilitador pode usar aplicativos como Mentimeter, Miro, Google Docs entre outros. Essas ferramentas têm em comum a interação entre grupos simultaneamente. Com todas essas dicas, sua facilitação terá uma grande chance de sucesso!

23. Gestão do tempo

Andréa Cordoniz
Sarah Lopes
Robertha Magalhães Rodrigues

Do início ao fim, o que considerar para qualquer tipo de facilitação.

Gerenciamento do tempo não é um nome apropriado, pois o desafio não está em gerenciar o tempo, mas em nos gerenciarmos (Stephen Covey).

De fato, não temos como gerenciar o tempo propriamente dito, considerando que, no nosso planeta, todos nós, independentemente de formação, raça, etnia, gênero, religião etc., dispomos do mesmo número de horas por dia: 24.

A diferença é como nos gerenciamos para tirar o máximo de proveito do nosso tempo, que tem cinco características básicas: é inflexível, irreversível, totalmente insubstituível, não pode ser estocado e é distribuído democraticamente. Mesmo achando que não dispomos de tempo suficiente, o fato é que dispomos de todo o tempo que existe.

Nos dias atuais em que as mudanças ocorrem em uma velocidade cada vez mais frenética, podemos estar sendo vítimas da falsa crença de que "não temos tempo para nada", quando a verdade pode não ser essa. Alguns problemas podem estar interferindo, como falta de disciplina, planejamento inadequado, dificuldade em dizer "não" ou inabilidade em priorizar tarefas.

Visando tirar o máximo de proveito do tempo dos facilitadores, seja em uma palestra, aula, treinamento ou *workshop*, talvez seja necessário alterar hábitos e atitudes para que ele jogue a seu favor e você não viva "correndo contra o tempo" ou "apagando constantes incêndios".

Alguns fatores que contribuem para que o gerenciamento do tempo dos facilitadores não seja eficaz

- Ser absorvido por rotinas contraprodutivas, desnecessárias ou inúteis que fazem com que as horas escoem como água entre os dedos.
- Não observar quais são os horários mais produtivos para você. Em alguns períodos do dia, por exemplo, podemos não dispor da tranquilidade necessária para trabalhar, por questões externas fora do nosso controle.
- Não identificar quando e como a inspiração tende a ser maior. Criar uma apresentação não depende exclusivamente de inspiração, mas, com certeza, ajuda. Alguns profissionais afirmam se inspirarem imensamente quando fazem caminhadas. Outros quando folheiam alguns livros. O que inspira você?
- Culpar sempre terceiros ou fatos externos pelo fracasso no gerenciamento do tempo. Dessa forma, os necessários ajustes que dependem de você não serão colocados em prática. É importante desenvolver o autoconhecimento, visando identificar pontos de melhoria no seu modo de gerenciar seu tempo. Acredite! Grande parte depende única e exclusivamente de você.
- Falta de foco. Trabalhar em um projeto exige atenção. Muitas vezes, porém, a pessoa que tende a perder o foco acaba por começar uma tarefa, interromper, iniciar outra em paralelo, interromper, voltar à tarefa inicial, interromper novamente. A falta de foco, acrescida da falta de disciplina, é uma mistura explosiva. A pessoa acaba por se deixar levar pelas mais diversas distrações. Tudo é motivo para desviar sua atenção e deixar que o tempo passe sem controle.
- Permitir constantes interrupções de qualquer natureza. Quando concentrados em uma tarefa e algo nos distrai, levamos, em média, 15 minutos para atingir o mesmo grau de concentração anterior (CORDONIZ, 2019). É preciso buscar formas de se blindar de interrupções desnecessárias, como não deixar o telefone celular por perto e buscar um local mais isolado para trabalhar.
- Dificuldade em dizer "não". Os motivos para agir dessa forma são diversos, mas a consequência é sempre a mesma: um grande prejuízo. Quando dizemos "sim" a tudo que nos pedem para fazer, acabamos frustrados, desmotivados e afogados em tarefas e atividades que impactam diretamente na otimização do nosso tempo. Nossos planejamentos acabam desmoronando e perdemos o controle da situação, que pode vir a se tornar caótica. Liderados, por exemplo, muitas vezes assumem que não devem, em hipótese alguma, dizer "não" para o gestor. Desconhecem ou esquecem que uma das atribuições de um líder é gerenciar prioridades. Nesse caso, cabe ao colaborador mostrar as diversas atividades que lhe foram solicitadas, pedindo que o gestor aponte quais são

as prioridades. Líderes também, muito frequentemente, por apresentarem dificuldades em delegar, se veem com o tempo tomado, descuidando muitas vezes das tarefas que somente eles deveriam assumir, por estarem envolvidos em afazeres que poderiam ter delegado.

Pode ser importante se questionar se o que você está fazendo poderia ser feito por outras pessoas (pode delegar? Tem a quem delegar? Sabe delegar, considerando as técnicas apropriadas?) e se está deixando de fazer algo que você deveria estar fazendo.

- Falta de disciplina. Esse é um dos problemas mais corriqueiros. A pessoa faz uma programação e acaba não cumprindo o que deveria, sem que tenha havido algum motivo relevante para isso.
- Sofrer do vício em urgências, em trabalhar sob pressão. Pessoas assim deixam tudo para a última hora. Dispõem de um tempo X para preparar uma apresentação e vão postergando, postergando. Caso surja um imprevisto, estarão com sérios problemas. O tempo, que já estava espremido em função das postergações, fica ainda mais reduzido ou mesmo inexistente.
- Envolver-se na realização de diversas tarefas ao mesmo tempo. Inúmeras pesquisas, incluindo as realizadas em Harvard e no Massachusetts Institute of Technology (MIT), comprovam que quem age como multitarefa perde até 30% a mais de tempo (CORDONIZ, 2019).
- Não ter o hábito de agendar compromissos, tarefas e atribuições. Programar suas atividades em uma agenda, seja de papel ou eletrônica, é essencial. Ao fazer isso é importante deixar espaços que possam suprir demandas imprevistas. Agendas que estão sempre com todo o tempo tomado, além de não permitir atender a imprevisibilidades, tendem a não ser cumpridas, gerando insatisfação e desmotivação. Esse controle deve ser diário (micro agendamento), semanal, mensal e até mesmo anual. Uma visão macro o ajuda substancialmente a se organizar distribuindo os afazeres de forma mais adequada, sem perder a noção do todo. Metas são estabelecidas e desmembradas em ações a serem cumpridas. Distribuir as tarefas considerando os prazos (curto, médio e longo) é essencial para a obtenção de bons resultados.
- Não fazer pausas necessárias, julgando estar perdendo tempo com elas. Esse é um erro muito comum que acaba fazendo com que se tome um "tiro no pé". A pessoa segue trabalhando horas a fio sem intervalos, julgando que assim está "ganhando" tempo. Quando exaustos, nossa produtividade cai, acarretando muitas vezes em retrabalho e, consequentemente, na perda de um tempo precioso. Fazer pequenas pausas é essencial.

Como os facilitadores podem fazer uma boa gestão do tempo

Não permitindo que o urgente impeça de fazer o importante. Nem tudo que é urgente é importante. Assim como nem tudo que é importante é urgente. Observe o gráfico a seguir (Figura 23.1 – Matriz de Administração do Tempo). Trata-se de conceito denominado "Princípio Eisenhower", que foi reproduzido por Stephen Covey.

Tarefas urgentes são aquelas que devem ser resolvidas o quanto antes. Que requerem rapidez em sua execução. Normalmente implicam em atividades mais mecânicas, de execução.

Já as tarefas importantes estão relacionadas às metas e aos negócios. Merecem especial atenção e maior dedicação de tempo por envolverem planejamento, raciocínio, criatividade e dedicação. Muitas das vezes o sucesso, ou mesmo a sobrevivência de uma empresa, depende das tarefas importantes. Quando negligenciadas, tornam-se urgentes e não recebem a atenção necessária, podendo colocar tudo a perder.

Matriz de administração do tempo		
	Urgente	**Sem urgência**
Importante	Quadrante I Crises Problemas prementes Projetos com data marcada	Quadrante II Prevenção Atividades relacionadas à CP Desenvolvimento de relacionamentos Identificação de novas oportunidades Planejamento, recreação
Sem importância	Quadrante III Interrupções, telefonemas Alguns relatórios e correspondências Algumas reuniões Questões prementes próximas Atividades populares	Quadrante IV Detalhes, pequenas tarefas Algumas correspondências Alguns telefonemas Passatempos Atividades agradáveis

Figura 23.1. Matriz de Administração de Tempo. Fonte: adaptado de Stephen Covey (2014).

Você deve ter como meta se dedicar cada vez mais às tarefas importantes e diminuir as urgentes. No quadrante II estão as tarefas que exigem mais tempo e dedicação, sendo uma delas a de planejamento, que é a alma de um trabalho de sucesso.

Tarefas importantes e não urgentes devem ter sempre um espaço reservado. Como, por exemplo, planejamento da aposentadoria ou das férias; fazer aquele curso de aperfeiçoamento que é importante para o seu desenvolvimento profissional etc.

Ao atuarmos como facilitadores, seja em um treinamento, reunião, aula, *workshop* ou palestra, precisamos ter disciplina para que tanto a fase do planejamento como a de apresentação recebam a atenção necessária dentro do tempo disponível.

Planejando sua apresentação

Importante planejar cada atividade projetando realisticamente o tempo de execução, para não incorrer no erro de não conseguir transmitir todo o conteúdo ou não conseguir manter um ritmo equilibrado.

Você talvez já tenha testemunhado apresentações em que o facilitador, ao perceber que o tempo está se esgotando, acelera *slides* ou a sua fala e "pula" alguns tópicos que deveriam ser abordados. Chega a ser aflitivo.

Por outro lado, uma projeção errônea que leve a apresentação a encerrar muito antes do tempo previsto pode gerar desconforto para o facilitador e para a audiência. Não raro, sem ter mais o que apresentar, o facilitador demonstra nitidamente estar "enrolando", ou, como dizem popularmente, "enchendo linguiça".

A melhor maneira de contornar esses percalços é planejar cautelosamente, ter disciplina e saber lidar com imprevistos ou comportamentos de terceiros que venham a interferir na apresentação, como, por exemplo, ter uma pessoa prolixa na audiência.

Treinar previamente uma apresentação, quantas vezes puder, cronometrando o tempo, é importante. Em caso de uma apresentação em palestra, é vital. Indispensável!

Apresentações muito engessadas, em que não há qualquer espaço para imprevistos, tendem a ser um fiasco. Ter um plano B, seja para preencher um tempo ocioso, seja para excluir algum conteúdo ou exercício, é essencial. Sempre tenha o máximo cuidado para não transparecer estar fazendo ajustes não previstos, o que pode sugerir falta de profissionalismo.

Não há qualquer necessidade, por exemplo, de compartilhar com o público o ocorrido, como vejo alguns apresentadores fazerem: "como nosso tempo está se esgotando, vou pular essa parte" ou "como já apresentei o que tinha para apresentar, vamos então fazer uma atividade extra". Sempre tenha o cuidado de não eliminar tópicos que comprometam a apresentação, enfraquecendo o conteúdo.

Lembrando que, na fase do planejamento, uma certa dose de "pessimismo", ou de excesso de cuidados, é indicada.

Para isso faça o exercício clássico e simples do "e se..." e preencha com possibilidades, mesmo que as mais remotas, como: faltar energia; seu tempo ficar comprometido em função da apresentação de outros facilitadores; a audiência sugerir abordar outro ponto sobre o tema que não constava nos seus planos; os recursos por você preparados (*slides*, apostilas, vídeos, materiais para utilização em dinâmicas de grupo ou exercícios) apresentarem falhas ou se extraviarem; o local do evento não ser adequado etc.

Sempre que possível, procure conhecer previamente o local em que fará a facilitação. No dia da apresentação é essencial chegar com antecedência para, se preciso, contornar alguns problemas que venham a comprometer seu tempo disponível.

Prioridade, portanto, é uma palavra de ordem. Ao construir sua apresentação é preciso que esteja claro quais são os pontos principais, que não podem deixar de ser mencionados, quais podem ser excluídos sem prejuízo para a apresentação e quais podem ser inseridos a título de reforço da mensagem, no caso de término da apresentação antes do previsto.

Se você atua na área acadêmica, precisa distribuir com muita cautela o tempo de preparação das aulas, a correção de provas e trabalhos, a preparação de testes, provas e exercícios e a hora/aula.

Socorro! Mais uma reunião

Uma das queixas mais recorrentes no ambiente corporativo diz respeito a reuniões improdutivas ou desnecessárias que, além de levar seus participantes a perder a paciência, leva-os a perder horas e horas.

Muitas reuniões poderiam ser facilmente substituídas por um telefonema, uma conversa durante o almoço ou uma mensagem via e-mail ou WhatsApp. Outras, se bem planejadas e coordenadas, poderiam durar apenas alguns minutos. Em função disso, diversas empresas adotaram medidas como, por exemplo, deixar de servir cafezinho e biscoitos durante a reunião.

Outras foram mais radicais e criaram salas de reunião desprovidas de cadeiras, contendo uma única mesa alta no centro, para que todos se posicionem à sua volta. Assim, conseguiram aumentar a objetividade nas apresentações e, consequentemente, reduzir drasticamente o tempo de duração delas.

Para que uma reunião seja produtiva, o planejamento deve ser criterioso, considerando quais profissionais precisam realmente estar presentes, informá-los previamente sobre o teor, os tópicos que serão abordados, a relação de todos os participantes envolvidos, a duração, o motivo da convocação, os materiais (gráficos, documentos, relatórios etc.) que cada um deverá apresentar e o tempo de apresentação que lhes cabe.

A reunião deve ser coordenada com mãos de ferro, considerando algumas premissas básicas: começar pontualmente no horário, seguir o roteiro, cuidar para que o assunto não descambe para algo fora do contexto, solicitar objetividade nas colocações, respeitar o tempo de duração previamente anunciado, solicitar que os celulares e *notebooks* sejam deixados de lado o máximo possível e se certificar de que o tempo seja distribuído de forma que todos os participantes tenham oportunidade de expressar suas ideias e considerações.

Tempo é vida

Criar e fazer uma apresentação não é, com certeza, a única atividade que você tem na vida; portanto, planejar o seu tempo como um todo, incluindo as demais atividades profissionais e pessoais, exige que você gerencie sua vida de forma harmônica e equilibrada, considerando todas as demandas, para que algumas não sejam negligenciadas.

Até um tempo atrás havia o dito popular de que "tempo é dinheiro". Hoje a qualidade de vida ganhou destaque e o dito vem sendo substituído por "tempo é vida". Não há mais espaço para profissionais que trabalham até a exaustão e não se dedicam à família, ao lazer, à vida social e à saúde.

Estes acabam por entrar em colapso. Pagam um preço muito alto que vai desde a baixa produtividade até mesmo doenças mentais como depressão, estresse, síndrome de *burnout*, crises de ansiedade e outros tantos transtornos comportamentais.

Administrar bem o tempo, convém ressaltar, significa cumprir tarefas de modo mais eficiente, e não mais rápido. Ser muito ocupado não é, necessariamente, ser produtivo.

O autoconhecimento é a base de tudo. E esse é um exercício que devemos fazer com constância, por vivermos em uma época onde não só as mudanças externas ocorrem com grande velocidade. O mundo atual exige de nós a capacidade de aprender, desaprender e reaprender a todo o tempo.

Saber o que nos leva a escolher essa ou aquela atividade ou tarefa; entender por que negligenciamos algumas áreas de nossas vidas; e distinguir pontos fortes e pontos que devem ser melhorados, por exemplo, faz toda diferença.

Entender o que está por trás das nossas escolhas nos abre caminhos preciosos para compreendermos o que estamos vivenciando, como somos, o que privilegiamos e o porquê de cada uma dessas escolhas.

Cuidar bem do que escolhemos, através do autoconhecimento e da autoconsciência, nos leva a um significativo desenvolvimento pessoal que nos permite entender melhor uma série de atitudes e características que podem e devem vir a ser moldadas para que possamos gerenciar melhor nosso dia a dia.

Desenvolver o autoconhecimento, porém, requer coragem e seriedade para que possamos nos conhecer como realmente somos, com todas as nossas vulnerabilidades, sem filtros nem julgamentos.

Considerando as diferentes áreas da nossa vida que, como mencionado anteriormente, precisam receber atenção de forma mais equilibrada possível (profissional, lazer e social, espiritual, saúde física e mental, familiar e amorosa), convidamos você a fazer uma reflexão sobre como tem se dedicado a cada um desses segmentos da sua vida.

O que vem interferindo para que não haja maior equilíbrio? Quais áreas requerem mais atenção sua e de que forma você pode procurar equilibrar o tempo dedicado a cada uma delas, para que se sinta mais confortável emocionalmente e, consequentemente, mais produtivo?

A intenção, é bom lembrar, não é se culpar. É rever pontos que estão sendo desfavorecidos em sua vida. Procure entender os motivos e buscar reais possibilidades de reverter essa situação, ampliando aquelas áreas que estão espremidas em meio às outras.

Para terminar

Não se cobre excessivamente. Todos nós temos nossas falhas e fases menos produtivas. Mesmo executivos de excelência enfrentam problemas relacionados a uma boa gestão de tempo. Procure entender suas vulnerabilidades, fazer os ajustes necessários e se perdoar mais.

Jamais perca de vista que as redes sociais não passam de contos de fadas. É um mundo em que, muitas vezes, parece que ninguém mais tem problemas parecidos com os seus, que todos lidam bem com as adversidades, que são sempre focados, resilientes e exemplares.

Por trás de profissionais que se apresentam como infalíveis, muitos sofreram quedas abissais. Fracassaram, adoeceram, se questionaram. O que faz a diferença, insistimos em dizer, é saber o que fazer com tudo aquilo que acontece com você.

Com a tendência cada vez mais forte de trabalhos remotos (*home office*), muitos ajustes precisam ser feitos para que você consiga se gerenciar adequadamente dentro desse novo cenário e se adaptar a esse novo modelo de trabalho.

O mundo, além de acelerado, tem nos bombardeado com uma quantidade excessiva e abusiva de informações. Mais do que nunca se tornou essencial sabermos separar o joio do trigo e não nos deixarmos afundar em pilhas de pesquisas, planilhas, relatórios. Selecione o que lhe convém com mais critério.

Identificar desperdiçadores de tempo é crucial. Todos temos nossas "tentações": atividades que não apenas não contribuem para nosso sucesso, como acabam por nos prejudicar. Ser muito perfeccionista, por exemplo, pode ser um grande problema na hora de preparar uma apresentação. O tempo gasto com minúcias desnecessárias pode impactar seriamente no tempo disponível para essa etapa.

Tempo é um bem preciosíssimo. Como muito bem definido por Benjamin Franklin, "o tempo é a matéria-prima da qual a vida é feita" (CORDONIZ, 2019). Saber nos gerenciar para tirarmos maior e melhor proveito do tempo de que dispomos é cada vez mais essencial, considerando o mundo acelerado em que vivemos.

É uma das habilidades comportamentais mais valorizadas, com tendência a assim permanecer no mundo pós-pandemia, segundo o relatório anual Workana (WORKANA, 2020).

Estamos cercados de "vampiros" (internos e externos) que sugam esse bem tão precioso que é o nosso tempo. Para cada um desses "vampiros" existem técnicas que devem ser colocadas em prática e importantes mudanças de hábitos e atitudes que levarão a melhores resultados. Não hesite em buscar ajuda com treinamentos, livros, *workshops* e mentorias.

24. Ambiente físico e virtual

Isabel Coutinho
Queli Silva

Dependendo do espaço disponível e dos equipamentos, qual a melhor forma de conduzir o processo e quais ferramentas utilizar?

Até pouco tempo, existia um mito que permeava o tema facilitação: muitos acreditavam que não era possível facilitar em ambientes virtuais. Mas, como os últimos tempos têm mostrado, sim, isso é possível!

A facilitação, no âmbito presencial ou remoto, tem como objetivo comum a busca pelos melhores resultados e a atuação e adesão de todos os participantes. Assim, se faz necessária a utilização de métodos e técnicas de condução e organização das oficinas.

A pessoa facilitadora usa o poder das técnicas de facilitação para gerar ótimas resoluções de problemas, garantir que os envolvidos efetivamente colaborem e se comprometam a aderir às decisões estabelecidas, verdadeiramente implementando as soluções encontradas.

A facilitação se dá a partir do estabelecimento de um roteiro que seja eficiente para se atingir o objetivo principal, através da observação comportamental dos participantes, bem como guiando o fluxo da reunião e buscando engajamento do time e colaboração de todos.

Em cenários onde as pessoas não estão juntas fisicamente ou em times com pessoas em formato distribuído, as oficinas passam a ser remotas, através de aplicativos e ferramentas virtuais. Assim, o processo de facilitação também deve se adequar a tal perspectiva de mudança.

Para isso, é fundamental a adaptação de treinamentos e dinâmicas que antes se davam com foco no presencial, seja em oficinas, cursos, conferências, grupos de estudo ou qualquer outra atividade a ser desenvolvida à distância.

Entender e utilizar as ferramentas auxiliadoras é imprescindível para possibilitar o perfeito andamento de tais processos de facilitação.

Deve a pessoa facilitadora se adaptar às ferramentas de conversa por voz, como Google Hangouts e WhatsApp, bem como de vídeo, como Skype, Zoom, Google Meet e Microsoft Teams, e aproveitar-se das vantagens oferecidas por elas.

Também existem outras mais dinâmicas, como Mural, Miro, Conceptboard e Post-it App.

O intuito é buscar **transformar limões em limonada**, utilizando a oportunidade para adquirir novos conhecimentos e cartas na manga, e tirar maior proveito das circunstâncias que nos cercam atualmente, para que o processo de facilitação não perca o fluxo e o encantamento.

Para ambientes físicos, precisamos pensar em um espaço confortável que atenda ao número de pessoas participantes, bem como as configurações necessárias para a condução do processo de facilitação – e este pode variar entre projetor ou TV, quadro branco, *flip-chart*, dentre outros itens fundamentais para o processo.

Um problema global nas organizações, quando falamos em ambiente físico, é a concorrência com as salas de reunião, e isso exige de nós, pessoas facilitadoras, muita criatividade e jogo de cintura. Sempre devemos pensar em um plano B.

Se não for possível utilizar a sala marcada previamente, pense em algum espaço alternativo que possa garantir que o processo de facilitação aconteça, como *lounges*, terraços e outros espaços que possam ser adaptados dentro da empresa.

O mesmo serve para as dinâmicas que serão aplicadas, uma vez que, ao mudar o espaço, talvez seja necessário algum tipo de adaptação, o que nos ajuda muito a evitar problemas no dia a dia.

No ambiente virtual, nossa criatividade é exigida em um nível um pouco maior, pois, para a maioria, o mundo físico sempre foi uma verdade absoluta e o remoto era feito somente em último caso.

Hoje, com a realidade do remoto super presente, precisamos pensar no formato "*remote first*", onde tudo deve ser pensado utilizando o remoto como prioridade. As facilitações virtuais acontecem no mesmo modelo que o físico, porém, em vez de *post-its*, quadros e *flip-charts*, utilizamos ferramentas de colaboração virtual.

A técnica é simples: em um primeiro momento, recriamos dinâmicas e ferramentas que utilizamos no formato físico, adaptando com apoio de algum quadro colaborativo, como já citado antes. Com o tempo, essa adaptação vai ficando mais fluida e conseguimos começar a criar dinâmicas específicas para o formato virtual.

Sempre devemos pensar que o objetivo principal da facilitação é garantir o atingimento do objetivo proposto focando em colaboração e engajamento das pessoas envolvidas.

Então, assim como no modelo presencial, precisamos estar atentos à participação de cada um, garantindo que, antes de começar, todos tenham entendido o que deve ser feito e por que estamos ali, para que, assim, todos se sintam confortáveis em participar e colaborar com o atingimento do objetivo.

Em alguns casos, é preciso realizar a facilitação em formato híbrido: parte das pessoas estão em um escritório e parte delas distribuídas em *home office*, *coworkings* ou escritórios em outros lugares.

Nesse caso, é recomendada a utilização de ferramentas virtuais para que consigamos incluir todos sem perder a qualidade. Caso algum quadro físico seja utilizado, devemos nos atentar para ter uma câmera bem posicionada, para que as mensagens possam ser repassadas aos profissionais que estão distantes.

Em alguns casos, isso não é possível de fazer. Então, uma alternativa de contorno é a pessoa facilitadora tirar fotos em sequência e ir postando no canal de mensagens utilizado pela equipe, para que as pessoas em formato remoto consigam acompanhar o que está sendo passado.

Conclusão

Seja presencial ou de forma remota, tenha em mente o tempo que precisará dispor para sua facilitação e avalie o local para que todos fiquem confortáveis e consigam participar adequadamente.

Providencie os materiais que serão utilizados, como canetas, *post-its*, espaços para que possamos colar cartolinas nas paredes e papéis. Garanta que todos saibam o motivo de estarem ali para que juntos possam ajudar a atingir o objetivo proposto.

25. Facilitação virtual

Karla Karolina Cavalcanti de Lima e Silva
Daniel Moraes

Controle do grupo, acessos, escolha de ferramentas, conhecimento das pessoas.

Vimos no Capítulo 1 o que é a facilitação no âmbito organizacional e no âmbito pessoal. E no Capítulo 5, vimos algumas características fundamentais para o papel de facilitador, que denominamos de anatomia do facilitador.

Entendemos de forma geral que facilitação é uma ferramenta para facilitar algo, envolver e integrar pessoas, e o papel do facilitador é facilitar a participação, o envolvimento e as contribuições de todos os participantes.

Falaremos mais sobre a facilitação virtual, tema deste capítulo. Ela reflete também todos esses pontos, mas em um contexto mais específico: o universo *on-line*.

Isso se tornou ainda mais evidente e necessário com a pandemia global do coronavírus que vivemos em 2020, quando a maior parte das nossas atividades foi adaptada para o *on-line* e deixamos de atuar presencialmente, vivendo em isolamento social.

Foram os recursos tecnológicos que nos mantiveram próximos, mesmo distantes fisicamente. Graças à tecnologia tivemos essa oportunidade de continuar em frente. O mundo precisou se readaptar.

Será que é simples trabalhar com facilitação virtual?

Embora tenhamos visto algumas dicas no capítulo anterior, podemos dizer que não. Trabalhar de forma *on-line* exige mais preparação e mais competências ainda do facilitador, uma vez que distrações e interrupções são bem mais frequentes nesse cenário.

Mas, afinal, o que pode ser facilitado de forma virtual?

Praticamente tudo o que sempre fizemos na vida presencial pode ser adaptado para o mundo *on-line*.

Em especial na pandemia, isso foi requisito quase obrigatório para muitas empresas continuarem suas atividades e programações de entregas e acordos com os clientes, por exemplo.

Citando alguns exemplos na parte empresarial, temos:

- Facilitação de reuniões
- Facilitação de *workshops*
- Facilitação estratégica
- Facilitação inclusiva
- Facilitação de retrospectivas e lições aprendidas

Os principais deles serão descritos mais detalhadamente nos próximos capítulos.

Além disso, também podemos contar com facilitação de aulas de forma geral, dentro do mundo acadêmico. Esse ponto será mais bem tratado na Parte VI do nosso livro.

Principais desafios

São inúmeros os desafios que temos quando falamos de facilitação. Em especial nas facilitações remotas, esses desafios ficam ainda mais evidentes.

Fonseca (2020) nos traz bons tópicos para reflexão sobre isso, e veremos a seguir:

- **Problemas técnicos:** são vários tipos de problemas técnicos que já enfrentamos, e no mundo virtual não é diferente. O agravante é que, quando estamos remotos, nem sempre é tão fácil chamar o suporte de TI, e eventualmente os problemas podem demorar um pouco mais para serem resolvidos.
- **Falta de engajamento e colaboração:** é comum termos menos engajamento e colaboração nas sessões virtuais, visto que distrações e interrupções são mais frequentes nesse modelo. Manter o foco torna-se um desafio gigante para todos, e daí a importância de uma excelente condução e participação do facilitador.

- **Comunicação:** a comunicação é um fator que pode ser bastante afetado também na facilitação virtual, quando não há clareza e transparência nas mensagens. Alinhamento é algo que se faz imprescindível antes, durante e após as sessões.
- **Grupos grandes:** quando temos muitos participantes, é natural que se torne mais difícil facilitar e conduzir as sessões, visto que podemos ter muitas divergências de entendimento e opiniões entre o grupo. Quando puder evitar, evite; senão, tenha um bom facilitador para conseguir lidar com o grupo e manter a sessão em plena ordem.
- **Regras de etiqueta *on-line*:** é importante manter uma etiqueta para as sessões virtuais, com regras bem claras para todos, em especial no que diz respeito às formas de interação e comportamento do grupo durante as sessões.

Dicas para uma boa facilitação virtual

Como ponto inicial para uma boa facilitação, é fundamental que o facilitador promova um ambiente totalmente seguro para que o grupo se sinta à vontade e não tenha medo e/ou vergonha de julgamentos. Dessa forma, todos poderão participar sem receios e o objetivo da sessão será atingido mais rapidamente e de forma mais objetiva.

Além disso, Barbosa e Sampaio (s.d.) também revelam dicas importantes para termos sucesso nas facilitações virtuais.

Vejamos:

- **Estabeleça alguns acordos (etiqueta virtual):** importante estabelecer e alinhar acordos previamente e reforçá-los no início das sessões. Por exemplo:
  - Proibição de uso de aparelhos celulares
  - Obrigatoriedade de participação com câmera aberta
  - Estar conectado em ambiente sem ruídos e sem circulação de crianças
  - Deixar claro qual a duração e a agenda da sessão a ser facilitada
  - Colocar o áudio no mudo quando não estiver falando
  - Ordens de fala e espaço para dúvidas do grupo
  - Etc.

- **Planeje pausas regulares:** definir pausas programadas sempre que a sessão facilitada for longa, a fim de evitar dispersões e/ou falta de concentração.
- **Divida a reunião em etapas:** se necessário, quebre a sessão em mais dias para que não fique um período muito extenso e cansativo para os participantes.

- **Resuma e alinhe:** é fundamental que o facilitador resuma e alinhe os tópicos principais da sessão, pois os participantes podem se perder facilmente em discussões virtuais. Publicar resumos, compartilhar a tela com os pontos mais importantes, sempre lembrar/mostrar onde estamos durante a sessão e compartilhar referências ou até outras mídias também pode ser um bom artifício e aliado para esses momentos.
- **Fique de olho nas pessoas que não estão contribuindo:** o objetivo da facilitação é promover a participação de todos, como já foi citado. Sendo assim, fique atento e observe se tem alguém que está "roubando" a cena e o espaço dos outros e faça o intermédio para que todos tenham oportunidade de participar.
- **Discuta apenas uma coisa de cada vez:** as telas compartilhadas podem ajudar bastante nesse ponto. Não permita muitos assuntos paralelos para não desfocar o grupo.
- **Organize a participação do grupo:** estabeleça regras de fala entre os participantes e como o participante deve demonstrar que deseja falar. Exemplos: caso esteja usando ferramentas *on-line*, pode anotar os nomes sequencialmente na ferramenta, estabelecer critérios/tempo para a sequência, usar o recurso de levantar a mão etc.

Como construir carisma virtual

Podemos fazer uma analogia com um recrutador triando os currículos recebidos para uma vaga importante. O recrutador não tem muito tempo para analisar detalhadamente cada currículo, e, como dizem os especialistas em recursos humanos, o tempo médio de análise de cada currículo é de apenas seis segundos. Ou seja, o candidato tem que envolver o recrutador nas primeiras linhas do currículo para que ele tenha interesse em seguir.

Em uma facilitação virtual, o conceito é o mesmo. O facilitador deve conquistar e envolver o grupo nos primeiros minutos, para que não haja um abandono em massa da sessão.

Não é uma tarefa simples, já que não contamos com o famoso "cara a cara" do contato presencial. Mas vamos contar com um auxílio para desenvolver essa habilidade. Peretz (2020) listou cinco elementos fundamentais para que possamos desenvolver nosso carisma virtual e conquistar a audiência do grupo nos primeiros instantes. São também elementos essenciais para o bom facilitador virtual:

- **Excitação:** essa é uma das características principais dos oradores mais carismáticos, demonstrando sempre altos níveis de energia, empolgação e entusiasmo. E, fundamentalmente, estar presente 100% do tempo durante a sessão virtual e não apenas conectado e distante.
- **Eloquência:** nas facilitações e encontros presenciais, a linguagem corporal é uma das ferramentas mais importantes e eficazes nos quesitos confiança e carisma. Já no mundo virtual, essa ferramenta tende a ser substituída pelo que falamos, a forma como falamos e o valor que agregamos com o que falamos. Além de nos preocuparmos com as partes básicas de uma boa comunicação: clareza na pronúncia e linguagem adequada ao público que estiver participando da facilitação. A autora reforça esse conceito também quando diz que "na comunicação virtual, cada minuto conta e cada palavra é essencial".
- **Engajamento:** tem como objetivo conquistar uma conexão entre o facilitador e o grupo participante. Trata-se de envolver o grupo e ganhar sua atenção. Começar com quebra-gelos também pode ajudar nessa conexão: pode-se então começar as sessões contando histórias, fazendo perguntas aleatórias, contando metáforas, usando recursos visuais etc.
- **Empatia:** demonstrar aos membros do grupo que são importantes e olhar sempre diretamente para a câmera para passar essa sensação durante toda a sessão.
- **Euforia:** sorrir, transmitir energia positiva e usar de bom humor durante as sessões. Esse conjunto certamente fará com que o facilitador seja visto como bastante carismático pelo grupo.

Ferramentas digitais para a facilitação virtual

Existem inúmeras ferramentas disponíveis no mercado que podem ser utilizadas para essa finalidade da facilitação virtual.

Cada uma possui um conjunto específico de recursos agregados, algumas são gratuitas e outras pagas, algumas mais fáceis e outras mais complexas para utilizar.

Como escolher então a melhor?

Depende basicamente do que o facilitador está pensando em usar, do plano que fez de trabalho com o grupo e qual finalidade quer alcançar.

Vamos listar aqui as principais utilizadas nas organizações, para conhecimento geral:

- Mural
- Miro

- Zoom
- Google Meet
- Microsoft Teams
- Google Jamboard
- Slido
- Kahoot!
- Mentimeter

Mais à frente, na Parte V do nosso livro, você poderá encontrar mais detalhes e informações sobre elas e muitas outras opções também.

Os sete pecados capitais da facilitação virtual

O e-book "Curso de Facilitação Virtual" (PENHA, s.d.) traz uma analogia muito interessante entre os pecados capitais e a facilitação virtual.

Vejamos:

- **Gula:** usar várias ferramentas de uma vez, em uma única sessão.
- **Preguiça:** usar sempre o mesmo recurso e mesma ferramenta. Não inovar.
- **Soberba:** acreditar que não precisa aprender mais para se adequar às sessões virtuais, porque já praticava muito no presencial.
- **Ira:** não ter paciência e se irritar com facilidade diante de problemas técnicos no uso das ferramentas ou adversidades nas facilitações.
- **Luxúria:** querer comprar as melhores e mais caras ferramentas apenas para ostentar.
- **Inveja:** sempre imitar o que as outras pessoas fazem.
- **Vaidade:** achar que não tem o que aprender, não ter humildade e vulnerabilidade para assumir que tem algo novo a descobrir e aprender.

Estruturando uma facilitação virtual

O e-book "Curso de Facilitação Virtual" (PENHA, s.d.) e Fonseca (2020) apresentam várias dicas sobre a estruturação das facilitações, nos trazendo pontos importantes a serem seguidos durante os três passos (preparação, condução, pós-condução) para alcançarmos o sucesso como facilitadores. Vejamos:

Preparação

- Organize e planeje uma agenda com o roteiro de atividades para a facilitação, balanceando teoria e prática.
- Defina a ferramenta a ser utilizada.
- Tenha, preferencialmente, familiaridade com o assunto a ser facilitado.
- Conheça quem participará e o motivo/justificativa para cada um estar presente.
- Compartilhe a agenda e as orientações de como será a sessão antecipadamente, a fim de motivar e engajar previamente os participantes.
- Defina papéis e responsabilidades (facilitador, apoio, participantes).
- Sempre tenha um plano B, considerando problemas com a participação do grupo e/ou problemas técnicos com acessos e ferramentas.
- Programe intervalos sempre que julgar necessário, para não tornar a sessão improdutiva e cansar o grupo.

Condução

- Siga seu planejamento e adapte-se sempre quando necessário.
- Conecte-se alguns minutos antes do horário agendado da sessão.
- Ao iniciar, reforce o objetivo da sessão e alinhe expectativas.
- Reforce também os acordos de etiqueta virtual alinhados previamente.
- Use quebra-gelos e/ou energizadores no início, a fim de integrar o grupo e deixá-los mais à vontade. Mais detalhes sobre essas práticas você encontra na Parte V deste livro.
- Respeite o ritmo do grupo.
- Busque um aliado para operacionalizar as questões técnicas.
- Tenha escuta ativa e mantenha o ambiente seguro para todos ao longo de toda a sessão.
- Separe um tempo ao final da sessão para reflexões do grupo sobre o conteúdo facilitado.
- Documente tudo.
- Faça um mapa 2–2–2 para o fechamento da sessão: é uma sugestão para fechar as sessões e determinar os próximos passos, mediante períodos de tempo acordados com o grupo. A ideia é responder uma única questão, mas compreendendo três prazos distintos (e os períodos podem ser adaptados conforme cada contexto):
    - O que faremos ou o que o resultado desse encontro nos trará em dois dias?
    - O que faremos ou o que o resultado desse encontro nos trará em duas semanas?

   - O que faremos ou o que o resultado desse encontro nos trará em dois meses?

Pós-condução

- Envie todos os materiais e/ou conteúdos utilizados e prometidos durante a sessão.
- Busque avaliar seu desempenho e a aplicação da facilitação.
- Abra e mantenha "vivo" um canal de comunicação com os participantes.
- Monte e compartilhe o plano de ação com próximos passos, quando houver.
- Peça *feedback* ao grupo.

E agora, sente-se mais preparado para facilitar remotamente?

26. Facilitação de reuniões

Ronaldo Menezes
Gabriel Fernandes
Karla Karolina Cavalcanti de Lima e Silva

Definição de pauta: estratégia, objetivos, comunicações. O que precisamos para termos reuniões eficazes?

Reuniões são uma atividade muito comum no cotidiano de trabalho, contudo, infelizmente, com muita frequência são percebidas como perda de tempo ou experiências desagradáveis.

A empresa Workfront pesquisa como as pessoas trabalham e colaboram, e ano a ano os funcionários apontam gastar apenas cerca de 40% de seu tempo de trabalho nas tarefas primárias; e que um dos principais culpados pelo desperdício de mais da metade de seu tempo são reuniões inefetivas, apontadas por 62% dos respondentes como o principal motivo de não realizarem seu trabalho (WORKFRONT, 2020).

Duas palestras TED Talks, com mais de 8 milhões de visualizações somadas, tratam sobre reuniões ruins (FRIED, 2010; GRADY, 2013). Fried (2010) descreve reuniões como "coisas tóxicas, terríveis, venenosas" que interrompem a produtividade.

Acesse <https://www.ted.com/talks/jason_fried_why_work_doesn_t_happen_at_work> ou o QRCode a seguir e assista a essa palestra na íntegra:

Figura 26.1. Palestra "Why work doesn't happen at work". Fonte: Fried (2010).

Grady (2013) descreve "uma epidemia global de reuniões ruins, ineficientes, superlotadas, que são uma praga no mundo dos negócios".

Acesse <https://www.ted.com/talks/david_grady_how_to_save_the_world_or_at_least_yourself_from_bad_meetings> ou o QRCode a seguir e assista a essa palestra na íntegra:

Figura 26.2. Palestra "How to save the world (or at least yourself) from bad meetings". Fonte: Grady (2013).

Um livro muito popular sobre liderança, com milhares de cópias vendidas e citado mais de 100 vezes de acordo com o Google Acadêmico, chama-se "Death by Meeting: a leadership fable... about solving the most painful problem in business" (em português, "Morte por reunião – Uma fábula de liderança sobre a solução do problema mais doloroso", em tradução livre) (LENCIONI, 2004).

A prevalência de reuniões inefetivas, segundo estudos acadêmicos, pode ter efeitos negativos no desempenho geral dos funcionários, na satisfação com o trabalho, no índice de presença e no comportamento em reuniões e nos resultados obtidos por meio de reuniões (BENNETT, 1998; ROGELBERG et al, 2006).

Mas por que será que isso acontece e como suas reuniões podem deixar de ser assim?

Antes de respondermos, é importante ter em mente que um dos principais benefícios de realizarmos reuniões que deixem de ser morosas para ser eficazes é usar com sabedoria um dos maiores bens de todo ser humano que não pode ser reposto quando gasto: **O TEMPO** (como visto no Capítulo 23).

Diante disso, veja a seguir alguns passos para facilitarmos reuniões de modo mais eficaz.

Defina uma boa pauta

Toda reunião deve ter uma boa pauta, afinal, isso irá basicamente responder o porquê de ela existir. Conforme o dito popular: "quando não sabemos para onde ir, qualquer caminho serve". Seguem algumas práticas que podem ajudá-lo com isso:

- **Tenha um objetivo claro:** basicamente consiste em ter a resposta para a pergunta: "Por que precisamos desta reunião?".
- **Procure usar as palavras "como", "qual(is)" ou ambas no objetivo:** isso pode apoiar no engajamento dos participantes na reunião, pois, inconscientemente, encoraja que todos participem ativamente do objetivo, aumentando assim a eficácia do fórum. Veja alguns exemplos:
  - Em vez de "Comunicação da equipe" poderíamos usar "**Como** podemos melhorar a comunicação da equipe?".
  - Em vez de "Objetivos estratégicos anuais" poderíamos usar "Falaremos sobre **quais** serão os objetivos estratégicos do ano".
- **Certifique-se de que os itens da pauta estejam alinhados com o objetivo:** após definir um objetivo claro para cada tópico que for incluído na pauta, pergunte-se: "de que forma este tópico contribui com o objetivo da reunião?".
- **Defina um responsável e um tempo limite para cada item da pauta:** esta prática colabora muito com o foco e a organização, pois norteia as pessoas sobre quem irá tratar cada tema e, para os responsáveis, apoia no planejamento do que será tratado dentro do tempo estabelecido.
- **Estabeleça o tempo de duração certo para a sua reunião:** para garantir o uso do tempo de todos os presentes na reunião de maneira eficaz, é de suma importância dimensionar o tempo correto. A seguir, segue o tempo de duração recomendado conforme o tipo de reunião desejada:
  - **Reunião de tomada de decisões ou de diálogo ativo:** 15 a 60 minutos.
  - **Reunião de apresentação:** 15 a 60 minutos + 15 minutos de intervalo.

Certifique-se de convocar as pessoas certas e estabeleça papéis

Tão importante quanto a definição de uma boa pauta é convocar as pessoas certas. Não há nada mais desagradável do que estar em uma reunião para a qual você não colabora ou sair com aquela sensação de que sua participação não seria necessária. Para ajudá-lo, seguem mais algumas práticas:

- **Avalie quem irá convocar para a reunião:** para cada participante que for convocar, pergunte-se: "como ele(a) poderá contribuir com o objetivo da nossa reunião?" e/ou "por que ele(a) deve estar na reunião?". Por incrível que pareça, estas simples perguntas o auxiliarão muito em convocar as pessoas certas.
- **Alinhe os papéis dos envolvidos:** para garantir a eficácia de sua reunião, é de suma importância que todos estejam alinhados sobre quem fará o quê, ou seja, quem executará os papéis a seguir:
    - **Facilitador:** conforme já mencionado no Capítulo 1, trata-se basicamente de quem irá simplificar e tornar a reunião fluida e dinâmica. É um papel que pede características que visem organizar as informações adquiridas através do conhecimento coletivo. No Capítulo 5, temos maiores detalhes sobre a anatomia de um bom facilitador.
    - **Gestor do tempo:** responsável por gerir o tempo da reunião, alertando todos os participantes sobre o tempo transcorrido e o restante. Este papel também pode ser exercido pelo facilitador, conforme necessidade. Para mais detalhes sobre gestão do tempo, confira o Capítulo 23.
    - **Divulgador dos resultados:** será o responsável por tomar nota e divulgar os resultados alcançados na reunião para todos os envolvidos.

Os papéis foram listados separadamente para que sejam sempre considerados quando você for realizar suas reuniões. Nada impede que, conforme a necessidade, tamanho da reunião ou tipo de dinâmica adotada, todos sejam exercidos por uma pessoa.

Mantenha um ambiente altamente colaborativo e inclusivo

Após convocar as pessoas certas e elas saberem o que irão fazer, chegamos à etapa na qual precisamos nos assegurar de que nossa reunião seja realizada em um ambiente altamente colaborativo e inclusivo para nos valermos do conhecimento de todos, afinal, cada um dispendeu de seu tempo para poder colaborar com o objetivo proposto de alguma forma.

Para isso, traremos a seguir práticas que podem apoiar muito durante a facilitação:

- **Faça combinados iniciais:** esta prática implica em alinhar com todos, logo que a reunião começar, itens como:

  - **Uso de celulares ou dispositivos similares (haverá intervalos para uso ou não serão permitidos?):** geralmente, solicita-se que os dispositivos sejam guardados e, caso haja alguma chamada de suma importância, que se saia da sala ou notifique via *chat*, caso a reunião seja *on-line*.
  - **Como pedir a palavra:** combinar um gesto, como levantar a mão (comumente presente em ferramentas *on-line* também), por exemplo, para esclarecer dúvidas ou fazer alguma observação.
  - **Tempo de duração da reunião:** traga esta informação a todos os participantes, assim como onde se espera chegar dentro desse tempo. Veja uma sugestão de como comunicar isso através de uma expressão:
    - "Olá, pessoal, nos próximos [duração total da reunião] minutos nosso objetivo será [descrição do objetivo da reunião]".
- **Traga à tona experiências positivas:** no início da reunião, reserve alguns minutos para encorajar as pessoas presentes a compartilhar o que está indo bem nos seus projetos ou em alguma iniciativa de que estejam participando de modo leve e informal. Isso as entusiasma e demonstra sua atenção e respeito com elas, além de deixá-las com ótimo estado de espírito para colaborar com o objetivo proposto. Uma sugestão aqui seria usar perguntas como "o que tem acontecido de bom no seu projeto?" e/ou, caso julgue conveniente, vale até mesmo usar a expressão para perguntar sobre algo de bom que aconteceu com aquela pessoa e que ela gostaria de compartilhar, claro.
- **Procure ilustrar os pontos da reunião com exemplos:** ao iniciar a explicação de algum ponto a ser tratado, procure trazer exemplos que se encaixem no universo dos participantes até mesmo de forma divertida, dependendo do contexto. Uma forma simples de fazer isso seria, por exemplo, usar *cases* de algum participante que se encaixe com o tópico que será abordado. Dependendo do tópico, os *cases* podem surgir no momento em que forem resgatadas as experiências positivas dos participantes no passo anterior, por exemplo. Essa abordagem ajuda muito a manter a atenção dos participantes, pois se sentirão efetivamente parte da reunião.
- **Divida a explicação de tópicos longos em partes:** quando você ou algum participante da reunião estiver falando sobre algum tópico mais longo, para facilitar a colaboração e compreensão de todos, procure dividi-lo em partes. Isso pode ser aplicado nas seguintes situações:
  - **Se você está explicando:** logo após explicar o tópico, você pode usar a seguinte expressão como sugestão:
    - "No que eu trouxe aqui, gostaria de destacar os seguintes pontos: 1 [primeiro ponto de atenção], 2 [segundo ponto de atenção] e 3 [terceiro ponto de atenção] ..."".

    - Você também pode anotar os pontos trazidos em quadro físico ou virtual, conforme necessidade.
  - **Se está facilitando a explicação de alguém:** logo após ouvir a explicação, você pode usar a seguinte pergunta como sugestão:
    - "No que acabou de nos trazer, cite três pontos que gostaria de destacar".
    - Anote os pontos trazidos em quadro físico ou virtual, conforme necessidade.
- **Seja respeitoso e procure extrair o melhor de cada argumento:** todo ser humano é uma nova oportunidade de aprendizado. Diante disso, é de suma importância que o facilitador consiga extrair o melhor de cada opinião ou sugestão em prol do objetivo da reunião. Para isso, trouxemos práticas que podem ajudá-lo:
  - **Dê *feedbacks* sobre algo que o preocupa ou com o qual discorda de modo amigável:** use "e..." em vez de "mas...". Por exemplo: "sua opinião é muito importante e gostaria de acrescentar que..." em vez de "sua opinião é muito importante, mas...".
  - **Valide e aprimore os argumentos obtidos:** um ótimo meio de fazer isso é "desafiá-los". Para isso, faça algumas das perguntas listadas a seguir para o grupo em cada argumento obtido, sempre lembrando que isso está sendo feito em busca do objetivo da reunião:
    - "Se tivéssemos que assinalar pontos de melhoria, quais seriam?"
    - "Se alguém tivesse que bancar o advogado do diabo, o que ele diria e o que precisaríamos fazer para tranquilizá-lo?"
    - "Quais são as partes interessadas afetadas por nossos planos e com o que elas devem se preocupar?"
    - Após este exercício, esclareça os pontos em que todos concordam e, para os itens que estiverem fora do foco da reunião, crie uma área do seu quadro físico ou virtual que receberá essas ideias. Um "estacionamento de ideias", também conhecido como *"parking lot"*. Isso mostrará que todos os participantes foram ouvidos.

Registre e divulgue os resultados obtidos e próximos passos

Chegou o importante momento de registrarmos e divulgarmos todos os resultados e os responsáveis pelas próximas ações da reunião. Para isso, seguem algumas práticas que podem ajudá-lo:

- **Recapitule os pontos abordados:** um modo de recapitular os pontos é utilizar uma técnica chamada Matriz CSD (Certezas, Suposições e Dúvidas), que consiste em criar um *board* físico ou virtual com três colunas:
    - **Certezas** são os itens que foram esclarecidos e estabelecidos, ou seja, o que já sabemos sobre o nosso objetivo.
    - **Suposições** são os itens que talvez sejam úteis ou geraram divergências não resolvidas durante a reunião e foram para o *parking lot*.
    - **Dúvidas**: são os itens que precisarão ser investigados.
    - Esta matriz deverá ser preenchida contando com a participação de todos os envolvidos na reunião.
- **Defina os responsáveis pelas ações:** olhando para as colunas de suposições e dúvidas, selecione junto com os participantes quais serão as ações necessárias para cada um deles e alinhe um responsável e prazo. Se necessário, crie uma coluna chamada "Ações" e coloque essas informações lá.
- **Divulgue a matriz por e-mail a todos os participantes do fórum.**

Que tal, então, garantir esses passos para que suas reuniões sejam de fato cada vez mais eficazes?

27. Facilitação de retrospectivas

Thiago Brant
Meire Helen Batista Dias
Erica Motta
Alessandro Seixas

Retrospectivas eficazes para a organização de grupos de trabalho, não vinculadas a *framework* específico.

A retrospectiva é um dos eventos mais efetivos do *Scrum* para garantir a melhoria contínua. Apesar de o termo ter sido popularizado nesse *framework*, as retrospectivas não são algo específico do *Scrum*. No Manifesto Ágil (BECK et al, 2001) ela é referenciada no princípio de número 12, que fala:

> *Em intervalos regulares, a equipe reflete sobre como se tornar mais eficaz e então refina e ajusta seu comportamento de acordo.*

Ela está presente em diversos *frameworks* e abordagens e é definida em cada um deles de forma particular, porém sempre com um propósito bem próximo ao que é trazido pelo Manifesto. Vemos definições dela no *Scrum*, no SAFe e até seu uso em *Kanban* (David Anderson propõe cadências de revisão), além de estar presente no ciclo PDCA (dentro de checar e adaptar).

O que nos remete ao objetivo central da retrospectiva: ajudar a equipe a ajustar e evoluir seu comportamento para se tornar mais eficaz. A última versão do *Scrum Guide* de 2020 nos diz que "o propósito da *Sprint Retrospective* é planejar maneiras de aumentar a qualidade e a eficácia", onde o "*Scrum Team* inspeciona como foi a última *Sprint* em relação a indivíduos, interações, processos, ferramentas e sua definição de pronto".

O *Scaled Agile Framework* (SAFe) define a "Retrospectiva da Iteração" como "um evento regular em que os membros da Equipe Ágil discutem os resultados da iteração, revisam suas práticas e identificam maneiras de melhorar".

Mas em algum momento da adoção da agilidade nas empresas, acabou sendo adotado um padrão bem comum em cerimônias dessa natureza, que envolve três perguntas básicas:

1. O que fizemos bem?
2. O que não foi tão bem?
3. Qual o plano de ação?

É comum ver pessoas que acreditam que uma retrospectiva consiste em responder a essas três perguntas em um quadro físico ou virtual, mas uma retrospectiva vai muito além disso.

Para que realmente traga as questões importantes à tona e gere resultados efetivos (e não seja somente um evento para cumprir o que é sugerido pelo *framework*), ela precisa ser adequadamente conduzida com técnicas específicas para cada uma das etapas através da atuação de um facilitador.

Mas como assim etapas? É isso mesmo, uma boa retrospectiva não é um evento simples com uma dinâmica única que é feita diretamente, mas uma facilitação em etapas, onde há uma abertura, um desenvolvimento e um fechamento. Vamos olhar aqui duas sugestões de autores muito importantes para o assunto.

Esther Derby e Diana Larsen (2006) propõem um modelo em cinco etapas (que falaremos em seguida):

1. Preparar o palco
2. Reunir dados
3. Gerar *insights*
4. Decidir o que fazer
5. Fechar a retrospectiva

Já Paulo Caroli (2020) sugere sete etapas:

1. Setar o contexto
2. Diretriz principal
3. *Energizer*
4. *Check-in*
5. Curso principal
6. Filtragem
7. *Check-out*

Apesar das diferenças, ao analisar as duas abordagens é possível observar que elas são bem similares, apenas distribuídas e nomeadas de maneira diferente. Elas podem até ser usadas de forma complementar – podemos incluir uma etapa de *Energizer* (veja mais no Capítulo 42, que aborda especificamente esse assunto!) na estrutura de Derby e Larsen, por exemplo. Mas por que tudo isso?

Em uma retrospectiva, é importante que apareçam as maiores dores e os assuntos mais delicados. Em geral, as pessoas não gostam de falar disso, e é muito comum vermos times que enfrentam muitas dificuldades visíveis, mas na hora da retrospectiva pouco é falado e as ações são muito tímidas e simplórias.

Rodar uma retrospectiva bem estruturada ajuda a reverter esse quadro e atacar direto a dor principal, sendo uma pequena ação que pode trazer um grande resultado imediato.

A estrutura proposta por Esther Derby e Diana Larsen (2006) em cinco passos consiste em:

1. Preparar o palco

a) Explicar o propósito da retrospectiva e agradecer a todos
b) Deixar cada um falar (perguntar duas ou três palavras que descrevam o que se espera da retrospectiva)
c) Desenvolver o acordo de trabalho

2. Reunir dados

a) Fatos e sentimentos
b) Padrões, deslocamentos e surpresas

3. Gerar *insights*

a) Por que acontecem esses padrões, deslocamentos e surpresas?
b) Possibilidades adicionais

4. Decidir o que fazer

a) Pegar os itens mais prioritários (normalmente não mais do que um ou dois para a iteração/*Sprint* ou qualquer *time-box*)
b) Assegure-se de que os times assinem embaixo e se comprometam com as atividades propostas

5. Fechar a retrospectiva

a) Decidir como documentar a experiência e planejar o *follow-up*
b) Antes de terminar, pegue alguns minutos para fazer uma retrospectiva da retrospectiva. Veja o que foi bom e o que pode ser diferente em uma próxima retrospectiva. Inspeção e adaptação também se aplicam a retrospectivas.

Vamos agora explorar um pouco mais cada uma dessas etapas através de alguns exemplos de atividades propostas por Esther Derby e Diana Larsen (2006) (existem inúmeras disponíveis em sites na internet como o Retromat e o Retroagil, entre outros).

Preparando o palco:

- **ESVP (*Explorer, Shopper, Vacationer, Prisioner*)** – Essa atividade rápida levanta o interesse das pessoas. Vocês estão aqui animados para o resultado ou apenas porque foram obrigados? Você já começa avaliando a efetividade da *retro*.
- **Expectativas de resultados** – Você questiona qual a expectativa de resultado (o que você espera de resultado ao final da *retro*). Com essa você já começa a levantar informações e priorizar as coisas!
- ***Working agreements* (acordos de trabalho)** – Você pode fazer na sua primeira *retro*, para definir os acordos de trabalho da cerimônia em si (e pode rever a cada nova *retro*). Também é possível fazer os acordos de trabalho do time!

Reunindo dados:

- **Linha do tempo** – Construa uma linha do tempo da iteração e relembre os grandes acontecimentos e dificuldades. Essa atividade também pode ser feita ao longo da iteração e ser consolidada na *retro*.
- **Histograma de satisfação** – O quão o time está satisfeito com o trabalho em equipe, de 1 a 5. Atividade simples e rápida, mas que pode começar a levantar muitos pontos importantes.

Gerando *insights*:

- **Técnicas conhecidas para levantar causa-raiz** – 5 porquês, Diagrama de Ishikawa (causa e efeito ou espinha de peixe), 5W2H.
- ***Perfection game*** – Cada membro dá uma nota de 0 a 10 à "perfeição" da iteração passada. Em seguida, cada um propõe a ação que julga ser a mais efetiva para levar o time mais próximo ao 10. Atividade simples, rápida e que traz ações incríveis, focadas e praticamente já priorizadas!

Decidindo o que fazer:

- **Aqui pode vir a famosa meta SMART** – Descreva as ações da *retro* em termos específicos, mensuráveis, acionáveis, relevantes e com prazos.
- **Votação** – Use e abuse de técnicas de votação, desde as mais simples até as mais elaboradas.
- **Técnicas de priorização também se aplicam aqui** – RUT, MoSCoW etc.

Fechando a retrospectiva:

- **ROTI (Retorno sobre o tempo investido)** – Valeu a pena o tempo que passamos nessa *retro*? Vai de 0 (foi uma perda de tempo) até 5 (o valor obtido supera muito o tempo investido). É uma das nossas atividades preferidas e ajuda muito a refletir sobre a efetividade da cerimônia.
- Use também dinâmicas de agradecimento e apreciação, notas para o futuro etc.

Dá para ver que é um evento bastante denso, não é mesmo? As autoras sugerem um *time-box* de duas horas para poder fazer tudo isso com calma e efetividade, e acreditamos que é o tempo ideal.

Desconfie de retrospectivas muito menores que isso e reflita sobre as muito maiores! Mas, acima de tudo, prepare a agenda com antecedência. Reproduziremos a seguir algumas dicas do Ralph, CEO do *Management* 3.0:

1. Experimente coisas novas e aprenda com esses experimentos.
2. Apenas aborde as coisas que você vê em uma retrospectiva, não é seu papel tirar quaisquer conclusões.
3. Seja preguiçoso, deixe a equipe agrupar os *post-its*.
4. Seja paciente, não é você quem precisa quebrar o silêncio. Conte até 42 e provavelmente outra pessoa quebrará o silêncio.
5. Prepare previamente a sua retrospectiva. Não inicie imediatamente após encerrar outra reunião sem ter um tempo para garantir que está tudo organizado.
6. Não tenha medo de às vezes decidir sobre um tema para uma retrospectiva. Se a comunicação com o departamento de marketing está dando muitos problemas, faça disso o tema da próxima retrospectiva.

Para terminar, daremos dois *insights* que podem empoderar ainda mais as retrospectivas.

Primeiro, traga discussões e debates. O formato *Lean Coffee* (conhecida dinâmica para debates, que você encontra tanto no Retromat quanto no Retroagil) é incrível para as retrospectivas.

Liste pontos a serem discutidos, defina um *time-box* e discuta-os até o término desse *time-box*. Escreva ações para o que foi discutido. Não deu tempo de falar do assunto? Deixe para próxima (provavelmente ele não era tão prioritário assim).

Segundo, use esse tempo também para dinâmicas de *team building*. Esther Derby e Diana Larsen também colocam em seu livro que a *retro* é um momento para "reconstruir relações danificadas". Nós usamos muito uma dinâmica chamada *Expectations* (a #62 do Retromat).

Nessa dinâmica, cada membro do time informa o que está disposto a entregar e o que espera receber do time. Todos leem as informações de todos e deixam uma pequena mensagem. É bem simples, mas muito poderosa (já validada presencialmente e *on-line*, e inclusive em família!). São trazidos *insights*, alinhamentos e muitas vezes agradecimentos e reconhecimentos.

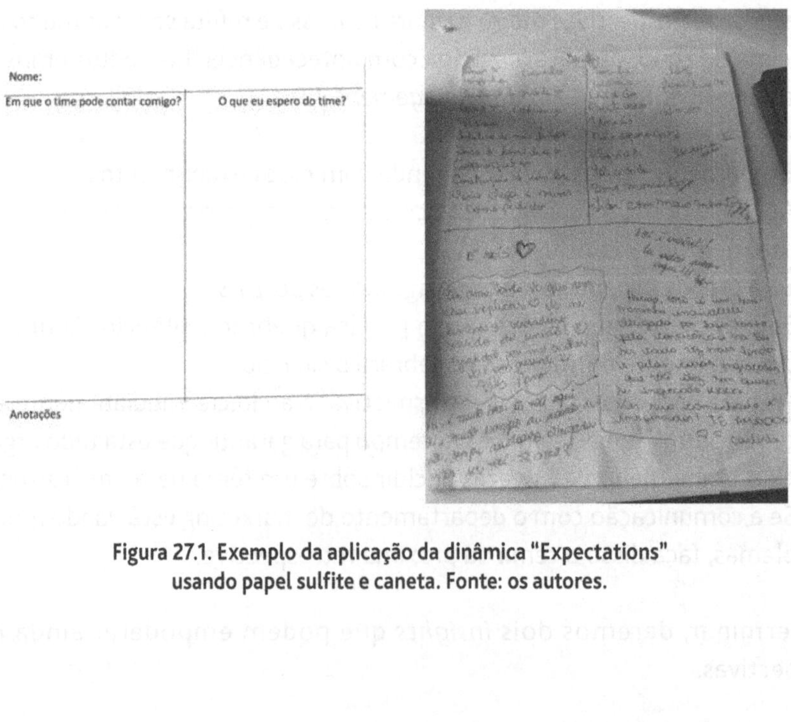

Figura 27.1. Exemplo da aplicação da dinâmica "Expectations" usando papel sulfite e caneta. Fonte: os autores.

Expectations (#62)

Figura 27.2. Exemplo da mesma dinâmica aplicada *on-line*, utilizando o Miro. Fonte: os autores.

E um extra de ouro: *Movie Critic* (atividade #110 do Retromat): peça ao seu time para avaliar a iteração como se fosse um filme! Qual foi o gênero? Houve uma grande reviravolta? Qual foi? Qual foi o final? Você esperava por esse final? Qual foi o seu *highlight* pessoal? Você recomendaria esse filme para um amigo? Por quê?

Atividade divertida e lúdica, mas que acaba trazendo à tona coisas incríveis, que dificilmente apareceriam em retrospectivas padrões!

Finalizamos com uma recomendação: solte a imaginação. Procure diferentes atividades, estude como adaptá-las ao seu contexto, como usar de forma *on-line*. Existem inúmeras ferramentas, das mais simples (e gratuitas) até as mais complexas (e caras). Mas mesmo as melhores ferramentas possuem versões gratuitas que já resolvem muita coisa! Só não vale ficar na mesmice!

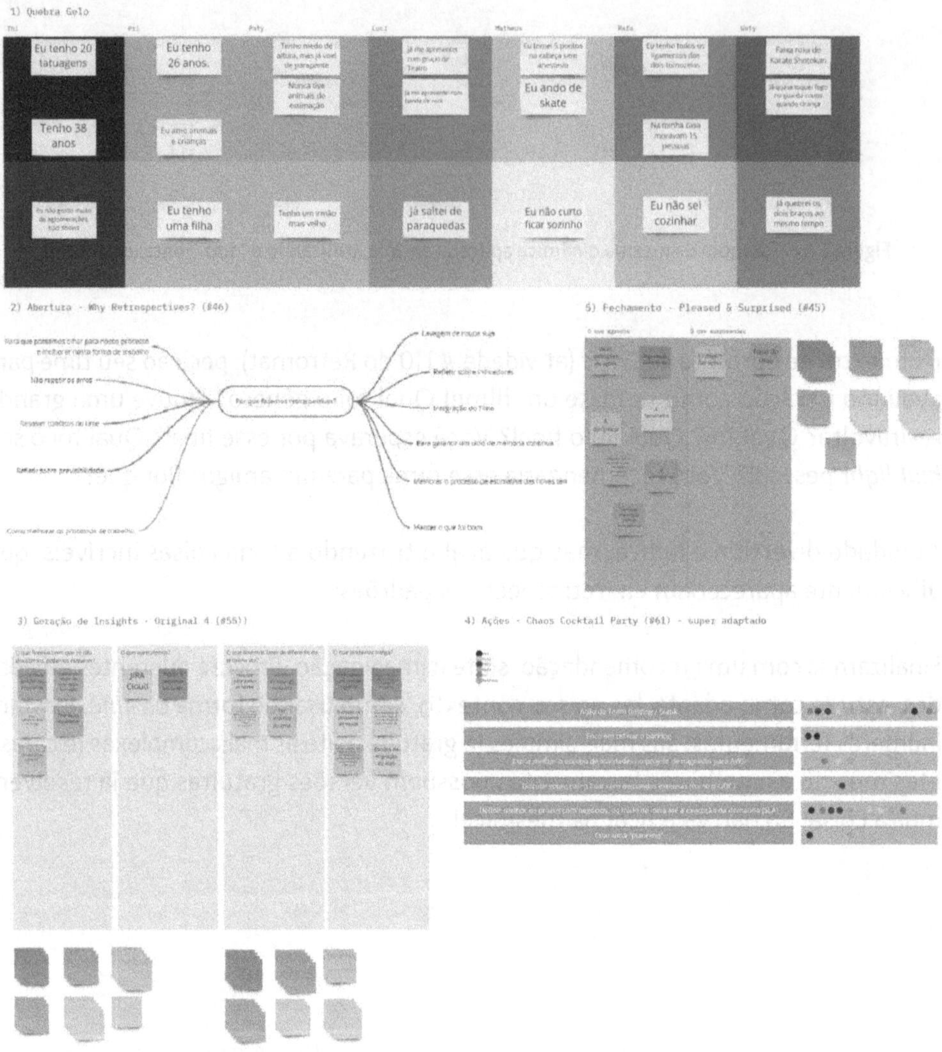

Figura 27.3. Exemplo de uma retrospectiva completa no Miro. Fonte: os autores.

Na imagem anterior, nós temos:

1. Quebra-gelo: duas verdades e uma mentira
2. Abertura: *why retrospectives* (atividade #46)
3. Geração de *insights*: original 4 (atividade #55)
4. Ações: *cocktail party* (Atividade #61 – adaptada)
5. Fechamento: *pleased and suprised* (#45)

Use e diversifique essas técnicas para que suas retrospectivas sejam cada vez mais efetivas e capazes de ajudar os times a entrar em um processo de melhoria contínua de fato!

28. Facilitação estratégica

Victor Gonçalves
Anderson Sales
Lucas Tito

O que muda do que vimos até aqui em uma facilitação com diretores *C-level*?

O caminho do facilitador é pavimentado por desafios de diversas naturezas, e, como vimos até aqui, a sua essência está em apoiar a geração de reflexões para seu público, de maneira que todo o conhecimento implícito se torne explícito e que haja convergência de ideias e ações em torno de um propósito coletivo.

Quando a facilitação está direcionada para um time de desenvolvimento, uma força de vendas ou qualquer outro grupo social com características comuns, o trabalho se torna menos complexo, visto que esses grupos possuem uma mesma linguagem, usam os mesmos signos de comunicação, possuem propósitos semelhantes ou complementares, estão em uma mesma hierarquia, dentre outras características.

Porém, a complexidade da facilitação muda sensivelmente quando tem como participantes um *board* executivo contemplando diretorias diferentes e *C-levels* (CEO, CFO, CTO, CPO...), exigindo outros padrões posturais por parte do facilitador.

Não é incomum encontrar em dinâmicas junto a executivos o desafio da precisão do tempo (que eventualmente é escasso) e algum grau de ceticismo prévio à dinâmica. Essas variáveis de complexidade também são encontradas em grupos sociais que trafegam nas mesmas áreas, porém em grupos executivos o cenário é mais exponencial, visto que o papel executivo em organizações tradicionais ou em transição é superestimado, já que é deste grupo que surgem os direcionamentos estratégicos da empresa, conciliando o quanto de riscos a organização está disposta a assumir para alcançar seus objetivos.

Dessa forma, podemos dizer que o *C-level* tem uma orientação muito forte à gestão de riscos, com perfil mais audacioso, influência e senso de urgência apurado.

Em uma dinâmica com esse público, caso não haja uma cultura colaborativa estabelecida, será mais fácil as diferenças predominarem, e não as convergências.

Nesse caso, o facilitador precisa de empatia para lidar com profissionais extremamente orientados a resultados, com escassez de tempo, eventual impaciência, grande influência, poder e, sobretudo, **experiência**.

E é nesse ponto que a facilitação passa a ser mais sensível, já que o *C-level* espera que alguém à altura esteja presente e conduza a cerimônia. Mais do que um facilitador apaixonado pelas ferramentas que serão utilizadas, espera-se que seja capaz de compreender as nuances do público em questão.

Trata-se de utilizar uma postura objetiva e uma linguagem capaz de traduzir "*buzzwords*" para resultados de negócio. Para esse grupo, um propósito definido e bem apresentado não é suficiente, é apenas o ponto de partida. Por consequência, as expectativas tendem a ser maiores, se comparadas com as de equipes em ascensão na escala hierárquica.

Destacamos então alguns aspectos que carecem de maior atenção:

1. Gestão do tempo
2. Leitura do cenário organizacional
3. Leitura sobre a heterogeneidade dos executivos
4. Busca de narrativas com o uso de dados e fatos

Gestão do tempo

Como já visto no Capítulo 23, além de verificar a disponibilidade na agenda de cada membro, verifique também padrões como o horário em que mais recebe ligações, os dias com mais demandas não planejadas etc. Secretárias podem ser uma grande ajuda. Naturalmente, ao realizar um convite para uma dinâmica, é imprescindível uma descrição clara de três pontos:

- Objetivo do encontro (sentença clara que demonstre por que vale a pena investir tempo na dinâmica).
- Duração (objetividade ajuda a combater o ceticismo, a impaciência e a escassez de tempo).
- Resultado esperado ao final do processo (visão de pronto).

Ao iniciar, faça uma abordagem de "*warm-up*" (aquecimento) com os membros. O grande objetivo é fazer uma checagem de expectativas e direcionar o foco da conversa. Sugerimos a seguinte estrutura:

1. **Por quê?** As pessoas precisam estar niveladas sobre o que as une naquele dia. Isso dá significado ao encontro.
2. **Quem?** Provavelmente o time de executivos presente se conhece, e não se trata de gerar mais afinidade entre eles, mas, sim, sobre declarar os papéis de cada um ao longo do encontro. Descreva o seu papel na facilitação e a expectativa que tem sobre eles como time. Muito se espera do facilitador, mas deixar claro que você também tem expectativas sobre eles transfere parcialmente a responsabilidade para o time, fazendo com que cada um perceba que seu papel não é ser um super-herói, mas que juntos podem salvar o mundo.
3. **O quê?** Descreva sucintamente o que farão. Os participantes querem saber, sem rodeios, o que farão ao longo dos minutos seguintes.
4. **Como?** Por fim, as pessoas querem saber como o trabalho será feito. Trata-se do compromisso metodológico que vocês estão assumindo em colaboração. Evite o uso de *buzzwords* sem ter certeza de que o time sabe do que você está falando. Pragmatismo sempre é um bom caminho, mas a educação técnica também funciona. Por exemplo, explicar que o uso de adesivos autocolantes facilitará o raciocínio, visto que a região do cérebro responsável pelo processamento visual e pelas noções espaciais (o córtex occipital) consome cerca de 40% de toda energia cerebral, é interessante, pois declara cientificamente que o uso de instrumentos visuais não é brincadeira de criança, mas uma estratégia eficiente para planejamento e raciocínio. Assim você combate ainda um possível ceticismo.

Outros acordos podem ser realizados, como, por exemplo, o uso do "*parking lot*", técnica que pode ajudar no processo de "estacionar" assuntos que aparecem, mas que não devem ser debatidos naquele momento. Sinalize isso logo no início, pois o que é acordado pode ser usado a seu favor à frente, além de otimizar tempo – lembre-se da escassez.

Leitura do cenário organizacional

Antes de começar uma dinâmica com o *C-level*, faça o "dever de casa". Estude o cenário antes de entrar na arena de facilitação. Você precisa ter dados contextuais antes de iniciar o jogo (referência ao Capítulo 3).

Supondo que o objeto da facilitação seja a criação de uma estratégia para lançamento de um novo produto ou serviço *core* da empresa, é importante levantar questões preliminares à dinâmica, como:

- A empresa já tentou criar uma solução parecida antes? Como foi?
- Como a concorrência aborda o assunto?
- Quão importante é o assunto para os resultados da companhia?
- O cenário está pavimentado de incertezas ou certezas que precisam "apenas" convergir? Isto é, cada executivo tem uma visão clara? A necessidade central é gerar consenso.

Repare que estas são algumas das questões fundamentais **antes** de pensar em como será a dinâmica. O ponto aqui é: a postura do facilitador precisa estar ligada ao *business* e não somente a questões técnicas sobre as ferramentas utilizadas.

Caso você tenha êxito com sua postura mais orientada a resultados de negócio, *benchmarking* e dados para influenciar a conversa, o tempo deixará de ser uma preocupação central, pois quando estamos engajados e em estado de *flow* (estado de plenitude e foco extremos), o tempo parece não existir. Executivos também são seres humanos; portanto, se comprometem e movem suas agendas, desde que faça sentido.

Leitura sobre a heterogeneidade dos executivos

Conheça seu público. Entenda a importância de conhecer quem são seus *stakeholders* e como são impactados com os problemas e/ou soluções. Mapear os *stakeholders* é vital para gerar empatia no processo comunicacional com o time. Procure levantar dados como:

- **Perfil básico de cada participante.** Mais que os cargos, busque sua história dentro da companhia, por onde passaram, o que entregaram, pelo que são responsáveis atualmente.
- **Conheça suas dores individuais.** É muito comum, em dinâmicas executivas, cada líder ali presente apontar para a sua própria "grama" como aquela que tem o "mato mais alto". E o que normalmente se faz com "mato alto"? Corta-se. Eventualmente você encontrará líderes colocando suas questões como as centrais para a discussão, tentando, conscientemente ou não, influenciar decisões à luz de suas necessidades exclusivas. Conhecer seu cenário previamente lhe dará condições de antecipar problemas ou comportamentos previsíveis, permitindo planejar uma abordagem para cada situação. É evidente que não

é possível planejar tudo, no entanto, aqueles que não planejam o mínimo correm riscos diante de profissionais que convivem com o risco diariamente.

- **Características pelas quais são conhecidos.** Converse previamente com pessoas que interagem com os participantes da sua dinâmica e peça a elas que citem uma ou duas características sobre o *C-level* que estará na sua dinâmica. Isso o ajudará a preparar palavras-chave ou mesmo dinâmicas de aproximação emocional com os membros. Um dos seus objetivos em uma dinâmica com este fórum é rapidamente ganhar a confiança dos participantes. Não é fácil, mas com dados (item que falaremos a seguir), uma postura segura e flexibilidade para entregar experiências compatíveis com cada personalidade, o resultado é confiança plena.

Busca de narrativas com o uso de dados e fatos

Como citamos previamente, faz parte da realidade executiva lidar com riscos e calculá-los para então tomar decisões. Para lidar com riscos, o mundo executivo se baseia naturalmente em dados (não somente, mas principalmente). Então, use e abuse de dados e referências para fomentar a credibilidade da conversa e possíveis caminhos.

Por exemplo, se você estiver em uma dinâmica cujo propósito seja estabelecer um novo manifesto cultural para a organização, apresente junto ao seu *warm-up* (aquecimento) dados de pelo menos três empresas que criaram seu manifesto cultural e que obtiveram resultados expressivos após a mudança.

Considere ainda apresentar dados sobre aquelas que não mudaram e o que aconteceu. Alimente o conhecimento do seu time demonstrando que você fez o seu dever de casa e está tão comprometido quanto eles com o encontro de vocês e o resultado para o negócio.

Estude o negócio da empresa, ou o entorno do desafio em questão e prepare *cases*. Você não precisa necessariamente de *slides*, pode ser um *storytelling* bem contado, que contribua para debates. É importante ter repertório de negócios ou sobre o tema que será abordado na dinâmica, para que você use histórias que permitam abrir reflexões ao longo do encontro.

Dicas finais

1. É muito importante deixar explícita a relação entre as diferentes áreas/unidades de negócio e o efeito que uma tem nas outras. Isso facilita a criação de um

ambiente em que todos entendam que precisam colaborar. Reforce o significado da palavra colaborar – trabalhar junto em prol de um objetivo comum.

2. Em caso de dinâmicas, cuidado ao ser muito lúdico. Um CEO provavelmente só irá brincar com massinha de modelar se o propósito estiver claro, com dados e um tempo curto para a dinâmica.
3. Se usar gráficos para expressar dados, deixe um ponto de atenção ligado. Quanto mais gráficos, mais difícil é ter uma visão sistêmica sobre o assunto. Portanto, use com moderação. Tente agrupá-los, use *storytelling*, promova um debate sobre o tema e defina ações antes de passar para o próximo grupo de gráficos e dados.
4. No caso de ferramentas, lembre-se de que existe um esforço cognitivo para usá-las. Ninguém é obrigado a saber usar Miro ou Mural, por exemplo. Por isso, equalize os conhecimentos (conhecer os *stakeholders* previamente ajuda no processo e economiza tempo quando a dinâmica começar).
5. Fique atento aos padrões comportamentais: o diretor que só fala da área dele, o outro que só critica e não dá ideias, o invisível que fica no *notebook*. Os mesmos padrões disfuncionais de comportamento podem se apresentar no *board* executivo, e a maioria das dicas para facilitar e minimizar esses impactos continua valendo.

Facilitar dinâmicas *C-level* não é trivial. Apesar de muitos padrões comportamentais de grupos se manifestarem também com este fórum, a questão é que sua postura precisa estar adaptada a uma realidade que possui elevada experiência e portanto alta expectativa. Seu tempo é precioso e deve ser utilizado com sabedoria.

Siga as dicas aqui apresentadas e lembre-se de mais um ponto: tenha personalidade. Use a sua identidade para conduzir um encontro seja com quem for. Para isso, é natural que haja a necessidade de autoconhecimento. Entenda suas forças e tudo aquilo que lhe é único, combine com as dicas e alcance resultados exponenciais.

29. Facilitação inclusiva

Lucas Tito
Mauricio Moreira da Silva
Caio Monfort

E quando temos diversidade nas reuniões, o que fazer?

Dentro das organizações, um dos pontos-chave para termos times de alta performance é formarmos equipes com diversidade, respeitando as diferenças e dando voz a todos e todas.

Nesse aspecto, a inclusão tem um papel fundamental, pois é através da diversidade que ideias e pontos de vista divergentes tornam-se insumos para fortalecer ainda mais a criatividade, a inovação e o engajamento das pessoas.

O conceito da diversidade é a pluralidade, ou seja, indivíduos com características diversas convivendo dentro de uma organização, comunidade ou região, por exemplo. Já inclusão é o que realmente possibilita que todas essas pessoas com suas características diversas tenham as mesmas oportunidades. A diversidade sem inclusão gera desigualdade. A inclusão sem diversidade gera mesmice.

De nada adianta falar em diversidade se a inclusão não for praticada na sua essência no dia a dia das organizações – e é durante as reuniões que fica bastante visível se a prática da inclusão está sendo feita de forma real, com respeito à diversidade e com empatia.

Podemos identificar se as pessoas se sentem seguras em expressar suas ideias e pontos de vista, independentemente das diferenças que existem dentro de um grupo. O respeito às diferenças e um ambiente inclusivo que favoreça o diálogo e o respeito mútuo impactam diretamente nos resultados organizacionais de forma positiva.

As reuniões são termômetros importantes do clima organizacional, possibilitando identificarmos se a diversidade está sendo respeitada com inclusão em sua essência.

Importante dizer que os conceitos e técnicas de facilitação inclusiva apresentados neste capítulo não se aplicam somente a apoiar a liderança, mas todas as pessoas, independentemente da posição, e não somente dentro das organizações, mas para todo o cotidiano das pessoas.

Respeitar as diferenças

As pessoas são diferentes e possuem características únicas. Estimular a diversidade dentro das empresas através de um processo de facilitação inclusiva é entender e dar oportunidade a pessoas diversas, incluindo situações como faixa etária, etnias, orientação sexual, pessoas com deficiência e pessoas em situações econômicas e sociais diversas.

Além dessas características, devemos considerar também questões comportamentais e de personalidade que tornam cada indivíduo único. Respeitar essas diferenças também faz parte do processo de facilitação inclusiva.

O respeito à diversidade com real inclusão proporciona um melhor aproveitamento das particularidades de cada pessoa, possibilitando que os pontos fortes de cada um sejam maximizados, não somente dentro das organizações, mas em toda a vida das pessoas, pois somos seres integrais.

Os benefícios do respeito às diferenças e o estímulo à diversidade e inclusão são para todos: para as pessoas que convivem com a diversidade e para as empresas que se beneficiam com ideias e soluções criativas e/ou inovadoras que a diversidade estimula.

Dar voz a todos

A construção de uma cultura inclusiva nas empresas começa principalmente com um ambiente de respeito e inclusão nas reuniões.

No dia a dia das organizações, durante as reuniões ou mesmo em situações de trabalho em par ou em pequenos grupos, é importante que todos tenham voz e possam dar suas opiniões e expressar suas ideias sem julgamentos.

Um processo de facilitação inclusiva deve estimular a interação entre as pessoas e a convivência, possibilitando que elas se conheçam melhor – e é justamente essa maior proximidade entre indivíduos que vivem diferentes realidades e necessidades distintas que vai facilitar e potencializar todos os benefícios da diversidade com uma real inclusão.

Esse processo é importante também para fortalecer a criatividade em times multidisciplinares. O processo criativo e de inovação é beneficiado pelas diferenças, por novas perspectivas.

Possibilitar uma gestão participativa das pessoas é uma forma de dar voz a todos, onde cada um tem a possibilidade de assumir o protagonismo em diversas iniciativas e projetos dentro das organizações.

Para que isso seja possível, a gestão também deve estar preparada, pois é muito mais do que simplesmente delegar; é criar um ambiente de confiança mútua, com objetivos, metas e propósitos claros para gerar o engajamento das pessoas.

Saber ouvir na essência

Facilitação inclusiva, inicialmente, é saber ouvir na essência, de forma empática. Durante as reuniões é importante respeitar as diferenças de cada indivíduo, suas opiniões e ouvir na essência.

Algumas técnicas podem auxiliar nesse processo:

- Fazer perguntas para certificar-se de que a mensagem conseguiu ser transmitida.
- Ouvir sem julgamentos, principalmente não deixando seu ponto de vista influenciar os diálogos.
- Respeitar o tempo de cada um é importante, visto que algumas pessoas podem demorar mais do que outras para concluir um raciocínio.
- Se possível, compartilhe suas experiências, para ajudar a criar uma relação maior de confiança.

É importante também evitar alguns comportamentos para não prejudicar o processo de comunicação, tais como: distrações, interrupções fora de contexto, ignorar dúvidas etc.

A criação de um ambiente seguro é fundamental para aumentar a produtividade das reuniões, e facilitadores inclusivos devem trabalhar para organizar as reuniões de forma que todos tenham a oportunidade de contribuir, sempre com o foco no respeito às diferenças de cada indivíduo.

Empoderar as pessoas é uma forma de facilitar a inclusão

Através do empoderamento responsável de colaboradores, é possível facilitar a inclusão, já que, através dessa ação, evitamos a necessidade do comando e controle, o que beneficia a formação de um ambiente psicologicamente seguro para as pessoas.

Um ambiente seguro é uma das chaves para que as pessoas possam expressar suas ideias e opiniões sem medo de errar ou de sofrer punições.

O empoderamento é feito não apenas com a delegação, mas através da transmissão do propósito claro do trabalho, aliado à confiança nas pessoas. É importante que no processo de empoderamento as pessoas tenham confiança mútua, e isso é adquirido com ações práticas no dia a dia que mostram que o facilitador está presente não somente nos momentos bons, mas também nas horas mais difíceis.

Técnicas para apoiar uma facilitação inclusiva dentro das organizações

Vamos citar algumas técnicas que ajudarão a tornar as reuniões mais produtivas através de uma facilitação inclusiva.

- **Criar um ambiente psicologicamente seguro nas reuniões:** fazer com que as pessoas se sintam seguras para falar e expressar suas ideias e opiniões é um dos principais pontos para termos reuniões inclusivas. Nem sempre é algo fácil de se atingir quando não há uma cultura de inclusão e respeito às diferenças dentro das organizações, porém, através da empatia e foco nas pessoas, é possível colocar em prática ações que favoreçam a criação de um ambiente seguro do ponto de vista psicológico. Um ponto que favorece a criação de um ambiente psicologicamente seguro é criar o hábito de compartilharmos os erros de forma aberta, sem julgamentos, como forma de aprendizado. Em um primeiro momento isso pode ser difícil em um ambiente onde o julgamento e a punição aos erros são constantes, porém, com o tempo, podemos mostrar para as pessoas que o aprendizado adquirido com os erros cometidos faz parte do processo de melhoria contínua. Algumas ações para facilitar a criação desse ambiente seguro:
  - Deixe claro para as pessoas, através de comunicação, como isso irá beneficiar as relações de trabalho e a produtividade da equipe.

- Tenha humildade ao transmitir um ponto de vista, sabendo que nem sempre você estará certo. Não tente sempre ter razão em todas as situações e aceite críticas, sabendo ouvir outros pontos de vista.
- Incentive o compartilhamento de ideias entre as pessoas da equipe. O conhecimento compartilhado em sessões frequentes ajuda a criar um clima de confiança e integração entre as pessoas.

- **Comunicar previamente o propósito, a agenda e a(s) ferramenta(s) a ser(em) utilizada(s) na reunião:** isso permite que as pessoas se preparem para os assuntos abordados e levantem possíveis dificuldades ou problemas de acessibilidade e usabilidade da(s) ferramenta(s). É uma forma de respeito com os participantes, já que cada indivíduo tem suas necessidades específicas – alguns se sentem mais confortáveis com a espontaneidade de um tema durante uma reunião, enquanto outros necessitam de uma preparação antecipada sobre o assunto abordado para se sentirem mais seguros e serem mais produtivos.
- **Não interromper as pessoas enquanto elas estiverem falando:** as pessoas não gostam de ser interrompidas enquanto estão se expressando. Além disso, interromper o raciocínio de uma pessoa não é um comportamento que demonstra respeito e empatia. Aguardar o momento certo para falar é fundamental para ajudar na criação de um ambiente seguro e inclusivo nas reuniões. Porém, sabemos que há casos em que realmente é necessário interromper. Por exemplo, pessoas prolixas, exibicionistas ou que estejam tentando chamar a atenção podem estender demais o tempo de uma reunião, o que prejudica não somente o resultado da reunião como a agenda dos participantes. Cabe ao facilitador identificar essas situações, e o tempo pode ser um termômetro importante para agir e interromper. Manter o foco na agenda da reunião e definir muito bem as prioridades que devem ser tratadas auxilia nesse processo de controle.
- **Estimule a participação das pessoas que não estão ativas nas reuniões:** da mesma forma que é importante não interromper as pessoas enquanto estão falando, é igualmente importante favorecer a participação daqueles indivíduos que não estão ativos durante uma reunião. Peça a opinião dessas pessoas, como uma forma de estimular a participação de todos. Se ainda assim não houver participação, podemos usar a técnica de solicitar *feedback* após a reunião para identificarmos as dificuldades ou algum bloqueio.
- **Uso da tecnologia a favor da inclusão nas reuniões:** o uso de ferramentas tecnológicas de comunicação e interação entre as pessoas facilita a integração e a inclusão nas reuniões, permitindo a participação de todos de forma simples e eficiente. Atualmente há muitas opções disponíveis no mercado, tais como Google Meet, Microsoft Teams, Zoom etc. Mas é importante ressaltar que a tecnologia também pode ser uma barreira. Por exemplo, se não tiver teclas de

atalho, se não for acessível para leitores de tela, se não tiver um bom contraste, se não puder mudar cor da fonte e o tamanho, se não tiver vídeo para surdos lerem os lábios etc. a tecnologia pode se transformar em barreira no processo de inclusão. Além disso, de nada adianta utilizar a tecnologia se não estimular a inclusão e o respeito às diferenças.

- **Peça *feedback* aos participantes:** como forma de buscar a melhoria contínua, é importante, como facilitador, solicitar *feedback* dos participantes sobre o que acharam da reunião e o que poderia ser melhorado para as próximas. Além do *feedback* ao final das reuniões, é importante também pedir orientação antes da reunião – isso ajuda a evitar exclusão no momento do encontro por conta de alguma situação que não foi pensada e que poderia ser evitada com ações de correções ou ajustes muitas vezes simples de serem implantados. Preparar o ambiente pensando na questão inclusiva é fundamental para o processo de facilitação, por isso a antecipação de situações que possam criar dificuldades para outras pessoas é relevante nesse processo. E isto vale tanto para o ambiente físico como para o remoto. Envolver as pessoas no processo de construção da reunião é um ponto relevante e faz parte da facilitação inclusiva, já que, através da orientação e *feedback* de pessoas com necessidades diversas, será possível fazer adaptações visando melhorias.

Conclusão

Atuar como uma pessoa facilitadora de forma inclusiva dentro das organizações é uma tarefa que exige paciência, autoconhecimento, além de uma boa experiência com a cultura organizacional na qual estamos inseridos. É preciso agir com foco nas pessoas, empatia e respeito.

Outro ponto importante para um facilitador inclusivo é focar em perguntas, de forma objetiva e respeitosa, para unificar as necessidades das pessoas e conseguir transformar as necessidades específicas de cada indivíduo em ações concretas.

Quando a diversidade com inclusão é favorecida dentro das organizações, as reuniões tornam-se muito mais produtivas, pois quando temos opiniões e pontos de vista divergentes sendo discutidos com respeito todos se beneficiam.

Os resultados são promissores, principalmente quando os facilitadores mostram na prática, com exemplos no dia a dia, ações de inclusão. Quando as pessoas se sentem seguras e empoderadas, as ideias fluem de forma muito mais efetiva, levando as equipes a atingir os melhores resultados.

30. Informações puxadas x empurradas

Flaviana Rampini do Couto
Queli Silva
Sarah Lopes

O papel da utilização de *slides* e técnicas visuais no engajamento.

Se você chegou até aqui é porque busca maiores resultados de impacto e engajamento em suas apresentações. E mesmo que você tenha o dom da oratória, as apresentações visuais podem destruir ou melhorar ainda mais o resultado da mensagem que deseja passar.

Agora temos um cenário onde as apresentações virtuais ganharam mais espaço que as apresentações presenciais. O conteúdo pode até continuar o mesmo, porém a necessidade de prender a atenção dos participantes se tornou ainda maior.

Conseguimos através da tecnologia conectar pessoas, porém sem conseguir muitas vezes ver os rostos do outro lado e muito menos o que estão fazendo. Quem nunca passou pela situação de estar palestrando e vazar um áudio típico de quem não está prestando atenção? Neste capítulo traremos dicas direcionadas ao uso de técnicas visuais para prender a atenção dos participantes.

Sempre escutamos que o uso de imagens ensina e engaja mais. Uma prova disso é o resultado de pesquisa da Forbes de 2013 (MCCUE, 2013), mostrando que 65% das pessoas são aprendizes visuais.

De acordo com a Visual Teaching Alliance (s.d.), nossos olhos podem registrar 36.000 mensagens visuais por hora. Os recursos visuais são processados 60.000 vezes mais rápido no cérebro do que o texto e 90% das informações transmitidas ao cérebro são visuais.

Algumas dicas inspiradoras são do Chris Anderson, curador do TED Talks. No seu artigo na HBR de junho de 2013 (ANDERSON, 2013), ele fala do planejamento de multimídia de uma apresentação. Nem todos os palestrantes do TED usam *slides*, mas ele cita algumas dicas que reunimos aqui com outras fundamentais para o engajamento.

Mantenha as apresentações simples

Evitar, ou melhor, não criar *slides* cheios de textos, como se fossem substitutos de anotações, por alguns motivos: primeiro, um *slide* cheio de textos não é atrativo; segundo, as pessoas começam a ler e não prestam mais atenção no que você está falando; e, por último, se torna repetitivo falar coisas que já estão escritas, mesmo que com outras palavras.

Não leia *slides*

A primeira impressão que fica quando uma pessoa fica lendo *slides* é que ela não sabe o assunto ou que não ela não precisaria estar ali, pois você poderia estar lendo. Quando temos um palestrante esperamos colher experiências pessoais, histórias e a sua interpretação sobre o assunto – o *slide* é somente um apoio ou ilustração. Além disso, leitura de *slides* costuma gerar o efeito contrário que esperamos aqui, podendo dar muito sono nos ouvintes.

Utilize fotos e ilustrações

O uso de imagens no aprendizado já vem sendo estudado e aplicado há muito tempo. Segundo Zatta e Aguiar (2009) e Torres (2011), o uso de imagens facilita o aprendizado. As ilustrações podem complementar o conteúdo formando na cabeça do espectador a imagem do que está se falando. Imagens claras e simples – nada de encher *slides* com várias informações. Mas lembre-se: mantenha a harmonia e conecte sempre as imagens ao que se fala.

Explore alternativas ao PowerPoint

Hoje em dia diversas ferramentas podem ser usadas para apresentações, ou até mesmo vídeos, redes sociais, páginas etc. Por exemplo, o TED investiu na empresa Prezi, que apresenta um formato bidimensional na apresentação dos *slides* em vez de imagens planas. Esse visual pode aumentar o impacto de uma palestra.

Use vídeos

O vídeo pode exemplificar muito bem os ensinamentos a serem passados. Por exemplo, em um TED Talk sobre a inteligência dos corvos, o cientista mostrou um clipe de um corvo dobrando um anzol para 'pescar' um pedaço de comida de um tubo. A dica é não utilizar vídeos longos. A duração deve ser de no máximo 60 segundos. Os vídeos também podem ser usados no meio de muito conteúdo teórico, servindo como um descanso ou retorno da atenção dos participantes.

Não faça propaganda de si mesmo

Vídeos ou apresentações autopromocionais não atraem e naturalmente levam as pessoas a se desconectar, já que estas buscam sua experiência sobre o assunto que está sendo tratado como forma de aprendizado para elas, e não sua experiência curricular.

Isso pode gerar uma sensação de estrelismo e uma percepção ruim do apresentador. Outro ponto importante: as pessoas estão assistindo sua palestra ao vivo; não vieram em busca de vídeos seus gravados anteriormente.

Outras dicas:

- **Entenda seu público.** Ao criar apresentações e narrativas, entenda o público para o qual você irá apresentar e direcione design, conteúdo, histórias e imagens para atraí-los. Um público de motociclistas provavelmente se sentirá atraído, por exemplo, por cores mais escuras, caveiras; e um público infantil irá gostar de imagens fofas, coloridas e animadas.
- **Explore recursos visuais e de design.** Uma boa aparência é o que fica. Atenção a cores, tamanhos, letras e destaques utilizados, para terem harmonia. Para começar, prefira modelos de apresentações disponíveis. As imagens também são pontos fundamentais na atração. Segundo um estudo da Universidade de Minnesota (GROSS, 2008), as apresentações com recursos visuais são 43% mais persuasivas.
- **Crie um *storytelling*.** O *storytelling* é uma técnica de narrativa que utiliza histórias para vender ideias. Quando começamos a escutar uma boa história, ficamos atentos para saber o final. É uma técnica muito utilizada atualmente para engajar o público.
- **Realize dinâmicas.** Está aí uma das técnicas que mais prendem a atenção do público: dinâmicas. Inserir dinâmicas no meio das apresentações como forma

de reforço do ensino, ou até mesmo para descontração, garante muito mais a vivência do aprendizado e a atenção dos participantes. No contexto presencial, se torna mais fácil administrá-las. Porém, no contexto virtual podem ser usadas ferramentas como Mural ou Miro (ver Capítulo 34) para criação dos painéis virtuais, bem como as funcionalidades de separação em salas.

Para finalizar, gostaríamos de deixar seis dicas de engajamento do artigo 'Crush Your Next Virtual Presentation' (STORMS, 2021), que, juntamente com as técnicas visuais, prenderão ainda mais a atenção do público.

- **Use os recursos da tecnologia.** Mesmo que não possa ver rostos e expressões dos participantes, usar os recursos de enquetes, bate-papos, separação em salas de discussão e ferramentas como Miro e Mural ajudam diretamente no engajamento.
- **Conte histórias conectadas com seu público.** Tenha sempre histórias vivenciadas que se conectam com o conteúdo passado. Passar a teoria e contar experiências de como isso foi aplicado na prática aumenta o envolvimento e ainda pode dar abertura para discussões e dúvidas.
- **Planeje e comunique com antecedência que haverá participação do público.** Participações ativas, chamando voluntários para contribuir ou até mesmo combinando previamente com alguns convidados, é a chave para aumentar o engajamento e a eficácia, pois as pessoas ficam mais atentas, aguardando o momento em que podem ser chamadas.
- **Seja claro, breve e quieto.** Mantenha sua mensagem concisa, simples e clara. Evite monólogos longos e, ao fazer uma pergunta ao público, aguarde a resposta, mesmo que leve mais tempo do que se espera.
- **Não descarte dicas não verbais.** Em um ambiente presencial é fácil verificar as expressões corporais dos participantes. No ambiente virtual, incentive o uso das câmeras abertas. Mesmo que todos não abram, olhe para aqueles que estão aparecendo e busque sinais: acenar com a cabeça, sorrir, manter o contato visual e inclinar-se são bons sinais, enquanto bocejar, braços cruzados, olhar voltado para baixo ou de lado podem sinalizar desinteresse e que você precisa mudar sua abordagem.
- **Trabalhe com *feedback*.** Para fechar, nada melhor do que a melhoria contínua. Após sua apresentação, solicite *feedback* de um ou dois participantes confiáveis para ver se você entregou a mensagem pretendida com sucesso. Se a reunião foi gravada, assista ao vídeo, prestando atenção especial em como os participantes responderam às suas tentativas de envolvê-los. Identifique duas ou três técnicas que você pode incorporar na próxima vez para melhorar sua conexão com o público.

31. Criando apresentações poderosas

Anderson Sales
Gabriel Vaz
Queli Silva

Uma apresentação poderosa deve atrair os espectadores desde os primeiros minutos, deve engajá-los e manter sua atenção nos objetivos pretendidos.

É sabido que uma boa comunicação é composta por um bom conteúdo e uma boa forma, ou seja, conteúdo e forma são partes distintas da comunicação que, quando juntas na medida certa, geram equilíbrio e um sabor especial que atrai e agrada aos que experimentam.

Quando assistimos a palestras, treinamentos, reuniões e apresentações de produtos normalmente deparamos com uma quantidade exagerada de conteúdos e uma baixa preocupação com a forma como será apresentada. Parte da responsabilidade dessa prática de excesso de conteúdo vem da vida acadêmica, onde professores substituíram a lousa e o giz pela não tão querida apresentação de *slides*.

Uma apresentação poderosa (com alto poder de comunicação) deve atrair os espectadores desde os primeiros minutos, deve engajá-los e manter a atenção nos objetivos pretendidos.

O livro "Superapresentações", de Joni Galvão e Eduardo Adas (2020), fundadores da empresa SOAP (*State Of the Art Presentations*), define que uma apresentação no estado da arte é conduzida por uma história coerente, bem estruturada e atraente e que tenha a capacidade de despertar e manter a atenção da audiência.

Os autores destacam três aspectos decisivos para uma apresentação impactante: roteiro, identidade visual e apresentador.

O roteiro

A contação de histórias ou *storytelling* é uma prática milenar de extremo sucesso, tanto no passado quanto no presente, seja em parábolas bíblicas, filmes, músicas, peças de marketing etc.

Segundo os autores, um roteiro nada mais é do que uma história, uma narrativa que mostra o caminho crítico do raciocínio, cuja forma de ser contada (*storytelling*) é decisiva para sua atratividade.

O roteiro deve nascer em um papel em branco e não no reaproveitamento de *slides* usados em apresentações anteriores, ou seja, somente devemos abrir o PowerPoint quando a história que queremos contar estiver delineada em uma folha de papel ou no máximo em um editor de texto.

O livro sugere que o roteiro de uma apresentação poderosa deve ser uma história fluida, didática, clara e informal e deve ser como um bate-papo em um café. Deve também mesclar razão, conteúdo, emoção e entendimento.

A identidade visual

Em algumas situações uma boa narrativa é o suficiente para conquistar a atenção e o engajamento da audiência. Os recursos visuais têm o importante papel de apoiar e não de ser a estrela principal e substituir o protagonismo do facilitador/apresentador.

O livro identifica certos elementos visuais que podem reforçar ainda mais os argumentos do roteiro. Alguns deles são:

- Imagens.
- Ícones.
- Figuras geométricas.
- Fontes.
- Foto-objeto.
- Grafismos.
- Montagens.
- Vídeos.

Uma apresentação poderosa deve sintetizar em poucas palavras o objetivo do *slide*; portanto, menos é mais. Uma grande quantidade de texto pode distrair a audiência, que não saberá decidir se faz a leitura do texto ou se ouve o facilitador.

O uso de animação nos elementos de um *slide* é um recurso que, quando bem utilizado, pode causar sensações de suspense e de surpresa e pode ser um forte aliado no direcionamento e na persuasão dos participantes em direção aos objetivos do facilitador.

Segundo o blog Monkey Business (s.d.), especialista em apresentações impactantes, o uso de imagens grandes, que ocupem todo o *slide*, somado a uma pequena frase sobreposta, exerce maior atratividade. É importante lembrar que o uso de imagens de alta resolução traz mais profissionalismo à apresentação.

Imagens e gráficos criativos geram mais personalidade aos *slides*, lembrando que as imagens não precisam ser literais. Podemos trabalhar com a imaginação e interpretação da audiência.

O apresentador (facilitador)

O livro "Superapresentações" (GALVÃO; ADAS, 2020) destaca que o primeiro passo para o sucesso do apresentador é o ensaio exaustivo do roteiro. No contexto da facilitação, é importante que o facilitador busque formas de testar sua dinâmica antes de realizá-la pela primeira vez. Figurantes como parentes e amigos podem auxiliá-lo a ter uma experiência mais real e assim otimizar todo o processo.

Em algumas situações, um simples exercício mental com o apoio de um papel ou lousa pode ajudar a visualizar os tempos e movimentos, o que trará mais segurança ao facilitador.

PPT *Canvas*

Coletar as principais variáveis de uma apresentação ou facilitação pode nos ajudar a ter um conteúdo e forma mais adequados ao contexto e assim ter uma apresentação com melhor encaixe com o público e a experiência de aprendizagem desejada.

O Modelo PPT *Canvas* criado por Anderson Sales (2016) é baseado em suas experiências de sucesso e insucesso e apoia a cocriação de uma apresentação impactante.

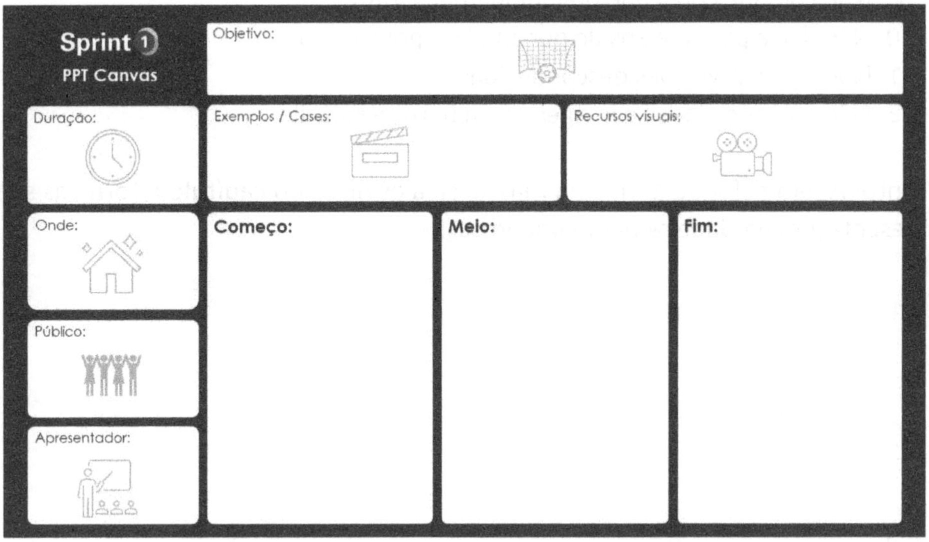

Figura 31.1. PPT *Canvas*. Fonte: autor Anderson Sales.

O modelo é simples e tem a intenção de ajudar o apresentador a pensar na melhor forma de apresentar seu conteúdo, selecionando o que há de necessário e interessante e o distribuindo em três partes: início, meio e fim.

Uma apresentação bem elaborada eleva a confiança, o interesse e o engajamento dos interessados e ainda pode ser uma oportunidade única para dar visibilidade a um trabalho bem executado.

Dicas do que não fazer em uma apresentação poderosa

1. Não deixe o "PPT" ser a "bengala" da sua apresentação.
2. Não comece a apresentação com desculpas (atraso, equipamentos faltando etc.).
3. Não fale muito rápido ou muito devagar.
4. Não seja impaciente ou faça movimentos que possam mudar a atenção do público.
5. Não faça um início "sem graça"; os primeiros minutos são essenciais para o sucesso da apresentação.

6. Não coloque textos extensos e muito pequenos nas apresentações visuais.
7. Não perceber as expressões/*feedbacks* do público.
8. Não fazer nada para manter ou trazer novamente a atenção do público.
9. Não coloque cores que prejudiquem a leitura.
10. Não deixe passar erros de português e pontuação.
11. Não use abreviações desconhecidas.
12. Não coloque vídeos e imagens com baixa resolução.

Pronto! Agora coloque a mão na massa, siga as dicas do capítulo e torne as suas apresentações verdadeiramente poderosas!

32. Gestão do conhecimento

Júnior Rodrigues
Aparecida Laino Entriel

A importância de cuidar do arcabouço de conhecimento gerado nas facilitações.

O que é gestão do conhecimento?

Normalmente, o conhecimento é compreendido como o ato ou efeito de conhecer, de ter uma ideia ou noção sobre alguma coisa. Conforme Davenport e Prusak (1998), "conhecimento é uma mistura fluida de experiência condensada, valores, informação contextual e *insight* experimentado, a qual proporciona uma estrutura para avaliação e incorporação de novas experiências e informações".

Assim, podemos afirmar que conhecimento é o saber, a instrução e a informação acerca de algum assunto, o que inclui a produção e análise de descrições, hipóteses, conceitos, teorias, princípios e procedimentos.

A questão do conhecimento para o contexto organizacional vem se tornando um assunto cada vez mais crítico, uma vez que o trabalho é cada vez mais intensivo em conhecimentos e informações (LASTRES et al, 2002).

Ainda, os profissionais do conhecimento são tidos como os que trabalham com a sua capacidade de desenvolver soluções, os que lidam com informação e os que são capazes de usar toda a sua mente criativa para resolver determinado problema.

Sua ascensão ocorre a partir do momento em que o modelo tradicional de trabalho, essencialmente focado em processos repetitivos e eficiência, dá lugar a uma abordagem cada vez mais inovadora e com foco na entrega de soluções efetivas para os seus clientes, ativo extremamente necessário nas organizações atuais.

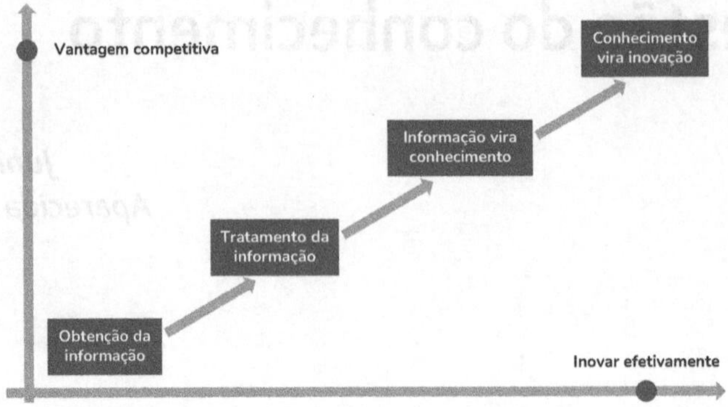

Figura 32.1. Vantagem competitiva e inovação. Fonte: adaptado de Strauhs et al (2012).

Em adição, o trabalho realizado pelos colaboradores não pode ser mensurado dentro de aspectos meramente contábeis. Como visto na Figura 32.1, uma vez que a informação é transformada e entregue em forma de ativos de conhecimento, torna-se indispensável para a inovação e, consequentemente, para o alcance de vantagem competitiva e melhora no desempenho organizacional.

Dessa forma, o conhecimento pode ser entendido como um conjunto de três dimensões: profundidade, amplitude e integração. Esse conjunto se refere ao conceito da polimatia (MUNIZ et al, 2020), conforme Figura 32.2 e detalhado a seguir.

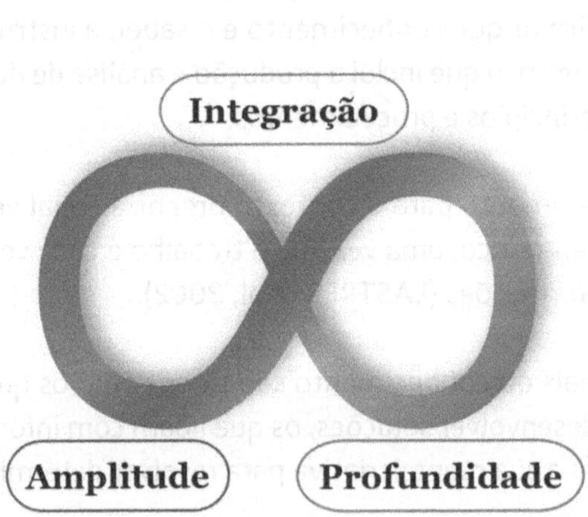

Figura 32.2. O ciclo polímata. Fonte: Muniz et al (2020).

A **profundidade** significa possuir extenso conhecimento em um dado assunto, ser especializado no tema, com base na experiência e no conhecimento adquiridos, evoluindo cada vez mais na resolução de problemas por meio da soma de tais aspectos tácitos e explícitos, respectivamente.

A **amplitude** se trata da extensão e diversidade do conhecimento, por meio da dedicação a mais. É também a medida da versatilidade de uma pessoa e da sua abertura a novas ideias e conhecimentos, que a permitam analisar as situações através de vários pontos de vista.

A **integração** é a capacidade de criar uma sinergia entre tais conhecimentos, tal como a capacidade de contar com a abrangência para acessar informações de diferentes domínios, principalmente nos quais possui uma profundidade, para alcançar um determinado fim, o que não seria atingido de forma efetiva sem o todo, que é maior que a soma das partes.

Por fim, a gestão do conhecimento é "uma construção sistemática, explícita e intencional do conhecimento e sua aplicação para maximizar a eficiência e o retorno sobre os ativos de conhecimento da organização" (WIIG, 1993).

Ela ocorre pela ênfase na criação e no uso do conhecimento, tendo as pessoas como os atores que integram novas informações à sua experiência e produzem outras para um determinado grupo, sendo direcionada de acordo com a cultura, os processos e as relações existentes na organização (STRAUHS et al, 2012).

Para que a gestão do conhecimento ocorra na prática, ela deve estar sistematizada e integrada às rotinas de trabalho, como, por exemplo, às cerimônias de retrospectiva do *Scrum*.

Em adição, ela deve ser feita de forma intencional, ou seja, todos devem praticá-la para que se possa gerar resultado, bem como ser explícita, com papéis e responsabilidades definidos de forma clara para que todos contribuam para os resultados esperados.

Qual é o papel do facilitador em promover a geração de conhecimento na organização?

O papel do facilitador, nesse contexto, se destaca pelo fato de permitir aos membros de um determinado grupo evoluir em conjunto a partir da troca de informações entre eles, possibilitando que eles se complementem em suas especialidades, aumentem a abrangência de seus conhecimentos e, com isso, produzam um resultado extraordinário.

De certa forma, o facilitador exerce um papel de liderança ao desenvolver atividades com um conjunto de pessoas, podendo (e devendo) realizar algumas ações e se valer de algumas qualidades de um líder que é polímata, ajudando o grupo a se desenvolver nesse sentido (MUNIZ et al, 2020).

Por exemplo, o facilitador pode: atuar otimizando o fluxo de ideias, moderando as atividades com o intuito de garantir o equilíbrio; ter visão integrada, negociando e juntando ideias para alcançar algo mais elevado; ter abertura com visão crítica, permitindo que ideias surjam, mas sabendo questionar sua relevância etc.

Para que o conhecimento seja gerado, faz-se necessário ao facilitador, portanto, se munir das técnicas e ferramentas apresentadas ao longo deste livro, de forma a garantir a efetiva participação dos indivíduos nos grupos e o desbloqueio de suas capacidades criativas, de comunicação, de colaboração, entre outros aspectos.

O importante, no caso, é sempre se valer de um ambiente de segurança psicológica, termo criado por Kahn (1990) como "uma crença compartilhada de que a equipe está segura para assumir riscos interpessoais".

Esse aspecto também foi identificado pelo Google (ROZOVSKY, 2015) como um dos mais importantes para construir uma equipe de sucesso. Por isso, é imprescindível que as pessoas tenham a oportunidade de se expressar e que haja confiança entre os membros da equipe.

Como uma das técnicas que se destacam nesse sentido temos o *brainswarming*, criado por Tony McCaffrey (2014), por ser conduzido em silêncio para que não haja crítica de ideias, vozes dominantes abafando outras ou relutância em contribuir.

A ideia é que os *post-its* sejam adicionados a um quadro branco, desenvolvendo de forma colaborativa um gráfico estruturado e usando a visualização para ajudar a revelar ideias inovadoras.

Em adição, William Torbert (1978) explorou estruturas organizacionais que orientam pessoas a desenvolver habilidades para se auto-orientar. De acordo com Kimball e Ross (2013), trata-se de uma teoria de empoderamento que gera produtividade, equidade e aprofundamento por meio da qual as organizações podem gerar mais conhecimento e melhorias.

Como o conhecimento é gerado?

Para compreender melhor a geração de conhecimento para além da transformação da informação bruta em algo útil para as pessoas e organizações, é preciso reforçar a característica social do ser humano, que na conhecida pirâmide de Maslow (1943) aparece como o nível de **necessidades sociais**.

De acordo com Nonaka e Takeuchi (2008), a espiral do conhecimento se inicia com a socialização, aspecto fundamental para o processo de transmissão de conhecimento, o que será detalhado mais adiante.

Em seguida, tal conhecimento gerado precisa ser transformado de tácito em explícito por meio de algum registro, como visto no Capítulo 19. Isso irá garantir que o conhecimento não seja perdido e possa ser disseminado mais facilmente na organização.

Isso permitirá que se chegue à combinação, onde há a geração do conhecimento explícito compartilhado, para que se torne algo institucionalizado, padronizado ou aplicável aos diferentes contextos internos.

Finalmente, a internalização ocorre quando o conhecimento explícito se converte em tácito novamente, pela interpretação dos registros e com base na experiência individual, passando a fazer parte do arcabouço de conhecimento do indivíduo, o qual se torna capaz de identificar o que e quando aplicá-lo no seu dia a dia.

Figura 32.3. Espiral do conhecimento. Fonte: adaptado de Nonaka; Takeuchi (2008).

De acordo com Lévy (2007), cabe ressaltar que esse é o processo de geração de uma inteligência coletiva pelos diversos envolvidos, de acordo com a sua multidisciplinaridade e pluralidade de ideias, por meio do reconhecimento e do enriquecimento mútuo das pessoas.

A socialização para compartilhar o conhecimento e gerar aprendizagem organizacional

Conforme a espiral do conhecimento apresentada, as interações sociais se mostram essencialmente importantes para a geração, disseminação e manutenção do conhecimento entre os indivíduos, sobretudo quando estão realizando um trabalho em equipe. Isso, inclusive, consta nos valores e princípios do Manifesto Ágil (BECK et al, 2001): indivíduos e interações mais que procedimentos e ferramentas.

Outro aspecto importante destacado no manifesto é a necessidade de o time refletir sobre seu trabalho, a fim de realizar ações de melhoria contínua, incorporando as aprendizagens nas atividades de trabalho, o que pode permitir que a equipe melhore continuamente seus processos e sua forma de se relacionar.

Entretanto, o compartilhamento se mostra um aspecto essencial para a disseminação do conhecimento para além dos times, sendo fundamental se valer de ferramentas e técnicas que estimulem essa troca entre os indivíduos como forma de potencializar o alcance de resultados.

Além de disponibilizar todo o conhecimento gerado de forma a torná-lo acessível a todos, o que pode ser feito por meio de páginas compartilhadas (*wikis* etc.), é necessário que o facilitador encoraje a troca de informações direta entre os membros dos grupos.

Também é importante que os documentos utilizados para a gestão de processos e projetos sejam atualizados para refletir a aprendizagem das equipes, e que a organização construa mecanismos que permitam debate, reflexões e experimentações sobre o conhecimento gerado, além de possibilitar registros de lições aprendidas que favoreçam a construção de uma base de conhecimento organizacional.

Uma das formas possíveis é o estabelecimento de **Comunidades de Prática**, que são grupos de pessoas que compartilham o mesmo interesse e que aprofundam seu conhecimento por meio de uma interação contínua que promove o aprendizado (WENGER, 2011), o que será mais bem detalhado no Capítulo 48.

Conhecido como guildas (*guilds*, em inglês), é um modelo que se popularizou por causa do seu uso no Spotify (ERUDIO, 2019). São extremamente eficazes para incentivar a participação dos indivíduos na geração de conhecimento internamente à organização.

Conclusão

Existem diversas formas de realizar o compartilhamento de todo o conhecimento gerado e registrado durante o encontro dos membros, como visto em vários capítulos deste livro.

Tais formas irão variar de acordo com o conteúdo gerado, os participantes, a necessidade e o objetivo de compartilhar as informações. Cabe ao facilitador conhecer as técnicas e ferramentas para tal e saber utilizá-las de acordo e efetivamente.

É importante ressaltar que as interações frequentes entre as equipes sempre geram reflexões, aprendizagem e novos conhecimentos, que mudam a forma como as pessoas trabalham.

No entanto, se esses conhecimentos não forem externalizados e compartilhados com outras equipes, ficarão restritos a pequenos grupos e serão perdidos ao longo do tempo. Cabe ao facilitador criar mecanismos de externalização para que o conhecimento produzido seja disseminado e aplicado em novos projetos e processos.

As organizações só aprendem quando são capazes de registrar e compartilhar o conhecimento produzido por suas equipes, atualizar constantemente seus processos de trabalho e ao mesmo tempo construir mecanismos que fortaleçam o comprometimento com a aplicação dos novos conhecimentos gerados.

PARTE V
MASTER (TÉCNICAS E FERRAMENTAS)

33. Aprendizagem ativa

Marcantonio Fabra

Apresenta a importância do envolvimento ativo dos participantes por meio de discussões, estudos de caso e outros métodos.

Durante muitos anos, a aprendizagem seguiu um modelo pedagógico onde o professor era o detentor de todo o conhecimento, tendo o papel de ensinar os alunos, que apenas ouviam e se limitavam a aceitar o conhecimento passado, com um nível baixo de questionamentos.

A transformação digital, aliada a uma geração cada vez mais conectada, tornou esse modelo obsoleto. Novas formas de aprendizagem passaram a ser utilizadas e uma delas é a **aprendizagem ativa**.

Entretanto, esse termo "aprendizagem ativa" começou a ser utilizado pelo professor inglês R. W. Revans (1907-2003) na década de 1930. Com certeza esse professor era um revolucionário em uma época que dar palavra aos estudantes era algo impensável. Além disso, nessa época as fontes de informação eram escassas e era necessário que a instituição contasse com uma boa biblioteca, onde os alunos pudessem buscar o conhecimento necessário.

Entretanto, segundo Santos e Ferrari (2017), "a sociedade atual exige cada vez mais indivíduos pensantes, capazes de sentir, agir e reagir de forma ampla, profunda e rápida". Para que isso ocorra é necessário então engajamento e autonomia desses indivíduos para lidar com suas próprias experiências e aplicá-las quando se fizer necessário em seu ambiente.

A aprendizagem ativa é uma metodologia de ensino que tem o objetivo de colocar o aluno como o principal foco de todo o processo de ensino-aprendizagem. Dessa forma, ele consegue se envolver de forma ativa na aquisição de conhecimento.

Ela utiliza diversas técnicas educacionais que promovem um envolvimento maior dos estudantes durante as aulas. Entre as técnicas utilizadas durante esse processo, é possível citar: atividades de leitura, grupos de debate, grupos de estudos de caso e desenvolvimento de trabalhos práticos.

É indicada para escolas e universidades que pretendam promover uma mudança filosófica na postura do professor em sala de aula. Em vez de pré-organizar os temas importantes e expô-los de maneira metódica e coerente aos alunos, como no ensino tradicional, ele deve passar a focar nos objetivos de aprendizagem desejados para eles.

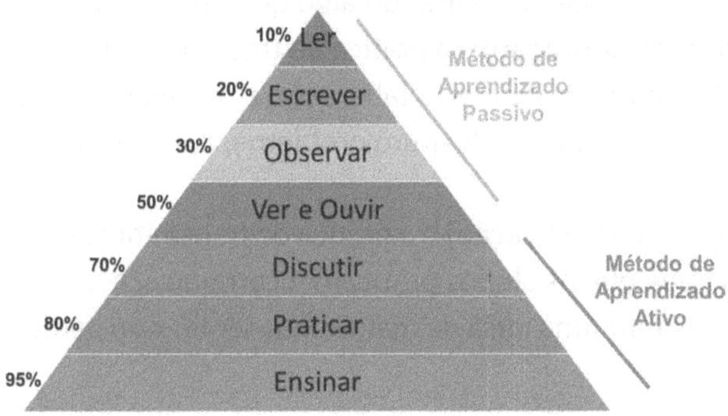

Figura 33.1. Pirâmide de William Glasser. Fonte: adaptado pelo autor.

Se analisarmos a pirâmide de William Glasser (Figura 33.1), podemos chegar a uma conclusão importante do porquê da aprendizagem ativa ser algo que mereça nossa atenção: os métodos de aprendizado ativo são os que apresentam os maiores percentuais de aprendizagem entre os alunos.

Existem 289 técnicas interativas que podem ser utilizadas na aprendizagem ativa. Clique em <https://www.usf.edu/atle/documents/handout-interactive-techniques.pdf> para conhecê-las neste importante documento que foi criado por educadores em 1992 e que de lá para cá tem sido atualizado com frequência.

Podemos encontrar uma série de estudos discutindo as evidências da eficácia da aprendizagem ativa. Um dos mais atuais é o da pesquisadora Xin Gao em 2019 com estudantes da New York University, que mostrou a eficácia desse tipo de abordagem no processo de aprendizagem deles (GAO, 2019).

Todas as técnicas utilizadas na aprendizagem ativa levam em conta "os quatro Cs das habilidades do século XXI". São eles:

- ***Critical thinking* (pensamento crítico)** é a prática de resolver problemas através de quebra-cabeças e atividades similares. Capacita os alunos a descobrir a verdade nas afirmações, especialmente quando se trata de separar o fato da opinião.
- ***Creativity* (criatividade)** é a prática de pensar fora da caixa. Embora a criatividade muitas vezes seja tratada como uma característica que a pessoa tem ou não tem, os alunos podem aprender a ser criativos resolvendo problemas, criando sistemas ou apenas tentando algo que nunca experimentaram antes.
- ***Collaboration* (colaboração)** é a prática de trabalhar em conjunto para atingir um objetivo comum. Praticar a colaboração e o trabalho em equipe ajuda os alunos a entender como resolver um problema, apresentar soluções e decidir o melhor curso de ação.
- ***Communication* (comunicação)** é a prática de transmitir ideias de forma rápida e clara. À medida que os alunos praticam a comunicação, eles se tornam melhores em transmitir uma ideia de maneira eficiente, sem perder a sua essência.

34. Quadros (*Boards*)

Rogério F. Roberto
Fabrício Gama
Queli Silva

Como os quadros *on-line* colaborativos (ex.: Miro, Mural etc.) podem ajudar na facilitação.

Por muito tempo, equipamentos e ferramentas especializadas não eram acessíveis às pessoas físicas, e isso impedia que o trabalho remoto fosse mais disseminado. A diminuição dos custos dos equipamentos e dos serviços de comunicação permitiu o surgimento do *home office*.

Com isso, muitas pessoas e empresas perceberam o potencial desse tipo de contratação, sendo possível atrair talentos sem que estes tivessem que se deslocar de suas cidades para trabalhar.

A partir dessa realidade, o leque de ferramentas de colaboração *on-line* sofreu uma verdadeira explosão de ofertas, ampliando as possibilidades de realização de trabalhos colaborativos que, antes, só eram possíveis em eventos presenciais.

Os quadros (ou *boards*) colaborativos são algumas dessas ferramentas *on-line*, com uma grande variedade de recursos que permitem às equipes trabalharem de forma colaborativa e em conjunto, como se estivessem presencialmente em um mesmo espaço físico.

É possível elaborar desde um mapa mental até criar todo um fluxo de trabalho reproduzindo ferramentas, métodos e técnicas como os usados pelo *design thinking*, retrospectivas de times etc.

O uso de quadros colaborativos é especialmente útil em situações como treinamentos, oficinas ou outros eventos onde a facilitação precisa ser feita de forma remota e com a participação direta de todos os envolvidos.

A solução de problemas complexos, como a criação de um MVP (ou, antes disso, processos de aprofundamento do conhecimento do problema e descoberta, como o *design thinking*) precisa ser feita de forma colaborativa com equipes multidisciplinares.

A colaboração *on-line* permite convidar, para o mesmo espaço e discussão, pessoas de diferentes regiões geográficas ou áreas de uma empresa, garantindo mais diversidade e aumentando, assim, a capacidade do grupo de encontrar alternativas e opções, através dos diversos pontos de vista.

Como dissemos anteriormente, existe uma infinidade de ferramentas com diferentes formas de administração e recursos. Entretanto, alguns passos são comuns para a maior parte delas.

Primeiro o *host* (facilitador) precisa ter uma conta em alguma dessas ferramentas (Miro, Mural, Conceptboard, entre outras).

Com sua conta ativa, ele precisa preparar o ambiente (espaço virtual) com os *templates* das atividades que serão executadas pelo grupo (lembrando que o espaço precisa ser organizado considerando quantidade de grupos e de pessoas em cada grupo para uma colaboração efetiva).

É comum usar uma ferramenta de videoconferência em conjunto (Zoom, Google Meet ou Hangouts, Microsoft Teams etc.) para a interação com o grupo (voz e compartilhamento de tela) e o próprio *board* para as dinâmicas e a facilitação em si.

Depois que o ambiente é preparado, o facilitador envia os convites para que os participantes acessem a ferramenta. Por fim, com todos juntos na sessão, é só abrir os trabalhos e mãos à obra.

É interessante que os participantes possam acessar previamente o quadro para se familiarizar com a ferramenta e usar alguns recursos básicos antes de ir para a sessão em si (pode ser requerido cadastro prévio do participante, fique atento!).

Dessa forma, é possível viabilizar muitas sessões de colaboração para trabalhar os mais diferentes aspectos (sessões de priorização, tomada de decisão, desenhos de protótipos, MVP, *design thinking*, *Lean Inception* etc.), garantindo o alinhamento de todos e o alcance do resultado, como treinamento e capacitação, seja no ambiente corporativo ou acadêmico, otimizando o tempo dos participantes e o uso dos recursos.

A Figura 34.1 mostra um exemplo de quadro construído no Miro para uma sessão de *brainstorming*.

Figura 34.1. *Template* para *brainstorming*. Fonte: Miro (s.d.).

35. Enquetes (*Polls*)

Rogério F. Roberto

Enquetes e votações são úteis e eficazes para alcançar o consenso.

A tomada de decisão é algo presente no dia a dia das pessoas e das organizações. Enfrentamos diariamente uma infinidade de situações onde somos forçados a tomar decisões e nem nos damos conta. Não importa a situação, sempre temos que lidar com escolhas e suas consequências.

No âmbito das organizações não é diferente: em função de movimentos de concorrentes, hábitos de consumo, economia etc., os executivos precisam estar preparados para tomar decisões que vão impactar a organização e a forma como ela atua para responder aos desafios de um mundo cada vez mais complexo e cheio de incertezas.

Enquetes e votações constituem-se, então, importantes ferramentas para levantamento, análise e tomada de decisão diante de diferentes cenários.

Através das enquetes é possível conhecer em profundidade aspectos do problema ou da situação que se quer enfrentar, a fim de poder definir planos de ação para o encaminhamento de possíveis soluções.

As votações são mecanismos que visam chegar a uma escolha a partir de um conjunto de opções disponíveis. A tomada de decisão, entretanto, pode ser feita sem qualquer tipo de votação, de forma autocrática, o que não será tratado neste capítulo.

Sempre que houver necessidade de levantar fatos, dados, informações e até opiniões, pode-se usar uma enquete ou uma entrevista e submetê-la ao público-alvo, a fim de obter tais dados.

Com o conjunto de dados em mãos, é possível organizá-los a fim de identificar padrões ou afinidades e, eventualmente, submetê-los a processos de análise e votação para a escolha das melhores opções ou respostas mais aderentes.

É útil porque, invariavelmente, enfrentaremos situações no trabalho onde a tomada de decisão se fará necessária. Tomada de decisão sem conhecimento dos fatos tem grandes chances de levar a um resultado indesejado. Uma enquete pode resolver a questão de aquisição de conhecimento sobre os fatos, e a votação define em quais fatos iremos atuar.

Imagine a seguinte situação: você identifica um problema que pode ser o mesmo de muitas pessoas na sua cidade e tem uma ideia para sua solução, mas não sabe se é mesmo interessante ou não. Você poderia usar uma abordagem de *design thinking* (DT) para levantar mais dados sobre o problema e usar enquetes, entrevistas e outras maneiras de abordar as pessoas durante o processo para aprofundar seu conhecimento sobre se é mesmo um problema de muitas pessoas e avançar com o processo para desenvolver protótipos que deveriam solucionar tal problema.

Uma votação, ao final, poderia eleger qual é o protótipo mais interessante para validar a hipótese. Basicamente, seriam esses os passos:

- Enquetes para levantar fatos e dados sobre o problema e o público afetado.
- Uma vez identificado o problema, definir hipóteses de solução.
- Criar protótipos de produtos ou serviços que poderiam solucionar o problema.
- Fazer uma votação para escolher o protótipo mais adequado.

Dessa forma, é possível desenvolver uma solução que tenha sido criada com base em um profundo conhecimento do problema e que tenha sido testada, ainda que no formato de um protótipo, e aprovada por um grupo de *stakeholders*. E isso vale também para o alcance de um consenso em qualquer outra situação.

Existem vários tipos de votação, variando em função de uma série de aspectos – por exemplo, obter um único vencedor, obter uma lista ordenada etc. Opções:

1. **Maioria (50%+1)** – Ganha a opção que obtiver maioria simples no grupo.
2. **Voto por nota (várias cédulas de 0 a 100, por exemplo)** – Um conjunto de notas é distribuído para o público, que as atribui às opções disponíveis. As opções com maiores notas são as vencedoras.

3. **Pluralidade** – Vence a opção que obtiver o maior número de adeptos independentemente de ser a maioria do grupo. Por exemplo, imagine 10 pessoas votando entre as opções A, B e C. Se ao final da votação obtivermos A = 3 votos, B = 4 votos e C = 3 votos, vence a opção B, que teve mais votos, ainda que não represente a maioria.

Existem várias ferramentas que permitem realizar um processo de votação a partir dos resultados das próprias dinâmicas que foram executadas, como, por exemplo, Miro e Mural. Também existem ferramentas para realização de pesquisas e questionários para situações em que precisamos levantar informações de um grupo de pessoas.

Veja na Figura 35.1 uma matriz para definição de votos que podem ser atribuídos a cada participante do evento. Depois define-se um tempo para que os participantes façam suas escolhas e usem seus votos no momento adequado.

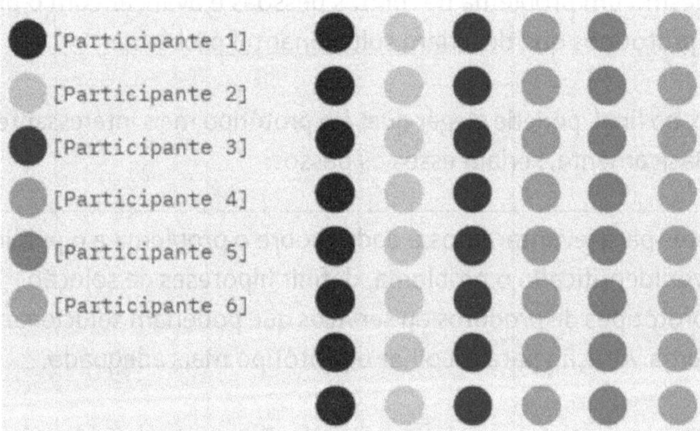

Figura 35.1. Quadro usado para distribuir votos para os participantes de um evento. Fonte: Miro (s.d.).

Há uma variedade enorme de ferramentas na internet com as quais você pode criar enquetes e votações, nuvem de palavras, quadros colaborativos etc.

36. Transmissão

Nilton Assis
Gabriel Vaz
Aparecida Laino Entriel

Ferramentas para transmissão *on-line* e ao vivo.

Nos últimos anos o consumo de conteúdo *on-line* vem ganhando cada vez mais espaço, pois a internet e a utilização de *smartphones* e outros *gadgets* possibilitaram o fácil acesso a um universo de informação.

Atualmente, grande parte dos conteúdos comerciais e de entretenimento produzidos se baseia na mídia audiovisual, e diversas plataformas de vídeo e softwares de transmissão já estão disponíveis no mercado com essa finalidade.

Em 2020, especialmente, houve um grande crescimento no número de empresas que passaram a adotar o trabalho remoto e a colaboração *on-line* em sua rotina de trabalho. Mas a grande pergunta é: como viabilizar a colaboração em um mundo tão conectado, mas com uma dispersão geográfica tão grande?

Dos vídeos institucionais a reuniões e treinamentos, esse tipo de conteúdo vem ganhando cada vez mais espaço nas empresas, principalmente porque as pessoas vêm priorizando esse tipo de comunicação em detrimento da linguagem escrita. Por isso investir em ferramentas de transmissão *on-line* passa a ser uma estratégia que abre muitas oportunidades no processo de facilitação.

Escolher uma boa ferramenta é importante porque ela será responsável por transmitir todo o seu evento. Portanto, ao escolher aquela que melhor atende às suas necessidades, fique atento às funcionalidades e à usabilidade, para que ela seja intuitiva e agradável aos participantes.

Para mostrar como transmitir eventos e realizar reuniões ao vivo, reunimos um guia com ferramentas gratuitas e pagas que certamente auxiliarão no processo de facilitação em um ambiente *on-line*.

Ferramentas de transmissão *on-line* gratuitas:

- Facebook Live
- YouTube Live
- OBS Studio
- Instagram
- Twitch
- Stage Tean
- Stream Yard

Ferramentas de transmissão *on-line* pagas:

- Zoom
- Vimeo
- GoToWebinar
- Loom
- Netshow.me
- Netpoint
- Doyty Play

Agora que você já conhece as principais ferramentas, não esqueça que a produção também é essencial para garantir o engajamento e a retenção do público. Portanto, ao produzir seu evento, teste tudo antes e verifique a qualidade da imagem, a luz do ambiente, o som e a conexão à internet.

37. Quebra-gelo

Roberta Ferreira
Queli Silva

A importância das dinâmicas para as pessoas se soltarem e interagirem melhor.

"Ninguém conseguirá trabalhar em equipe se não aprender a ouvir. Ninguém aprenderá a ouvir se não aprender a se colocar no lugar dos outros" (Augusto Cury).

As dinâmicas de grupo não são algo novo ou revolucionário, porém vivem em constante otimização dos métodos que podem ser aplicados quando se trata de técnicas de facilitação em grupo, seja a nível organizacional ou não.

Atuar de forma coletiva nem sempre é uma sensação confortável para muitas pessoas, e a facilitação com dinâmicas traz muitas possibilidades para acelerar a ambientação dos participantes.

Não existe uma única forma de aplicar uma dinâmica quebra-gelo, e muito menos um único formato. Avalie sua aplicabilidade na equipe e veja qual proporcionará maior engajamento.

Por isso, faz-se necessário clarificar e orientar a proposta do seu uso e a importância da dinâmica.

As **dinâmicas quebra-gelo** são uma excelente oportunidade de transformar o momento desconfortável em algo simples e transformador, para que as pessoas se sintam à vontade para participar e colaborar com o processo.

Trata-se de um exercício com objetivo específico, que em geral é extrair informações ou disseminar positivamente algo a um determinado grupo.

São indicadas para proporcionar maior engajamento entre os colaboradores, tanto para aproximar o colaborador da equipe quanto para engajar as pessoas no negócio ou em qualquer circunstância na qual exista uma atividade em grupo e o facilitador identifique tal necessidade.

Essas dinâmicas são aplicáveis em todas as equipes, independentemente da sua diversidade, do porte da empresa ou da situação encontrada. Elas podem ser aplicadas de modo presencial ou remotamente.

A dinâmica quebra-gelo, além de melhorar o engajamento e ampliar de modo significativo a motivação do grupo, consegue fazer fluir a equipe, transformando a comunicação.

Agora, caro leitor, para responder à sua pergunta ("**por que eu preciso fazer uma dinâmica quebra-gelo?**"), pedimos que reflita sobre o seis pontos listados a seguir sobre essa dinâmica:

- Ela permite que pessoas se conectem.
- Quando surgirem divergências ou até mesmo quando alguém precisar expressar sua opinião, a pessoa precisa se sentir emocionalmente confortável para fazê-lo diante do grupo.
- Serve para quebrar barreiras ou pré-conceitos.
- Torna a comunicação simples.
- Engaja os mais tímidos e faz com que estes participem.
- Faz o aquecimento antes do desenvolvimento de objetivos maiores.

Diante dos itens que você acabou de ler, você consegue responder a si mesmo sobre a necessidade de uma dinâmica quebra-gelo, bem como seus benefícios a curto e médio prazo, quando se trata de interação.

As dinâmicas quebra-gelo podem ser adaptadas, e o toque pessoal do facilitador dará o tom. Atualmente temos uma vasta biblioteca física e eletrônica que podemos consultar, referenciar e até mesmo experimentar.

De acordo com o artigo de Paulo Caroli (2020), seguem sete exemplos de dinâmicas quebra-gelo para equipes presenciais e remotas:

1. *Fun Fact*
2. *Your North*
3. *Zip Zap Zoom*
4. *Isn't that crazy?*

5. *Guess my favorite song*
6. *Human Rock Paper Scissors*
7. *One two ping four pong*

Disponha dos recursos digitais que agregam visualmente e são de fácil utilização para garantir uma dinâmica remota com sucesso, como *boards* (Capítulo 35), gestão de atividades (Capítulo 39), OneDrive da Microsoft (arquivos compartilhados com a equipe), entre outros.

Escolhemos a ***Fun Fact*** para detalharmos rapidamente:

1. Todos os participantes devem acessar de modo anônimo o *board*.
2. Solicite que cada participante escolha um fato engraçado sobre ele e escreva um *post-it* no Mural sem se identificar.
3. Defina um tempo de preenchimento.
4. Com todos os *post-its* distribuídos no Mural, o facilitador lê cada um e o grupo tenta identificar quem é o autor da história lida.
5. A ideia é descontrair e o time se conhecer um pouco.

O objetivo das dinâmicas quebra-gelo é energizar a equipe e aproximar os participantes de modo leve e descontraído.

Não é necessário gastar muitos recursos financeiros para alcançar resultados. Lance mão de toda a informação contida neste capítulo, bem como das referências citadas na bibliografia, para ser criativo e ampliar seus conhecimentos.

38. Ferramentas para comunicação entre equipes

Roberta Ferreira

Ferramentas e métodos para ajudar pessoas/times a terem uma comunicação mais rápida e melhorar a performance.

Ferramentas sozinhas não produzem efeitos; se não forem desenvolvidas pensando na aplicabilidade na vida das pessoas, serão apenas ferramentas e não palco de uma transformação digital (Roberta Ferreira).

Éramos rupestres e hoje somos digitais

Historicamente, iniciamos a comunicação em pinturas rupestres. Vamos saltar para a Europa por volta de 1400 e temos o "impresso", fato que mudou a forma de receber as comunicações e de informar.

Em meados de 1800 surgiu o rádio, transformando de modo surpreendente a comunicação. Famílias se reuniam para escutá-lo e receber atentamente as informações, migrando posteriormente para a TV.

Assim como a humanidade evolui, evoluíram os meios aos quais passamos a nos conectar mais rapidamente, como o *pager*, inventado por Alfred J. Gross por volta de 1949, sendo liberado para fins comerciais somente 10 anos depois e com sucesso relevante na década de 90 no Brasil.

Em 1969, como um divisor de águas e marco histórico, tivemos um avanço do qual jamais poderemos retroceder: a chegada da internet. Em abril de 1973, Martin Cooper, criador do celular, fez sua chamada de demonstração em Nova Iorque.

Observe a viagem que fizemos no tempo nos parágrafos anteriores para lembrá-lo que nós, em pleno século XXI, carregamos no bolso um aparelho que é praticamente um computador (alguns são) e cabem na palma de nossas mãos. Fazer chamada telefônica através dele é um mero detalhe.

E agora você pergunta: por que esse passeio histórico, se estamos tratando como cerne deste capítulo métodos de comunicação entre as equipes para torná-las mais eficientes e engajadas? Meu caro, é justamente para lembrar a você que tudo que iremos falar aqui é sobre pessoas e a valiosa arte de se comunicar.

Ferramentas de comunicação – revolução das equipes

A informação é consumida o tempo inteiro, cada vez mais rápida e basicamente em tempo real. Você consegue ir do simples ao complexo com as equipes. Utilizar recursos tecnológicos que aproximem as equipes de forma rápida não fisicamente é otimizar tempo. Une a necessidade do negócio à rapidez de resolução das tratativas. É necessidade de expressão a todo momento, de transmitir e compartilhar os objetivos continuamente.

Cada vez mais simples e participativa, a internet permite que possamos nos conectar a várias ferramentas diferentes para gerenciar e trabalhar com equipes integradas (e não apenas com equipes que trabalham com tecnologia). Basicamente qualquer gerenciamento de atividades pode ser feito através de uma ou mais ferramentas gratuitas ou pagas, dependendo da necessidade e do porte da empresa.

Independentemente do porte da sua equipe ou empresa, você pode adotar ferramentas simples que podem mudar, para melhor, a rotina de trabalho de seus projetos e equipes.

As ferramentas e metodologias podem ser aplicadas desde a concepção de um grande projeto ou para rotinas do dia a dia, sempre visando organização, otimização do tempo, engajamento e facilitação entre as equipes.

Como escolher a melhor ferramenta

Você precisa identificar alguns pontos principais, como: **a)** Posso ter custo para aquisição? **b)** Consigo utilizar com todas as pessoas envolvidas? **c)** Quais benefícios teremos? Identificar esses pontos vai ajudar de forma clara na decisão sobre qual ou quais ferramentas utilizar.

Tabela 38.1. Comparativo de ferramentas de Comunicação. Fonte: a autora.

Ferramenta	Slack	WhatsApp WhatsApp for Business WhatsApp Web	Telegram	MS Teams	Google Meets e Google Hangouts
Aquisição	Versões paga e gratuita	Gratuita	Gratuita	Versões paga e gratuita	Versões paga e gratuita
Descrição	É uma plataforma de mensagens baseada em canais. As equipes podem trabalhar simultaneamente e é possível conectar todas as suas ferramentas de software e serviços.	**WhatsApp** – Manter o contato com amigos e familiares em qualquer hora ou lugar. Oferece serviço de mensagens e chamadas simples, seguro e confiável para celulares em todo o mundo. **WhatsApp for Business** – É um aplicativo desenvolvido para atender às necessidades das empresas. É possível ter um catálogo de produtos e serviços e usar ferramentas especiais para automatizar, organizar e responder a mensagens, oferecer atendimento e enviar notificações importantes aos clientes.	Trata-se de um serviço de comunicação diretamente na nuvem. É possível fazer chamadas com vídeo, enviar mensagens, vídeos e arquivos.	É uma plataforma repleta de recursos de comunicação entre as equipes, times diversos, planejamento com *Planner To Do*, reuniões com várias pessoas simultaneamente com até 250 participantes, *Live Events* quando o público for superior e pode alcançar até 10 mil pessoas. Facilitação de integração com Yammer, Sharepoint, Power BI, dentre tantas outras ferramentas em um só lugar. A possibilidade de criar canais facilita muito a utilização e a designação das informações conforme a necessidade.	Utilizado como canal de comunicação e videochamada, através do qual o Google garante um padrão de segurança adequado às reuniões. .
Integração	Sim.	Sim.	Sim.	Sim.	Sim.

Tabela 38.1. Comparativo de ferramentas de Comunicação. Fonte: a autora.

Ferramenta	Slack	WhatsApp WhatsApp for Business WhatsApp Web	Telegram	MS Teams	Google Meets e Google Hangouts
Ponto de atenção	Como o próprio site orienta: **Versão gratuita do Slack** – A equipe tem acesso aos recursos básicos. É necessário escolher entre os planos: **Padrão** – Para empresas de pequeno e médio porte. **Plus** – Para empresas maiores ou que buscam ferramentas administrativas avançadas. **Enterprise Grid** – Para empresas muito grandes ou em setores altamente regulamentados.	Por ter possibilidade de utilização via web, é de extrema importância ter atenção com o equipamento ao qual você está conectado. Lembre-se sempre: dados dos clientes precisam estar seguros.	A maior parte das integrações com outras ferramentas no Telegram acontece por parte dos *bots*, como é o caso do Gmail, Evernote, entre outras ferramentas.	Sua empresa precisa adquirir licenças de Office 365 para utilização. Fazendo um bom estudo dos perfis necessários, o custo pode ser reduzido consideravelmente. A antiga ferramenta Skype for Business está sendo descontinuada por conta do MS Teams.	Existem limitações de utilização na versão gratuita.
Vantagens	Possui integração com várias outras aplicações. Facilidade na utilização.	Integração com diversas plataformas e, por conta da pandemia, ampliou-se a utilização para atender a serviços como CRM, por exemplo. Requer automação de serviços e é de fácil utilização para públicos de diversas classes sociais, facilitando assim o uso de modo mais intuitivo também pelo público com menos recursos estudantis. Integração via API.	Facilidade de uso através de canais.	**Integra com toda a plataforma Microsoft e softwares agregados.** Facilidade na utilização e integração das ferramentas. Gerencia tarefas de modo rápido e simples.	Integração com o Google Calendar e diversas ferramentas da plataforma Google.

O objetivo deste capítulo foi entender as possibilidades e facilidades que podem melhorar consideravelmente a comunicação e o estreitamento das relações entre as equipes para alcançar o objetivo comum, que é o êxito.

39. Gestão de atividades

Alex Palermo
Queli Silva
Fabrício Gama

Ferramentas como forma de apoiar a facilitação com uma gestão colaborativa e *on-line*.

A decisão é sua!

Um grande desafio das equipes e empresas é escolher qual ferramenta usar para apoiar na facilitação da gestão de atividades. Este capítulo vai ajudá-lo a conhecer as mais usadas do mercado, tanto para um pequeno grupo quanto para um time grande.

Essa escolha costuma depender de quatro pilares:

- **Custo** – Normalmente, ferramentas de gestão de atividades possuem integrações, *labs* e complementos. Em seu piloto com a ferramenta, não considere incluir todas as suas jornadas e passos, a fim de entender se vai ser necessário adquirir complementos no decorrer do uso. Custos não planejados podem atrapalhar sua experiência e forçar você a mudar de ferramenta.
- **Integração** – Busque informações do que será necessário integrar para uma melhor experiência e uma ótima adoção e aderência. Exemplo: se sua empresa possui uma ferramenta de *chat* e comunicação, veja se há integração com ela.
- **Usabilidade** – Talvez este seja o mais importante dentro dos pilares. Busque ter empatia com o público. Você terá sucesso se conhecer o processo empregado por seus usuários e se a ferramenta for bem intuitiva para a realidade deles.
- **Posição no mercado** – Busque informações de empresas que utilizam a ferramenta e como ela está posicionada entre os líderes no seu segmento.

Ter ou não ter uma ferramenta? É obrigatório?

Para termos a gestão de atividades, se faz obrigatório ter uma ferramenta? A resposta é não! Por mais que existam diversas ferramentas com esse propósito, ainda é possível fazermos a gestão de nossas atividades (ou da equipe) sem uma ferramenta. Muitas vezes basta uma cartolina ou até mesmo uma parede livre, algumas notas adesivas e canetas para que o *setup* inicial já esteja garantido!

Contudo, uma ferramenta que faz a gestão das atividades pode ser uma grande aliada no seu dia a dia. Existem ferramentas para diferentes necessidades, configurações de organizações, público e orçamentos. Com uma ferramenta é possível ter histórico das atividades, associar uma atividade a uma pessoa ou time, visualizar informações sobre o andamento dela e até mesmo extrair métricas que vão auxiliar um gestor, facilitador ou o próprio time na tomada de decisão.

Essas métricas, inclusive, podem estar aderentes a diferentes formatos e metodologias de trabalho, como as ágeis e tradicionais. Imagine ter, de forma instantânea, atualizada e em tempo real, informações do time e do projeto, como métricas e gráficos para acompanhamento das atividades – por exemplo, um *Burndown Chart* ou um *Cumulative Flow Diagram* (CFD). Ter essas informações sem uma ferramenta adequada é possível, mas será uma tarefa muito mais onerosa de ser realizada.

Podemos listar alguns exemplos de ferramentas para a gestão de atividades: Jira, Azure DevOps, Asana, Trello, Planner e muito mais. Tenha sempre em mente os quatro pilares listados no início deste capítulo para ajudar na tomada de decisão sobre como escolher a melhor ferramenta para o seu cenário, ou até mesmo o não uso de uma.

A facilitação na prática

Quando necessitamos de rastreabilidade e histórico das entregas do time, podemos ter uma visão geral de cronograma ou *roadmap*.

Para o acompanhamento das atividades, é comum ouvir falar no quadro *kanban*. E ferramentas de gestão de atividades nos fornecem exatamente o que precisamos para facilitar nosso dia a dia: informações úteis sobre o progresso das atividades. Portanto, é importante e prático ter essa visão a qualquer momento, em tempo real (até mesmo na palma de sua mão, através de um *smartphone*).

Benefícios do uso de uma ferramenta!

Vamos listar a seguir resumidamente os principais benefícios do uso de uma ferramenta para a gestão das atividades (destacamos os mais efetivos para a facilitação):

- **Acompanhamento das atividades do time e do projeto.**
- Histórico das atividades já executadas ou descartadas.
- Criação e refinamento de *backlog* de atividades.
- Rastreabilidade das tarefas de suas histórias de usuário e de seus épicos.
- Ferramentas web são facilmente acessadas de qualquer lugar.
- **Colaboração remota e em tempo real.**
- Estimativa em formato de *game*.
- Extração de métricas importantes para o seu time/projeto, tais como:
    - *Burndown* e *Burnup*.
    - CFD.
    - *Velocity*.
    - Gantt;
    - *Throughput*.
    - *Lead Time* e *Cycle Time*.

40. Priorização estratégica

Rogério F. Roberto
Meire Helen Batista Dias

Apresentar estratégias colaborativas para facilitar processos de tomada de decisão ligadas a priorização de produtos, serviços e atividades.

Priorização estratégica é um tema extremamente relevante para as organizações, mas será que estamos fazendo a coisa certa? Será que estamos realmente priorizando o que precisa ser feito no momento certo e na ordem certa?

Temos falado sobre isso nos *workshops* em empresas e turmas abertas, assim como nos cursos que ministramos de pós-graduação. E em geral as pessoas entendem os conceitos e conseguem aplicar as técnicas que apresentamos. Mas aqui, para este livro, optamos por trazer uma reflexão fundamental antes de irmos para a apresentação das ferramentas.

Recentemente chegou até nós um artigo sobre o tema que é bastante interessante e que fala das razões para se priorizar o trabalho. Chama-se "3 basic (priorization) assumptions" (HAMMARBERG, 2018) e que pode ser livremente traduzido como "3 premissas básicas para priorização". Sua URL está nas referências bibliográficas. Como o próprio título sugere, o autor discorre sobre os três motivos básicos para priorizarmos os trabalhos, que são:

1. Todos fazem o seu melhor e continuam a fazê-lo.
2. Sempre há mais trabalho a ser feito do que temos capacidade para fazer.
3. Não sabemos o que funcionará melhor.

O artigo como um todo é bem bacana, mas se olharmos apenas para o tópico 2 já temos motivos mais do que suficientes para nos preocuparmos seriamente em priorizar adequadamente o trabalho a ser feito.

No dia a dia das organizações (e até no nosso mesmo), somos constantemente confrontados com situações nas quais precisamos fazer escolhas e tomar decisões.

A urgência do mundo complexo e altamente competitivo impõe a todos nós, executivos, gestores, membros de equipes, colaboradores e parceiros em geral, velocidade na tomada de decisão para: responder a uma necessidade; resolver uma dor ou um problema; ou simplesmente conter uma situação que está gerando perda financeira ou de imagem etc.

A escolha (e a aplicação) da técnica adequada de priorização pode acelerar e muito o processo de tomada de decisão e, dessa forma, minimizar os impactos do custo do atraso na resolução do problema ou na geração do benefício advindo de uma oportunidade.

Existem diferentes ferramentas com diferentes fins que, quando aplicadas no contexto correto, podem trazer os benefícios já mencionados.

Como exemplos de uso temos (de forma resumida):

- CD3 e WSJF, que focam no retorno sobre o investimento.
- MoSCoW, *Story Mapping*, Análise de Kano, que ajudam a encontrar o que gera mais valor para o cliente/negócio.
- *Hundred Dollar Method*, uma ferramenta de votação divertida que ajuda a avaliar ideias de forma lúdica e muito rapidamente.
- Matriz GUT, que ajuda a priorizar uma fila de chamados a serem atendidos.
- Matriz RUT, que ajuda a priorizar uma fila de melhorias ou novas *features* a serem implementadas.

Imagine uma empresa com objetivos estratégicos de crescimento e com muitas opções de criação de novos produtos: como saber qual é a melhor escolha, qual criar primeiro? Qual trará maior benefício para o cliente e para a organização? Ou, ainda, a partir de uma escolha, como definir o MVP?

Como foi dito antes, com a ferramenta certa você terá um guia, uma bússola, que vai ajudá-lo a entender o contexto para uma melhor tomada de decisão. Sim, importante lembrar que as técnicas dão um "norte", são guias, mas a decisão final é sua.

Você precisa ter um bom conhecimento de técnicas de priorização e do contexto da organização para direcionar o seu uso. A ferramenta certa no contexto certo ajuda a acelerar a tomada de decisão, enquanto o seu uso equivocado vai gerar um sentimento de falta de norte e desmotivação no grupo.

No nível estratégico é mais difícil conseguir agenda dos *stakeholders*. Por isso, a depender da técnica, o processo pode ser conduzido pelo escritório de projetos ou centro de excelência com apoio de um patrocinador executivo (*C-level*) que vai ajudar a organizar a agenda e transmitir o senso de urgência da atividade.

Afinal, importantes objetivos estratégicos estarão em pauta nas conversas para tomada de decisão sobre o melhor encaminhamento possível. Veja os resultados que podem ser alcançados com isso:

- Aumento de ROI em função da definição de melhor sequência de construção das soluções.
- Aumento na satisfação do cliente por escolher as *features* que mais agregam valor para ele.
- Um *backlog* de iniciativas que foi discutido e votado pelo grupo, representando mais fielmente as necessidades da organização.
- Uma lista de atendimento ordenada por Gravidade, Urgência e Tendência (GUT).

No nível estratégico, Donald G. Reinertsen (2009), o renomado autor de vários *best-sellers* na área de desenvolvimento de produtos, tem o seguinte conselho para a comunidade: "se você só puder quantificar uma coisa, quantifique o custo do atraso (*Cost of Delay*)". Por essa razão, vamos descrever aqui a técnica CD3 (*Cost of Delay Divided by Duration*):

- Identifique as demandas que deseja priorizar.
- Relacione, para cada demanda, o custo de atraso/período e a duração, sendo:
    - **Custo do Atraso:** benefício que se deixa de obter em função da não entrega no tempo.
    - **Duração:** período estimado para entregar o resultado (produto, épico etc.).
- Calcule o *score* de cada projeto (CoD/D). Veja na Tabela 40.1 como ficaria esse cálculo:

Tabela 40.1. Cálculo do *score* para aplicação do CD3. Fonte: os autores.

Projeto	CoD/Semana	Duração	*Score*
Projeto A	R$ 2.000,00	5 semanas	400
Projeto B	R$ 70.000,00	6 semanas	11.666,67
Projeto C	R$ 20.000,00	2 semanas	10.000

Segundo a técnica, a melhor sequência para entrega, visando a otimização do ROI, seria a sequência de projetos B, C, A, dado que o maior "*score*" indica a melhor ponderação encontrada.

41. Priorização tática/operacional

Juliana Acosta Zavata
Yuri Bilinski Escarião

Apresentar técnicas para facilitação de priorização tática/operacional, dentro do contexto de produtos, serviços e atividades.

Vivemos já há algum tempo no famoso mundo VUCA, já comentado em capítulos anteriores, onde "tudo" é importante hoje. Amanhã esse "tudo" deixa de ser importante e outro "tudo" toma a frente, não é mesmo?

A priorização em nível tático/operacional, dentro do contexto de desenvolvimento de produtos, entrega de serviços e execução de atividades, sempre foi importante. Mas agora ela se tornou algo fundamental – deve-se escolher não só o melhor investimento para o time, mas aquele que pode evitar uma grande perda.

Para maior eficiência na escolha e execução adequadas dentre as diversas técnicas de priorização de produtos, serviços e atividades em âmbito tático/operacional, a facilitação se mostrou uma grande aliada.

Priorização tática/operacional em gestão de produtos, de serviços ou de atividades é a maneira como é definida a ordem dos itens de um *backlog* para que os times possam selecionar e desenvolver as entregas de maior valor possível naquele momento, com base, por sua vez, na priorização estratégica comentada em capítulo anterior.

Ela ocorre em revisões frequentes, conforme alterações dos fatores externos. Essa priorização é tratada até como "*just in time*", conforme o "*Disciplined Agile*" do PMI (AMBLER; LINES, 2019): "a priorização é efetivamente realizada com base no "*just in time*", com a equipe escolhendo o item de trabalho mais importante no momento em que o puxa para ser trabalhado".

Além da relevância para a operação ou projeto, a priorização tática/operacional não é mais algo realizado somente na abertura de um ciclo, em um primeiro e único planejamento, mas uma ação perene, cíclica e contínua.

Nesse contexto, para maior eficácia, a escolha da técnica de priorização se tornou mais situacional, e assim surgiram e se popularizaram diversas técnicas, conforme cada contexto e objetivo desejado, principalmente trazidas pelos métodos ágeis.

Existem muitas técnicas para priorização tática/operacional, que podem ser escolhidas conforme o cenário e o objetivo desejados: MoSCoW (*must, should, could, won't*), Impacto x Frequência (do *Product Backlog Building*), Análise de Kano, *Story Mapping*, Valor x Risco x Esforço; WSJF (*Weighted Shortest Job First*), *Scorecard*/Matriz de Wiegers; Matriz GUT (Gravidade, Urgência, Tendência – para *backlog* de problemas); Agora/Agora não; entre outras.

Com tantas técnicas disponíveis e algumas já bem difundidas, como a MoSCoW, parece tentador que a priorização tática/operacional seja realizada sem a necessidade da facilitação de uma sessão ou *workshop* colaborativo, não?

Já imaginou o "Sr. PO" ou até o "Sr. Gerente" simplesmente definir sozinho a prioridade do trabalho que o time deve realizar? O resultado seria, no mínimo, baixo comprometimento e nenhum engajamento do time e de todos os demais envolvidos e interessados na execução. Sem falar que é muito difícil que um só indivíduo tenha todas as informações relevantes e necessárias para uma boa priorização.

Assim, a facilitação de sessões ou *workshops* de priorização tática/operacional também tem se mostrado de alto valor na eficácia de gestão de produtos, serviços e atividades.

Para realizar uma facilitação desse tipo, é necessário conhecer muito bem quais os fatores e medidas de sucesso do produto, serviço ou projeto/conjunto de atividades, além de se basear e manter alinhamento com a priorização estratégica, já discutida em capítulo anterior.

Conforme Scott Ambler e Mark Lines (2019), os principais fatores utilizados, sozinhos ou combinados, pelas diversas técnicas de priorização são: valor para o negócio (em valor monetário ou pontos), nível de risco, data máxima para implantação (ex.: por lei ou sazonal, como *black friday*), custo do atraso, emergência operacional, dependências e classes de serviço.

Além disso, com base nos passos recomendados por Roman Pichler (2020), veja como uma boa facilitação de um *workshop* colaborativo pode auxiliar na priorização de um *backlog* do produto:

1. **"Saiba para quem é o produto e por que ele será usado" e "descreva o resultado ou benefício que o produto deverá criar nos próximos meses"** – Neste primeiro passo, no planejamento inicial ou em revisões periódicas para alinhamento com o planejamento estratégico, pode ser utilizada uma facilitação de *Lean Inception* (CAROLI, 2018), para, de forma colaborativa e eficiente, definir o *backlog* do próximo MVP – base essencial para o início da priorização.
2. **"Remova todos os itens do *backlog* do produto que não colaboram para o resultado esperado e priorize os demais itens"** – Normalmente, após uma facilitação de *Lean Inception* o time precisa refinar o *backlog* de funcionalidades antes de começar o seu desenvolvimento. Após uma *Lean Inception*, esse refinamento pode ser feito de algumas formas, como, por exemplo, através do método de *Product Backlog Building* (PBB) (AGUIAR; CAROLI, 2021). Veja alguns pontos importantes que Caroli e Aguiar reforçam no seu guia sobre este método que, em nossa opinião, se aplica à facilitação de uma sessão de qualquer técnica de priorização:
   a) **Pré-evento:** quem será o facilitador (não necessariamente o *Scrum Master* ou o *Agile Coach*, mas principalmente alguém já acostumado a realizar *workshops* colaborativos), o tempo previsto de duração, garantir que todos os interessados participem (além do *Product Owner*).
   b) **Execução:** adequação da técnica de acordo com o contexto e a realidade do time e da organização, uso de ferramentas simples que viabilizem a democratização e o engajamento das pessoas, e incentivo à comunicação ativa de todos em todas as etapas.

Em complemento, lembrando que a priorização é algo cíclico e até mesmo "*just in time*", as técnicas de facilitação precisam prever essa "repetição" e conexão com o ciclo de vida do produto, serviço ou projeto, ou seja, uma facilitação de priorização raramente é a última.

Por fim, uma sessão de priorização tática/operacional é exemplo de um dos *workshops* colaborativos previstos em metodologias ágeis. Ela sempre estará envolta em complexidade, mas uma boa facilitação poderá torná-la simples e colaborativa, além de focar na vital entrega de valor.

42. *Energizers*

Juliana Spanevello Fitz Cainelli
Karla Karolina Cavalcanti de Lima e Silva
Raquel Rodrigues

Métodos e técnicas para energizar times e grupos de pessoas, dimensionar atividades e quantidade de energia necessária, medir a energia do grupo, criar pausas estratégicas.

Energizers são atividades descontraídas que geram movimento, proporcionam descontração e fomentam contato com as outras pessoas. São executados entre as atividades das reuniões quando você percebe que o grupo está com queda de energia.

A facilitação utilizando *energizers* ajuda a equilibrar a energia, quebrar as barreiras e gerar maior engajamento com os participantes (SOUZA, 2017).

Reuniões e *workshops* presenciais ou remotos podem ser mais eficazes quando os participantes estão entrosados e conseguem manter a energia e a sintonia. Para alcançar esse objetivo são utilizadas atividades rápidas que podem ser executadas para energizar a equipe e promover a integração do grupo.

Souza (2017) lista os principais benefícios de realizar o *energizer*:

- Quebra o gelo do ambiente fazendo com que fique descontraído.
- Diverte as pessoas.
- Energiza e motiva as pessoas.
- Melhora o entrosamento e o relacionamento interpessoal das pessoas.
- Promove a autenticidade nas pessoas.
- Desarma as pessoas.
- Quebra as barreiras entre as pessoas (nós as criamos por não conhecer alguém).
- Facilita o envolvimento entre as pessoas (para iniciar uma conversa).
- Cria um ambiente de aceitação, empatia, respeito, confiança, liberdade, diálogo, sinergia e compartilhamento.

Antes de uma reunião ou *workshop*, é necessária uma análise prévia das necessidades da atividade para selecionar métodos e processos claros que levem em consideração tempo e espaço para as atividades do grupo (MANIFESTO 55, 2018).

No decorrer da facilitação, a equipe vai passar por diversos momentos para expandir o nível de conhecimento, a colaboração, o compartilhamento e a participação. Portanto, é necessário saber o momento certo de realizar uma ação (SOUZA, 2018).

Como já foi mencionado anteriormente, normalmente o *energizer* é usado para facilitar a aproximação do grupo, em uma primeira etapa, e após determinadas pausas, a fim de retomar o ritmo.

É de extrema importância cuidar do espaço e do andamento da facilitação, intercalando conteúdos com experiências práticas e momentos de troca entre os participantes.

É possível encontrar diversas práticas na internet e em livros. A dica é ter conhecimento de diversas delas para aplicar a mais adequada para o time e para aquele determinado momento.

A seguir, listamos duas referências de práticas para você usar em suas facilitações:

- *Fun Retrospective*
- *Tool Box 360°*

É possível afirmar que os *energizers* mantêm a energia do time e ajudam a promover a colaboração e o engajamento, desde que aplicados de acordo com a necessidade daquele momento.

Energizer: eu vou para a lua

Trata-se de um *energizer* que trabalha escuta ativa e ajuda a engajar os participantes. Pode ser aplicado no início para gerar entrosamento ou no decorrer, quando a energia dos participantes estiver baixa. Esse *energizer* trabalha principalmente a escuta ativa.

Executando a atividade

Nessa brincadeira, os participantes têm que adivinhar o que pode ou não ser levado para a lua. O facilitador dá início falando "Meu nome é ____________________, eu fui para a lua e levei..." qualquer coisa que inicie com a letra do seu nome. Os seguintes terão de seguir o mesmo padrão de usar a primeira letra do seu nome. Por exemplo: "meu nome é Juliana, eu fui para a lua e levei um jacaré". Todos os seguintes devem fazer o mesmo – no entanto, eles não sabem que devem usar a primeira letra do nome. Após a pessoa dizer o que vai levar para a lua o facilitador diz se ela pode ou não levar. A pessoa só pode levar para a lua se for algo com a inicial do seu nome. A dica é fazer várias rodadas até que as pessoas percebam o padrão da primeira letra do nome.

43. *Kit* de ferramentas da Jornada

Jornada Colaborativa

Kit de ferramentas e modelos da Jornada para apoiar o processo de facilitação.

O papel do facilitador é fruto de um conjunto de competências, habilidades, atitudes, experiências, técnicas e ferramentas, existindo um sem-número de *templates* e modelos que podem ajudar nesse processo, como os *canvas*.

Dessa forma, consolidamos os principais *canvas* existentes no mercado, não nos limitando aos que foram citados neste livro, mas a outros que também foram mencionados nas demais obras da Jornada.

Acreditamos que o *kit* da Jornada Colaborativa, como estamos carinhosamente chamando esse conjunto de ferramentas, certamente irá ajudá-lo a enfrentar os desafios mais comumente encontrados no seu dia a dia.

- ***Lean Canvas*** – Visa dar mais ênfase ao *discovery* (descoberta) do problema, da dor do usuário, e não apenas à sua solução. Trata-se de um quadro esquematizado que permite uma melhor visualização, de maneira mais direta e muito mais enxuta.
- ***Business Model Canvas* (BMC)** – Permite desenvolver modelos de negócio em uma única página. É um mapa visual para a construção colaborativa desde o segmento de clientes, passando pela proposta de valor e pelas atividades, até os recursos e custos envolvidos.
- ***Canvas* da Proposta de Valor** – Ferramenta desenvolvida com o intuito de explorar ainda mais profundamente os desejos dos clientes, pois ter uma proposta de valor clara e eficiente é essencial para qualquer modelo de negócios.
- ***Team Canvas*** – Muito usado em processos de *team building* (formação e desenvolvimento de equipes), pois permite alinhar os participantes no mesmo propósito, resolver conflitos e criar uma cultura produtiva.

- **Mapa da Jornada do Cliente** – Para a visualização do caminho que um cliente percorre até atingir um alvo. Ele tem o objetivo principal de entender o "antes", "durante" e "depois" do usuário utilizar um serviço, para se pensar com empatia como o usuário se sente durante a experiência.
- ***Roadmap* do produto** – Plano que combina os objetivos do negócio, as necessidades e os desejos dos clientes em relação a um produto, bem como as tarefas necessárias para atingi-los. Trata-se de um roteiro para transformar em realidade as funcionalidades do produto.
- ***Project Model Canvas*** – Ferramenta visual capaz de conferir mais velocidade e flexibilidade ao gerenciamento de projetos, para a cocriação e para tornar o processo de planejamento mais eficiente, concentrando as principais informações de um plano de projeto em uma folha.
- ***Design Thinking Canvas*** – Não só atuando na otimização do tempo, mas também para obter mais sucesso nos resultados, trabalha com o desenho de soluções adequadas aos usuários. Foca na imersão, onde se estuda o problema, e na ideação, onde se buscam as potenciais soluções aderentes.
- **SWOT** – É um método de planejamento estratégico que engloba a análise de cenários para tomada de decisões observando quatro fatores: forças, oportunidades, fraquezas e ameaças. Com isso, é possível focar nos pontos que são necessários melhorar e ressaltar aqueles que já são fortes.
- **Persona** – Técnica usada para criar personagens fictícios que representam os diferentes tipos de usuários que poderiam utilizar uma solução de modo similar, sendo um método de segmentação de mercado.
- **Mapa de empatia** – Permite compreender cada segmento de clientes de forma visual, estabelecendo hipóteses claras a respeito de necessidades, comportamentos e outros atributos deles.
- **Matriz de priorização** – Ferramenta de fácil utilização e de simples entendimento que ajuda no processo de priorização das iniciativas organizacionais, com base no custo ou esforço *versus* o valor gerado para o negócio, agilizando as tomadas de decisão.
- ***Jobs to be done* (JTBD)** – Ferramenta para analisar as circunstâncias que levam os consumidores a querer comprar determinado produto ou serviço. Surgiu como uma forma de olhar para as suas motivações em ambientes de negócios.
- **OKR *Canvas*** – Para a definição de objetivos e resultados mensuráveis, com base na abordagem OKR, pode ser usado em processos de alinhamento e cocriação, assim como no acompanhamento diário e para facilitar o início da implementação dessa abordagem.
- **ARM *Canvas*** – Partindo de uma definição de um propósito claro para a área que cuida de pessoas, o ARM (*Agile Resource Management*) *Canvas* foca em

definir aspectos relevantes para uma experiência efetiva do colaborador, desde sua atração, passando pela retenção até a conclusão do seu ciclo com a saída da empresa.

- **PPT *Canvas*** – Visto no Capítulo 31, busca coletar as principais variáveis para ter um conteúdo e forma mais adequados ao contexto, ao público e à experiência de aprendizagem desejada, selecionando o que há de necessário e interessante. É distribuído em início, meio e fim.
- ***Event Canvas*** – Apresentado no capítulo 46, ele ajuda a relacionar os dados levantados junto aos alunos e à experiência do professor e permite o planejamento da aula, considerando as competências e habilidades que se quer desenvolver.

Todos esses *canvas* incríveis você pode encontrar no *kit* de ferramentas da Jornada Colaborativa. Acessando o QR Code:

Figura 43.1. QR Code de acesso ao *kit* de ferramentas da Jornada. (<https://facilitacao.jornadacolaborativa.com.br/kitferramentas>)

PARTE VI
BONUS TRACK (MUNDO ACADÊMICO E ESCOLAR)

44. Conexão com o mundo acadêmico e escolar

Luciana Soares da Silva
Erica Motta

Apresenta formas como a instituição e o professor podem facilitar o aprendizado por meio de métodos ágeis e metodologias ativas (discussão aplicada ao ensino superior).

O processo de desenvolvimento educacional

A coragem de mudança tanto de professores como alunos inicia-se por um paradigma real, formado pelo distanciamento entre a vida profissional e a vida acadêmica obtida nas universidades. Essa lacuna impede que na formação de professores, seja em instituições públicas ou privadas, agreguem-se a inovação e novas formas de ensino, ou, ainda, novas maneiras de transmissão de conhecimento.

Assim, a incorporação de habilidades práticas e conceituais pelos docentes permitirá não apenas um novo olhar para a carreira de professor, tutor ou instrutor, como também uma nova visão pelos quais os valores e reconhecimentos se tornam interessantes na transmissão do conhecimento.

Antonio Nóvoa (2017) exemplifica quatro características desse novo lugar"":

1. A primeira característica tem como palavra-chave o **ensino híbrido**, ou seja, a plena junção das teorias com os conceitos práticos, permitindo a interligação com as realidades distintas, seja do ponto de vista aluno x aluno ou ainda do professor x aluno, em muitos casos negligenciado no processo de aprendizado. Trata-se da perspectiva de uma facilitada profissionalização dos alunos, possibilitando uma melhoria do processo educacional e estimulando em caráter prático as individualidades de cada frente (educação x profissão). Cabe ressaltar que as formas tradicionais de ensino também permitem a profissionalização, ainda que em alguns casos por um caminho mais longo, dos envolvidos.

2. A segunda característica destaca-se pela **projeção do estudante para docente**, ou seja, a concretização da parte prática, desde que a teoria esteja entrelaçada aos conceitos objetivados no ensino, não eliminando as formas tradicionais de instrução. Trata-se de uma crítica à verticalização educacional, ou seja, a hierarquia comum entre aluno e professor, que impossibilita a visão aprofundada da experiência de conhecimento. Nóvoa (2017) defende a palavra-chave colaboração atrelada à construção de um caminho que seja sobretudo coerente e que trate todas as convergências existentes no processo educacional, e que principalmente permita a troca de conhecimentos contínua e necessária.
3. A terceira característica tem como principal foco a **criação de um novo espaço de conhecimento**, o qual realmente seja de integração fundamentada dos conhecimentos e não a simples somatória dos conceitos e práticas. O foco é a igualdade de tratamento dos alunos e dos processos de conhecimento, não se tornando "teorias vazias" educacionais, ou seja, puramente conceituais e sem aplicabilidade prática.
4. A quarta e última característica refere-se à **tríplice aliança**, ou seja, universidades, escolas e a integração da comunidade e da sociedade como forma de realismo para o processo educacional, já que se comprova que o docente influencia pessoas e seus entornos – assim, nada mais ideal que este esteja plenamente integrado à exposição e imersão real e vivencial das pessoas, independentemente de ensinos públicos e privados e inclusive estimulando o conhecimento das realidades por esses dois públicos.

Assim, Nóvoa (2017) busca, por meio das quatro características, dar realidade ao processo de formação de docentes/tutores, possibilitando ainda o desenvolvimento e fortalecimento de seres humanos.

Nesse sentido, o processo de aprendizagem deve se dividir em pilares que determinam a importância do processo integrador da metodologia ativa no processo da sala de aula, conforme ilustrado na Figura 44.1:

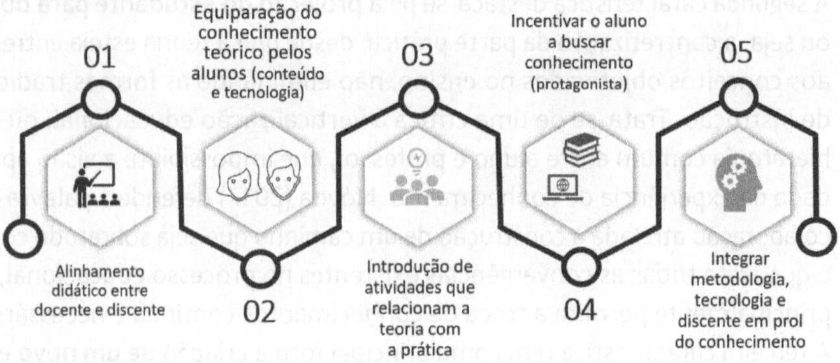

Figura 44.1. Pilares integradores da metodologia ativa em sala de aula. Fonte: os autores.

A aprendizagem ativa, por meio de uma forma de ouvir, falar, perguntar, ensinar ou, ainda, na interação para solucionar os problemas propostos torna o aluno ativo no processo de obtenção do conteúdo, que antes era exclusivamente passado pelo professor (BARBOSA; MOURA, 2013).

Cabe destacar que, neste mesmo livro, a Parte V dispõe de algumas sugestões de técnicas e ferramentas que podem ser utilizadas no processo de inserção da metodologia ativa na sala de aula.

Além das técnicas e ferramentas conhecidas, a seguir listamos as mais utilizadas no processo de educação superior:

- ***Hands on* ou mão na massa:** é a atuação por meio da interação do aluno de maneira criativa com o processo de aprendizagem e de conhecimento.
- **Gamificação:** é a interação da tecnologia na solução de problemas, ou seja, o jogo/brincadeira permite ao aluno o recebimento de recompensas ao longo das etapas conquistadas.
- ***Design thinking***: o foco é a solução de problemas reais usando não apenas a criatividade, mas processos e estratégias que permitem ao aluno a discussão e a junção da imaginação com conceitos teóricos.
- **Aprendizagem social:** divide-se não apenas no olhar do aluno e do professor/tutor na atenção, retenção, reprodução e motivação ao ensino e ao tema proposto. Buscam-se sobretudo a interação e o relacionamento entre os próprios alunos.
- **Aprendizagem baseada em problemas**: desde simulações a problemas reais, bem como o famoso aprendizado por meio do estudo de caso. Para Barbosa, Gontijo e Santos (2003, p. 6) não se trata apenas de um conhecimento prá-

tico ou profissional, mas o desenvolvimento de valores pelos alunos, como: "independência, responsabilidade, autoconfiança, entre outros".

- **Aprendizagem baseada em projetos:** considerado por alguns estudiosos como a evolução da aprendizagem baseada em problemas, permite uma melhor contribuição para a solução prática de um problema complexo.

A educação nos dias atuais

A construção de uma nova educação baseada nos princípios da psicopedagogia, para Barbosa (2001), refere-se a um processo de aprendizagem com transtornos e anseios, os quais pelas metodologias ativas permitem a concretização do aprendizado como forma mais pura e simplificada do conhecimento humano.

Nesse sentido, Silberman (1996, p. 83, *apud* RICHARTZ, 2015, p. 298) defende tal integração das partes como forma majoritária do conhecimento:

> *O que eu ouço, eu esqueço; o que eu ouço e vejo, eu me lembro; o que eu ouço, vejo e pergunto ou discuto, eu começo a compreender; o que eu ouço, vejo, discuto e faço, eu aprendo desenvolvendo conhecimento e habilidade; o que eu ensino para alguém, eu domino com maestria.*

Assim, a Figura 44.2 serve não apenas como resumo, mas como um olhar sobre as modificações necessárias e até mesmo desafiadoras para a real implementação do ensino com metodologias ativas por meio dos 3 As (aprendizagem, aprofundamento e atualmente), que permitem uma reflexão necessária ao processo educacional.

Dessa forma, o capítulo permite um olhar simplificado para as técnicas possíveis de metodologia ativa e o início de uma mudança do processo de aprendizagem não apenas na condução do ensino para docentes/tutores, mas, sim, uma integração às questões teóricas e práticas do aluno, em um processo de educação integrada 360 graus, seja presencial ou *on-line*.

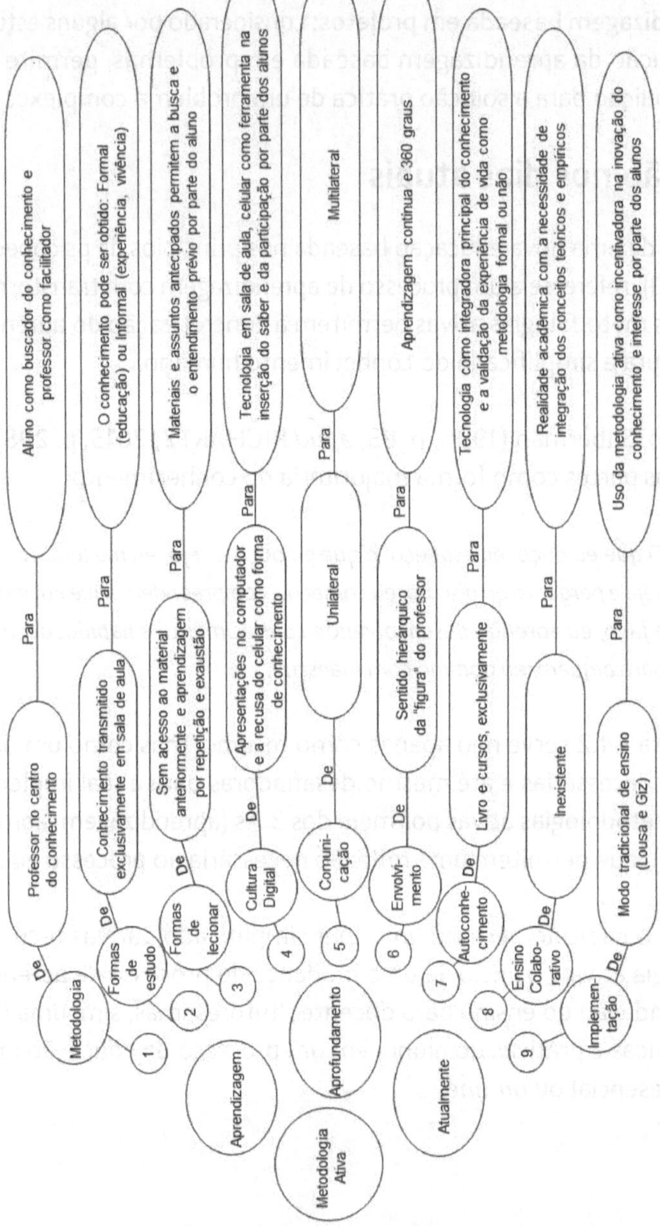

Figura 44.2. A metodologia ativa na visão dos 3 As. Fonte: os autores.

45. Experiência de aprendizado

Nathielly Campos
Reinaldo Viana

Apresenta o que se sabe sobre a UX do aluno e como o processo de facilitação interfere no seu desempenho.

Muitos de nós não tivemos a oportunidade de crescer com internet em casa. Para conseguir resolver os trabalhos do ensino fundamental, precisávamos ir às bibliotecas ou até a casa de um amigo que tinha enciclopédias ou livros similares.

A obtenção de conhecimento dependia do acesso aos melhores professores e recursos pedagógicos não digitais, tais como livros e revistas.

Hoje até uma criança que ainda não aprendeu a ler pode ter acesso a qualquer informação desde que consiga falar o que deseja para um mecanismo de busca. O papel do professor mudou radicalmente: deixou de ser a pessoa central detentora do conhecimento em sala de aula e passou a ser alguém que deve garantir que o aluno seja exposto ao conteúdo.

Porém, mais que isso, ele deve criar situações e atividades para que os alunos desenvolvam habilidades e competências que muitas vezes o próprio professor não possui.

Com a disseminação de celulares equipados com acesso à internet, os alunos podem conferir e expandir o conteúdo exposto pelo professor facilmente. Todo o conteúdo pode ser disponibilizado antes da aula, permitindo que os alunos já venham para a sala conhecendo o conteúdo do dia e desenvolvam atividades práticas junto aos seus colegas.

Neste capítulo buscaremos apresentar aspectos que interferem na **experiência de aprendizagem do aluno**. Faremos provocações para que cada um de nós (instituições de ensino superior, professores, facilitadores, recrutadores, sociedade) possamos observar o nosso papel nesse processo de ensino-aprendizagem.

Para facilitar o entendimento dos aspectos que interferem na experiência de aprendizagem de um aluno, compartilharemos um pouco de nossa experiência de muitos anos trabalhando no ensino superior. Nossos exemplos serão adotados no contexto do ensino-aprendizagem de adultos do ensino superior presencial, mas podem ser adaptados para alunos de outros níveis de escolaridade e modalidades de ensino.

Aspectos que interferem na experiência de aprendizagem dos universitários

Antes de falarmos sobre o processo de aprendizagem de universitários, gostaríamos de alinhar o que entendemos ser a **experiência de aprendizagem**. Para isso, vamos compreender o que é experiência do usuário (*User Experience* – UX).

A área de **experiência do usuário** (LAW; VAN SCHAIK, 2010; HASSENZAHL, 2001; WRIGHT; BLYTHE, 2007) apoia o entendimento de questões que podem contribuir para elevar a qualidade da experiência dos clientes (internos e externos) institucionais, o que corrobora com as tendências crescentes de melhoria e personalização dos serviços necessários para manter a competitividade. Sabe-se que envolve todos os aspectos da interação do usuário final com a empresa, seus serviços e produtos (NORMAN; NIELSEN, s.d.).

No contexto específico da educação superior, existem três principais atores envolvidos. São eles: o aluno (cliente externo que busca alguma certificação), o professor (cliente interno que facilita o processo de ensino-aprendizagem) e a Instituição de Ensino Superior (IES) (que disponibiliza a infraestrutura para que o serviço educacional seja entregue aos seus clientes).

A **experiência de aprendizagem do aluno** pode ser entendida como a "totalidade da interação de um aluno com a instituição" (TEMPLE, 1997).

Nesse ambiente, o aluno cursa disciplinas que são facilitadas por professores que, além de disponibilizarem conteúdos e atividades para os estudantes, são responsáveis por avaliá-los, geralmente através de trabalhos e provas. A IES, por sua vez, é a responsável por manter a infraestrutura necessária (sistemas que servem como uma ponte entre esses atores: salas de aula, ar-condicionado, quadro, canetas etc.) e suportar seus clientes (alunos e professores).

As expectativas dos alunos sobre seu curso são influenciadas por experiências anteriores e pelas ações dos professores (GILBERT; MORTON; ROWLEY, 2007). A IES não pode controlar a vida pregressa (antes de entrar na graduação) do aluno, mas pode contribuir para que sua jornada acadêmica seja especial e sua experiência de usuário referente ao serviço educacional prestado seja a melhor possível.

Por exemplo, uma IES pode buscar entregar uma boa infraestrutura (acesso à internet, laboratórios bem equipados, espaços de convivência) e pode capacitar seus docentes para não apenas "facilitar" o conteúdo de suas disciplinas, mas também, como principal ponto de contato junto ao aluno, que o apoie para que este avance em sua jornada acadêmica tendo um processo de ensino-aprendizagem o mais personalizado possível.

O pesquisador Rob Jones (JONES, 2018) amplia essa visão quando aponta outros aspectos relacionados com a experiência de aprendizado dos alunos universitários (Figura 45.1): a preparação para a vida antes da graduação, a expectativa anterior à universidade, o processo de transição do aluno do ensino médio para o ensino superior, os grupos de amigos, o *background* social, o programa do curso, as atividades extracurriculares.

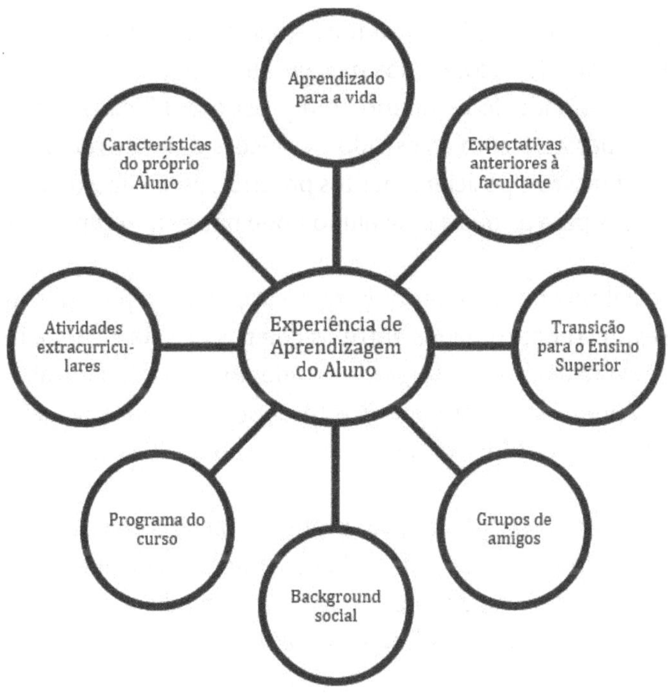

Figura 45.1. Aspectos que interferem na experiência de aprendizagem. Fonte: adaptado de Jones (2018).

Vários alunos de graduação são os primeiros de sua família a cursar o ensino superior. Isso significa que muito provavelmente não conhecem os desafios que encontrarão nesse novo ambiente. Além disso, é comum que alguns alunos tenham expectativas sobre sua jornada em seu curso de graduação ou sobre o exercício de sua profissão, desalinhadas com sua formação.

Esses fatores podem ser uma surpresa para alguns ou mesmo contribuir para a evasão. Nesse contexto, o professor, como facilitador e interface contínua entre o aluno e a IES, pode elucidar dúvidas, encurtar caminhos, apresentar oportunidades; ações que podem remover impedimentos ao longo da caminhada desse aluno em sua vida acadêmica.

Alguns alunos que entram na graduação logo após concluir o ensino médio sentem diferenças entre essa fase e a vida de universitário. Mesmo que as universidades entreguem apoio psicopedagógico, no ensino médio os alunos são tratados como estudantes adolescentes. Existe um acompanhamento mais de perto de suas atividades e resultados. Isso às vezes acontece não apenas na escola, mas também em casa, com seus responsáveis.

Quando chegam na graduação, os alunos, em sua maioria, já estão na fase adulta. O acompanhamento da escola e dos pais geralmente passa a ser mais distante, a depender da maturidade do estudante. Mais responsabilidades aparecem: estágio ou trabalho em paralelo com os estudos, a necessidade de realizar trabalhos que envolvem mais análises e posicionamentos próprios, gerir sua vida financeira e social sozinho; situações para as quais esse aluno pode não estar preparado.

O convívio social no ensino superior é muito importante para que as conquistas e os desafios sejam compartilhados entre os colegas de sala e curso. Isso amplia não apenas a rede de relacionamento para entrada no mercado de trabalho, mas também acelera o aprendizado dos conceitos (próprio da ementa de cada disciplina) e o aprendizado experiencial (permitindo que o aprendiz reflita sobre o que faz).

As atividades em grupo propostas pelo professor facilitador ocupam um papel central na formação do aluno, elevando o bem-estar emocional e permitindo que ele desenvolva habilidades e competências que serão aprendidas mais facilmente a partir da interação com outros colegas (BROOKS, 2007).

À medida que os alunos começam a passar pelas disciplinas, as experiências e percepções resultantes dessas vivências podem ampliar a autoconfiança e o sentimento de pertencimento. Isso favorece o processo de transição acadêmica (como estudante) para a fase profissional (egresso inserido no mercado de trabalho).

Os professores, dependendo da forma como conduzem e aplicam as estratégias de ensino, podem impactar a formação e o desenvolvimento pessoal dos alunos tanto positivamente quanto negativamente. Esse efeito pode ser oriundo tanto das interações resultantes das atividades formais (de ensino e aprendizagem) quanto das informais (na forma como interagem com os alunos) (WINGATE, 2007).

Todos esses aspectos podem promover a empatia com a vida acadêmica ou um estado de alienação, ocasionando distanciamento. Não cabe ao professor ou ao gestor acadêmico obrigar os universitários a se envolverem em sua vida acadêmica.

O aluno possui o direito de escolher qual trajetória cursar. Os fatores que moldam o indivíduo, como histórico socioeconômico, gênero e etnia, também influenciam a disposição do aluno de se engajar ou se afastar da universidade, dependendo da sua experiência estudantil.

A própria IES passa a ter um papel fundamental, com o potencial de transformar a realidade desse aluno. Isso ocorre quando ela escolhe criar um ambiente em que sua infraestrutura de apoio discente considera quem é esse aluno (suas origens, sua condição socioeconômica, suas deficiências acadêmicas).

Assim, ela pode eliminar os impedimentos com potencial de limitá-lo em sua jornada estudantil. A vida pregressa do aluno pode fazer parte da cultura institucional.

Um exemplo seria a oferta de aulas de reforço de português e matemática, opcionais, para alunos que não tiveram um ensino mais robusto antes de entrar na graduação. O próprio currículo do curso pode ser elaborado para apoiar os alunos considerando a "lacuna assustadora" que possa existir entre eles (KAHU; NELSON, 2018). Criar alternativas para que todos os alunos possam desenvolver novas habilidades e capacidades é fundamental.

Como a facilitação pode contribuir para uma melhor experiência de aprendizado?

Aprender assuntos que não dialogam com nossa realidade atual e com nossos projetos futuros pode ser um desafio tão maçante que o sonho da graduação pode se tornar impossível para alguns alunos.

Imagine como teria sido diferente sua jornada estudantil se os seus professores considerassem mais as suas preferências de estudo. E se você pudesse aprender em sala de aula (presencial ou virtual) de maneira divertida? E se os exemplos dados pelos seus professores estivessem relacionados com a sua realidade? Seria mais prazeroso investir seu tempo nos seus estudos?

Nos capítulos anteriores, diversas estratégias, metodologias e técnicas foram citadas e podem ajudar professores a rever suas práticas e seus recursos pedagógicos. Esses recursos utilizados em processos de facilitação podem ajudar a diminuir as frequentes queixas dos alunos: "por mais completo que seja o currículo do curso, quando nós procuramos por uma oportunidade de trabalho, o que vemos em sala de aula não é suficiente para termos as habilidades e as capacidades que as vagas do mercado exigem de nós".

Se o aprendizado puder ser misto, tão conceitual quanto vivencial, os alunos, mesmos os menos experientes, já chegam no emprego podendo demonstrar que já vivenciaram atividades exigidas no mercado.

Os professores podem utilizar técnicas de facilitação para:

- Conhecer melhor o estado atual dos alunos a fim de adaptar seu plano de aula (Capítulo 46) e as atividades de forma que os alunos possam aprender e interagir melhor. Para isso, pode utilizar técnicas de *check-in* (FUN RETROSPECTIVES, s.d.) e de *energizer* (FUN RETROSPECTIVES, s.d.) para avaliar qual dinâmica se encaixa melhor no momento dos alunos.
- Mapear competências (MANAGEMENT 3.0, s.d.) que os alunos possuem ligadas às suas disciplinas para verificar os pontos que mais precisam de atenção. Também pode ser útil para dividir a turma em times possibilitando a mistura de pessoas experientes e inexperientes no mesmo grupo. Assim, você pode favorecer e ampliar as habilidades e capacidades atuais de todos os participantes.
- Na hora de construir times, incentive os seus alunos a escolher os componentes do grupo racionalmente, não apenas por amizade. Esse ensinamento será extremamente útil no ambiente de trabalho, em posições de liderança.

Existem diversas técnicas interessantes que eles podem aprender em sala de aula (FUN RETROSPECTIVES, s.d.).

- Ao final de uma aula, ou de um tema, utilize *games* para que os alunos brinquem de testar seus conhecimentos. Existem várias aplicações úteis para essa finalidade (KAHOOT, s.d.; PLICKERS, s.d.). Faça retrospectivas (FUN RETROSPECTIVES, s.d.) e *check-out* (FUN RETROSPECTIVES, s.d.) a cada aula. Aprenda com os alunos quais melhorias você pode implementar para dialogar melhor com eles.

Discussões finais

Este capítulo buscou chamar a atenção da comunidade acadêmica e das lideranças corporativas para o fato de que cada pessoa possui uma história e um conjunto de habilidades e capacidades potencialmente úteis e que podem ser aprimoradas pelos seus líderes.

A experiência de aprendizado é melhor à medida que necessidades, preferências, cultura e crenças pessoais do aprendiz são consideradas.

Seja em sala de aula ou no contexto corporativo, os líderes podem contribuir para que as pessoas se desenvolvam sem julgá-las ou discriminá-las, e sim considerando o crescimento que pode ser coletivo se houver planejamento e escuta ativa.

Ter a capacidade de ouvir as pessoas e conhecer suas necessidades de aprendizado e dificuldades para além da sala de aula (ou ambiente de trabalho) são aspectos que podem direcionar a gestão do trabalho de forma mais efetiva.

As expectativas dos alunos sobre seu curso são influenciadas por sua experiência anterior (GILBERT; MORTON; ROWLEY, 2007). A IES possui o importante papel de entregar um currículo adequado às diretrizes do Ministério da Educação, mas, também, que seja interessante e que promova chances de maior empregabilidade e, por consequência, mobilidade social.

No próximo capítulo apresentaremos aspectos que você deve considerar durante o processo de facilitação de aulas, levando em conta a experiência do aluno. A facilitação em sala de aula é mais do que a utilização das técnicas a ou b. São recursos para que as vozes dos alunos sejam ouvidas.

Os resultados obtidos vão para além da conquista de um diploma ou de resultados corporativos alcançados. Impacta o desenvolvimento da sociedade como um todo em múltiplos aspectos. Quando impactamos uma vida, quantas outras serão beneficiadas?

46. Facilitação de aulas

Nathielly Campos
José Hélio Ferreira da Costa
Karla Karolina Cavalcanti de Lima e Silva
Reinaldo Viana

Dicas práticas para facilitar aulas presenciais e virtuais.

Saber facilitar uma aula é um diferencial quando estamos em uma posição de liderança – seja como facilitador de um time, como professor em uma sala de aula, ou, quem sabe, como um palestrante convidado que deve compartilhar algo que agregará valor para um grupo de pessoas.

Este capítulo apresenta um ponto de partida para você planejar e realizar aulas mais práticas e alinhadas aos interesses dos aprendizes. Acreditamos que o processo de aprendizagem deve ser um processo ágil (adaptativo) e que entregue o valor esperado para as partes interessadas, principalmente para o aprendiz (que está investindo seu tempo e seus recursos para ampliar seus conhecimentos e habilidades atuais) e para o patrocinador, que é interessado no sucesso do aprendiz.

Buscaremos apresentar exemplos necessários para você planejar, realizar, avaliar e evoluir suas aulas.

Para isso, é preciso alinhar...

Uma aula pode ser entendida como um esforço realizado para alcançar objetivos predefinidos, em um espaço de tempo limitado, e envolve pelo menos um facilitador e um grupo de aprendizes.

No contexto acadêmico, o facilitador é o professor e os aprendizes são os alunos.

No contexto empresarial, o facilitador é o instrutor (que pode ser um colaborador interno ou um prestador de serviço externo) que atua como multiplicador e os aprendizes são os colaboradores participantes do treinamento.

Toda aula possui três fases: pré-aula (antecede o início da aula), aula (momento em que a aula ocorre) e pós-aula (período posterior à aula). O trabalho do professor não começa no início da aula nem termina quando a aula finaliza. Diversas atividades devem ser realizadas nesses diferentes momentos.

Neste capítulo, utilizaremos um exemplo do uso da facilitação em uma aula da disciplina "Métodos Ágeis", presencial, em um curso de graduação na área de Tecnologia da Informação (TI). Exemplificaremos atividades que podem ser realizadas para você adaptar suas aulas às preferências da turma.

Ser professor hoje em dia

Muitos de nós, durante a maior parte da nossa vida escolar, aprendemos de forma mais expositiva: o professor falava e nós aprendíamos escutando a mensagem apresentada. Fazíamos exercícios e provas individuais e algumas vezes realizávamos trabalhos, individuais ou em grupo.

Ao longo da nossa jornada acadêmica, desde o ensino infantil, vivenciamos um processo de aprendizado que valorizava a demonstração da capacidade de armazenamento e recuperação de informação, essencialmente por meio das provas. Com a chegada do Google e de todos os recursos de Recuperação da Informação (RI), permanecer predominantemente nesse modelo de ensino-aprendizagem ainda parece fazer sentido?

Para resolver os problemas multifacetados do nosso cotidiano, em muitos casos precisamos trabalhar em equipe e colocar nossos recursos individuais internos (habilidades e competências) e externos (informações disponíveis, relacionamentos pessoais que temos etc.) à disposição do time e, por consequência, da organização. Cada vez mais somos avaliados pelo que sabemos fazer e não pelo que dizemos saber (títulos).

Nesse contexto, em que o ambiente de trabalho demanda resolução de problemas em times, aprender a facilitar é uma atividade de liderança pessoal necessária para resolver problemas complexos de modo colaborativo.

Como as instituições de ensino podem desenvolver seus alunos permitindo que tenham contato com o conteúdo de sua disciplina e ao mesmo tempo criando um espaço para os aprendizes colocarem a mão na massa e em equipe? Facilitar em vez de expor um contexto pode ser um caminho.

Em termos práticos, o que devo saber para facilitar uma aula?

Para facilitar uma aula é importante que, minimamente, você conheça o conteúdo planejado e tenha experiência/vivência em torno do assunto.

Por exemplo, se você for convidado para ministrar uma aula em uma turma de alunos de uma faculdade privada, procure conhecer o escopo da disciplina. Você pode fazer isso conhecendo o plano de ensino e o plano de aula.

O **plano de ensino** descreve minimamente os objetivos, o conteúdo programático, os procedimentos metodológicos e atitudinais, as bibliografias obrigatórias e complementares, e o que será trabalhado em cada aula (**plano de aula**).

Toda aula deve ser planejada, para que as atividades desenvolvidas possam produzir os resultados pretendidos.

A seguir, temos um exemplo de plano de aula. Ele serve de guia para que qualquer professor saiba o conteúdo envolvido e os resultados planejados. Em termos práticos, na maioria das vezes, o facilitador pode ter a flexibilidade de desenvolver atividades quaisquer para apoiar o aprendiz a alcançar os resultados planejados, mesmo que isso envolva apresentar conceitos mais primitivos que, porventura, o aprendiz não recorde.

O professor pode decidir avançar com o conteúdo porque os aprendizes já dominam o assunto ou manter o assunto da aula anterior caso a turma esteja com alguma dificuldade. A flexibilidade é sempre um fator importante para conseguir não apenas alcançar os resultados planejados, mas também para entregar a melhor experiência de aprendizado para o aprendiz, conforme já apresentado no Capítulo 45.

Tabela 46.1. Exemplo de plano de aula. Fonte: os autores.

Aula: 48 **Tema:** Facilitação de Aulas **Créditos:** 4h	
Objetivo Geral:	Apresentar um conjunto de atividades e dicas práticas para facilitar aulas presenciais e virtuais.
Objetivos específicos:	– Explicar os principais conceitos envolvidos no processo de facilitação de uma aula. – Apresentar as partes interessadas envolvidas e seus papéis. – Realizar dinâmicas para que os alunos possam aprender técnicas de facilitação.

Metodologia de ensino:	A cada dinâmica os alunos serão informados sobre o objetivo e como a atividade será realizada. Ao final da atividade, o professor perguntará aos alunos em quais casos cabe a utilização da dinâmica realizada. O professor apresenta o conteúdo envolvido a partir dos aprendizados apresentados pelos alunos. Arquivos de apoio serão compartilhados no diretório da turma.
Conteúdo:	1. *Check-in: Draw your feelings* 2. *Check-in: One Word* 3. *Energizer: Shock Wave* 4. *Energizer: Fun Fact* 5. *Energizer: The ball asks* 6. *Check-out: One Word*
Procedimentos:	– Disponibilizar PPT por e-mail uma semana antes da aula. – Convidar o aluno por e-mail a ler o material da próxima aula assim que este for liberado. – Apresentar o conteúdo teórico seguindo o PPT da aula, intercalando o conteúdo com dinâmicas para desenvolver as habilidades planejadas.
Habilidades desenvolvidas:	– Condução de um processo de *check-in*. – Executar duas atividades exemplificando um processo de *energizer*. – Condução de um processo de *Check-out*.
Recursos para aulas presenciais:	– *Data Show* – Canetas para quadro branco – Diretório virtual da disciplina
Recursos para aulas virtuais:	Disponibilizar no LMS Moodle os seguintes arquivos: – 48.ppt: apresenta o conteúdo no formato de *slides*. – 48 – Facilitação de Aulas.mp4: apresenta o conteúdo no formato de vídeo. Obs.: Saiba mais sobre LMS logo mais à frente, no Capítulo 49.
Bibliografia:	– <https://www.funretrospectives.com/> (FUN RETROSPECTIVES, s.d.) – <https://www.mural.co/templates/event-canvas> (MURAL, s.d.) – Aula 48.ppt disponibilizada no diretório do curso

Não basta apenas conhecer o plano de aula (Tabela 46.1). É importante saber quem é este aluno: quais são suas principais dificuldades (dores), necessidades, expectativas e conhecimentos preexistentes em torno do assunto. Isso permite considerar e dar direcionamento a quais abordagens, técnicas e recursos podem ser mais aceitos na sala de aula. Se ignorarmos o aluno e as questões que ele traz consigo, ele pode não se sentir atendido e quem sabe nem enxergar valor em participar da aula.

Dicas:

- **Na primeira aula, faça uma dinâmica para conhecer o nível dos alunos quanto ao escopo da disciplina. Veja um exemplo de atividade de diagnóstico rápido Tabela 46.2.**
- **Se preciso, realize dinâmicas para conhecer o nível da turma cada vez que mudar o tema que estiver sendo discutido.**
- **Você pode tratar cada aula como um evento. Utilize o *Event Model Canvas* como *template* alternativo para planejar suas aulas.**

Nesse contexto, a Figura 46.1 traz uma abordagem visual para você rapidamente fazer um mapeamento de quais experiências e dificuldades seus alunos possuem em relação ao tema da aula. É recomendado que você faça esse levantamento pelo menos uma aula antes.

Se não for possível fazer um mapeamento prévio, você pode fazer um diagnóstico rápido no começo da aula. A Tabela 46.2 apresenta uma estratégia para você identificar as pessoas mais ou menos experientes no tema da aula. Não há impeditivos para você realizar as duas atividades nos diferentes momentos citados.

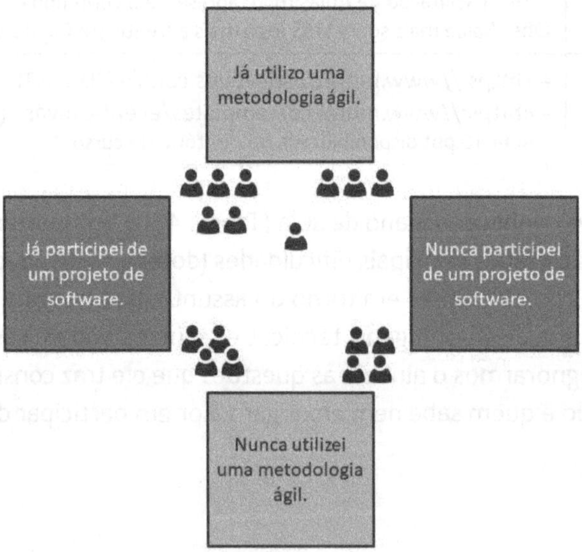

Figura 46.1. Estratégia para identificação de experiências entre os alunos. Fonte: os autores.

Tabela 46.2. Diagnóstico rápido durante a aula. Fonte: os autores.

Objetivo da atividade: fazer rápido diagnóstico sobre o nível de experiência no assunto da aula.

Preparação: selecione dois temas da aula sobre os quais você deseja conhecer o nível de experiência da turma. Em uma folha de tamanho A4, substitua os temas "projeto de software" e "metodologia ágil" pelos temas que você vai trabalhar. Cole as folhas A4 na parede, seguindo o exemplo da figura 46.1.

Execução: peça aos alunos que se posicionem em qualquer lugar da sala que represente seus conhecimentos. Deixe claro que ninguém perde nada com a atividade. Serve para você compreender como pode direcionar as atividades e a formações de times.

Como analisar: neste cenário, três pessoas nunca participaram de projetos de software nem utilizaram metodologias ágeis; quatro pessoas já participaram de projetos de software, porém nunca utilizaram metodologias ágeis; quatro pessoas conhecem os dois temas aferidos; uma pessoa já utilizou metodologia ágil e participou de projeto de software de maneira pontual ou não se sente tão experiente nos temas... e assim por diante.

Resultados esperados: diagnóstico rápido sobre como os alunos percebem suas experiências nos temas.

O Event Canvas[2] pode ser acessado pelo link <https://www.canvasgeneration.com/canvas/event-canvas> (CANVAS GENERATION, s.d.) ou pelo QR Code a seguir. Ele ajuda a relacionar os dados levantados junto aos alunos e a experiência do professor com essa turma. Permite o planejamento da aula, considerando o conteúdo programático (conceitos) e as competências e habilidades que se quer desenvolver.

Figura 46.2. QR Code para o Event Canvas.

Durante a aula, as atividades planejadas devem ser realizadas. Você pode, ao longo da aula, pedir aos alunos que, a qualquer momento, registrem *insights*, o que funcionou legal, e até destacar pontos que poderiam ser adotados em uma próxima aula (com outra turma).

2 Se quiser utilizá-lo em ambiente remoto, utilize este link: <https://www.mural.co/templates/event-canvas>.

Você pode utilizar um quadro parecido com o que criamos para exemplificar a atividade. Veja a Figura 46.3. Os últimos dez minutos da aula podem ser separados para você conduzir uma retrospectiva socializando as percepções da turma.

Após a aula, medite sobre *feedbacks* compartilhados. Atualize seu plano de aula para que, em uma próxima oportunidade, sua aula esteja ainda mais aprimorada e você saiba ainda mais como entregar uma melhor experiência de aprendizagem ao seu aluno.

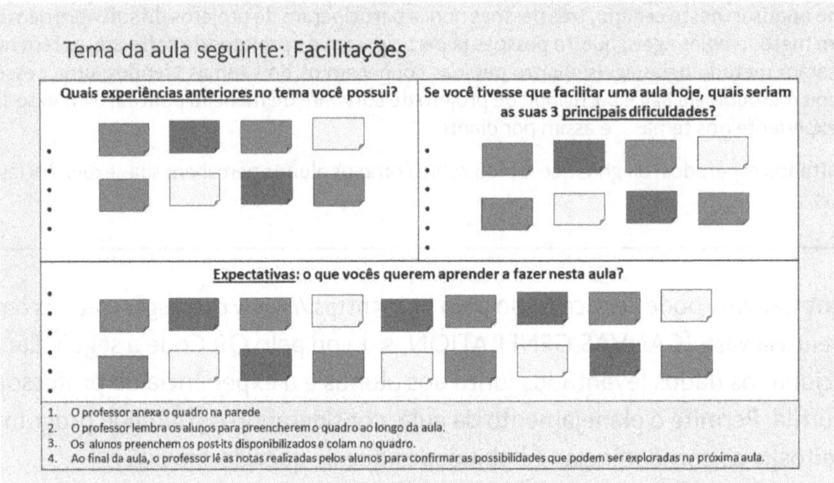

Figura 46.3. Experiências anteriores e expectativas dos alunos. Fonte: os autores.

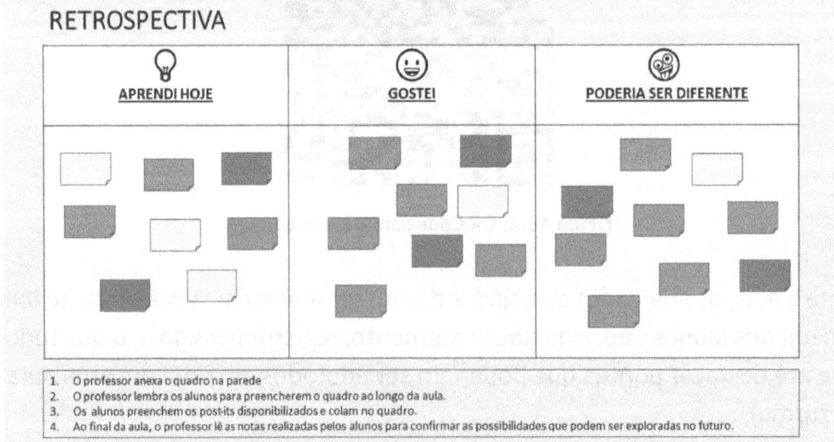

Figura 46.4. Exemplo de Retrospectiva. Fonte: os autores.

Considerações finais

Destacamos a seguir algumas dicas que aprendemos ao longo de nossa experiência como docentes no ensino superior.

- **Antes da aula:** conheça o plano de aula e identifique com seus alunos os conhecimentos prévios sobre o assunto. Descubra o que eles querem aprender. Adapte a atividade aos interesses da turma.
- **Durante a aula:** aproveite as atividades colaborativas para incentivar que as pessoas compartilhem seus pontos de vista sobre o que está acontecendo. Ao final, a retrospectiva será mais rica.
- **Encerramento da aula:** realize uma atividade de *check-out* para que a turma possa desacelerar e compartilhar seus sentimentos e visões sobre a aula.
- Cada aprendiz possui suas preferências e objetivos com sua aula. Se alguém não quiser participar de alguma atividade, respeite a posição do aprendiz.
- Deixe claro o objetivo de cada atividade que está realizando antes de começá-la. Algumas pessoas somente se engajam em uma atividade se conhecerem o objetivo da tarefa que precisam realizar.
- Faça um fechamento para cada atividade realizada. Reforce qual foi o objetivo da atividade, reforce os conceitos aprendidos e permita que os alunos compartilhem suas experiências e dúvidas. Aproveite esse momento para obter *feedbacks* de aprimoramento da atividade e de sua forma de conduzir a dinâmica.
- As pessoas possuem diferentes formas de se expressar e podem não ser receptivas às atividades. Respeite o espaço do seu aluno.

Esperamos que tenha gostado. Compartilhe conosco seus resultados.

47. Sala de aula invertida

José Hélio Ferreira da Costa
Cacilda Andrade

O potencial dessa abordagem como forma de facilitar o envolvimento dos alunos.

A estratégia de ensino de sala de aula invertida, ou, em inglês, *flipped classroom*, que é uma das metodologias ativas de aprendizado, ganhou notoriedade por meio dos professores norte-americanos Jonathan Bergmann e Aarom Sams durante o ano de 2007.

Contudo, vale ressaltar que esse conceito é mais antigo: em meados de 1990 já havia alguns autores escrevendo materiais relacionados a esse tema. Beck (2016) enfatiza que um dos principais evangelizadores do tema foi o professor holandês Eric Mazur (Harvard). Segundo ele: "os alunos deveriam estudar o conteúdo antes da aula, através de apresentações, aulas *on-line*, vídeos, áudios, leitura de livros, jogos, entre outros".

> *A sala de aula invertida (ou flipped classroom) também é considerada uma estratégia com potencial para a aprendizagem ativa do estudante. Nesta, os aprendizes têm acesso aos conteúdos on-line previamente à aula propriamente dita. Dessa forma, o professor otimiza o tempo de sala de aula e pode apresentar atividades capazes de engajar os estudantes de forma mais profunda. Além dessa vantagem, o aluno também poderá ter acesso aos assuntos estudados de forma diversificada, por meio de vídeos, animações, imagens, textos, chats, fóruns, entre outros recursos, o que, possivelmente, torna seu aprendizado mais instigante (BARBOSA, 2020).*

Schmitz e Reis (2018) já enfatizam que a sala de aula invertida ou *flipped classroom* é um modelo que tem chamado a atenção de vários pesquisadores e profissionais da área de educação, pois tem suas origens no modelo de ensino híbrido (*blended learning* ou *b-learning*) e pode potencializar novas abordagens nas práticas de ensino, especialmente no ensino superior.

O ensino híbrido pode ser compreendido como "uma combinação dos recursos e dos métodos usados face a face e *on-line*, com a qual se procura tirar partido das vantagens de qualquer um dos dois sistemas de aprendizagem" (MIRANDA, 2005, p. 48).

Essa estratégia propõe uma quebra de paradigma, colocando o aluno como protagonista de seu processo de aprendizagem e deixando o professor em um papel de facilitador desse processo – posição essencial, já que é responsável por toda a seleção e preparação de conteúdo antecipado. Na Figura 47.1 pode-se observar a diferença de visão entre esses dois modelos de ensino.

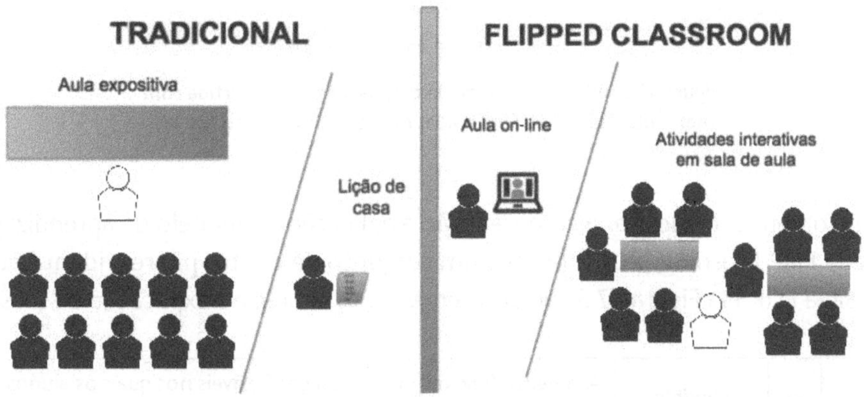

Figura 47.1. Diferença entre ensino tradicional x *flipped classroom*. Fonte: UFJF (s.d.).

No modelo de ensino tradicional, com aulas expositivas, o professor era visto como a figura central, detentora de um vasto conhecimento que seria disseminado para os alunos ao longo das aulas previstas no cronograma do curso.

Com a sala de aula invertida, ocorre a inversão dos papéis de protagonista e coadjuvante no processo de aprendizagem. A Figura 47.2 busca explicar os novos elementos que farão parte desse contexto, conforme retratado, como uma preparação e trabalho prévio para que durante a aula o foco seja mais no esclarecimento do que na explicação do assunto, já que este deve ter sido entendido. Importante também é avaliar esse processo através de revisão e atividades complementares quando for o caso.

Figura 47.2. Integração do modelo da sala de aula invertida com metodologias ativas. Fonte: adaptado de Schmitz; Reis (2018).

Com o objetivo de facilitar a compreensão e aplicação do modelo de aprendizagem ativa, a FLIP Learning (2014) propôs um conjunto de quatro pilares, identificados pela sigla FLIP. Na Figura 47.3 são apresentados os pilares e a explicação de tal sigla.

Pilares da aprendizagem invertida			
	F	*Flexible Environment*	**Ambiente flexível** – Criar espaços flexíveis nos quais os alunos decidem como, quando e onde irão aprender, flexibilizando a sequência de aprendizagem de cada estudante.
	L	*Learning Culture*	**Cultura de aprendizagem** – No modelo convencional, a fonte principal é o professor; na abordagem invertida a responsabilidade passa a ser do aluno.
	I	*Intentional Content*	**Conteúdo dirigido** – Educadores pensam em como usar o modelo para ajudar alunos na compreensão dos conteúdos, mas eles devem fazer o acesso por conta própria.
	P	*Professional Educator*	**Educador profissional** – É mais exigente e é continuamente demandado, fornecendo *feedback* imediato em aula e avaliando o trabalho de cada aluno. Conecta-se com outros facilitadores, aceita críticas e tolera o caos controlado em aula.

Figura 47.3. FLIP – Pilares da aprendizagem invertida. Fonte: adaptado de FLIP Learning (2014).

Entende-se que a principal barreira a ser superada para a aplicação da aprendizagem ativa é o 'fator cultural', pois em sua maioria os alunos vêm de contextos nos quais as aulas são quase totalmente em formato expositivo, levando a um imenso 'choque cultural' ao serem inseridos nesse novo contexto no qual não terão todas as informações entregues diretamente nas aulas pelo professor.

Recebem todos os conteúdos em diferentes formatos e precisam consumi-los antes das aulas para estar preparados para as discussões e demais atividades interativas em sala.

No *case* 1, descrito a seguir, está exposto um relato do autor José Hélio Ferreira da Costa, que aplicou pela primeira vez essa nova abordagem de ensino.

No *case* 2, por sua vez, está exposto um relato da autora Cacilda Andrade, que vivenciou a prática dessa abordagem de ensino em diferentes IESs (Instituições de Ensino Superior).

Os *cases* abordados facilitam o entendimento e podem demonstrar o quanto essa estratégia de sala de aula invertida pode facilitar o envolvimento e aprendizado dos alunos, independentemente do nível em que estejam.

Case 1 – "Quero que o professor volte a dar aulas!"

José Hélio Ferreira da Costa

Minha primeira experiência com sala de aula invertida começou em fevereiro de 2015 e quase fui demitido por conta disso! Acredite, agora eu dou risada, mas a situação foi bem complicada. Vou relatar o caso sem citar nomes de pessoas ou entidades, por questões éticas.

Durante as reuniões de planejamento acadêmico para o semestre, conversei com a coordenadora da instituição de ensino superior em que dava aula na época e pedi autorização para aplicar a metodologia. A princípio a ideia teve boa aceitação e recebi até elogios pela iniciativa, e até outros professores se interessaram por aplicar isso em suas aulas. Então, montei meu planejamento, materiais, aulas e avaliações em cima dessa nova dinâmica de trabalho.

No primeiro dia de aula do semestre, em uma turma do curso de administração de empresas, apresentei a metodologia, expliquei como seriam as aulas e a responsabilidade compartilhada que carregaríamos ao longo daquele semestre. Ao final da aula informei a todos que iria enviar por e-mail um artigo e um outro material para ser lido e estudado ao longo da semana para ser debatido na aula seguinte.

Iniciando a segunda aula para aquela mesma turma, notei que alguns alunos não estavam com os materiais enviados e pareciam também que não o leram. Ao questionar sobre a leitura prévia dos materiais, alguns indicaram não estarem cientes por não terem vindo à primeira aula. Procurei ser compreensivo e dei a aula sobre o tema, lendo junto com a classe os materiais e debatendo-os. Ao final da aula, voltei a explicar como funcionariam as aulas e que mandaria novos materiais para a próxima aula.

Na terceira aula já houve uma adesão um pouco maior, então iniciei com o debate sobre os materiais e perguntando o que os alunos haviam entendido do conteúdo.

Em seguida, veio o questionamento "ô professor, o senhor não vai dar aula não?!". Eu me surpreendi com a pergunta e percebi que era um aluno que estava desde a primeira aula, então reiterei o que já havia dito sobre o novo formato.

Então, recebi mais um banho de água fria: "professor, com todo o respeito, eu não vou pagar para ter você sem nos dar aula e nós sendo obrigados a ler materiais antes das aulas para poder chegar aqui e discutir. Não tenho tempo para ler essas coisas na semana...". Outros alunos tomaram partido do aluno e indicaram também não estarem felizes com o novo formato.

O assunto então chegou à coordenação da instituição de ensino, que ficou ao meu lado e me deu respaldo para continuar. Porém, o descontentamento era grande e o assunto foi escalado para a direção da faculdade. Na mesma semana recebi um ultimato para voltar ao método tradicional, com risco a perder o posto de professor titular da matéria. Ponderei algum tempo e por fim resolvi acatar a 'sugestão' da direção.

Essa experiência deixou um gosto um pouco amargo, pois realmente via um potencial enorme nessa ferramenta, mas a resistência foi maior nesse episódio. A lição que tirei disso tudo foi que o ser humano não gosta de ser tirado de forma abrupta de sua zona de conforto. Então pensei em uma alternativa de fazer um híbrido (aula expositiva + sala invertida). Conversei com os alunos e indiquei que entendia o ponto deles, mas que não abriria mão da ferramenta, pois tinha certeza de que traria resultados incríveis para eles. Então chegamos a um consenso de fazer uma aula expositiva e outra invertida.

Foi dessa forma que aos poucos os alunos foram vendo os resultados, notando que, quando liam os textos, já chegavam em sala inteirados dos assuntos e não apenas para recebê-los como se fosse a primeira vez, e que ao fazer isso o processo de aprendizagem ficava mais simples. O maior indicador desse avanço veio por meio das notas nas avaliações.

Os alunos indicaram não terem visto necessidade de estudar as matérias dias antes para estarem aptos a fazer a avaliação. Segundo eles, "'já estava tudo em nossas mentes, professor. Foi estranha a sensação, mas parece que o senhor já estava nos dando tudo que precisávamos saber, mas era necessário que fizéssemos a nossa parte para podermos receber o prêmio".'

Ao colherem bons resultados, os próprios alunos se desculparam comigo e deram um *feedback* positivo para a coordenação e direção sobre o uso do método. Após isso, tive mais liberdade para aplicar esse método, e venho o utilizando em todas as instituições de ensino e cursos livres onde tenho o privilégio de facilitar o processo de aprendizagem.

Case 2 – "Colocando em prática a sala de aula invertida"

Cacilda Andrade

Conheci a estratégia de ensino de sala de aula invertida em 2017, ao entrar em uma IES onde era mandatório que todos os professores a utilizassem em suas aulas. Esse foi um desafio muito interessante, pois proporcionou uma mudança e novas possibilidades na aula.

Foi preciso repensar o planejamento das aulas e criar novos *slides* para apresentação. Na prática, nessa mesma IES, para turmas de graduação, os textos não eram lidos fora da aula, mas ok, eu reservava um tempo para eles lerem em sala de aula, entenderem e discutirem.

Alguns assuntos eu fazia uma pequena introdução antes de aplicar a estratégia de texto ou vídeo antecipadamente para entendimento prévio do aluno. Tudo dependia do assunto. Na graduação percebi uma certa dificuldade por parte dos alunos, porém ao mesmo tempo uma disposição muito grande para se adaptarem a tal estratégia, a da sala de aula invertida.

Nessa mesma IES, para alunos de pós-graduação, a estratégia fluiu muito melhor e de forma eficaz. Eu utilizava também textos e/ou vídeos introdutórios ao assunto, iniciava a discussão, partia para explicações e desenvolvia o tema. Essa experiência relatada foi para turmas presenciais, e no ano de 2020 a utilizei para turmas *on-line* também e funcionou perfeitamente. A aula tinha seu devido fluxo com a participação ativa de todos os alunos, seja na aula presencial ou na aula *on-line*.

Com essa experiência de 2017, foi possível utilizá-la em outras IESs de forma bem-sucedida. Em um processo de melhoria contínua, a partir da percepção da reação de cada turma, da receptividade dos alunos e do quanto estava agregando, eu poderia até mudar a estratégia no momento da aula.

Se a preparação prévia não funcionar, ok, sem problema, vamos para a forma tradicional. Mas normalmente a sala de aula invertida está funcionando muito bem nas turmas onde ministro aulas, tanto presencial como *on-line*.

O professor ou instrutor precisa estar pronto para mudar a estratégia a qualquer momento se for necessário, se sentir que a turma não está entendendo e precisa de outros estímulos ou da forma mais tradicional para depois ir para os recursos de texto, vídeo ou qualquer outro.

O importante é que no final seja feito um trabalho colaborativo, que o aluno participe, que ele possa se expressar e demonstrar de alguma forma que aprendeu e que ficou claro o assunto em pauta.

A discussão em grupo com *cases* ajuda bastante, pois cada história é marcante, traz oportunidades de demonstrar o assunto na prática e faz parte do aprendizado. Eu promovo muito isso nas aulas que ministro, em diferentes IESs, tanto para turmas presenciais como para turmas *on-line*.

Sobre aulas EAD, as experiências em quatro IESs diferentes estão baseadas no formato tradicional e não na sala de aula invertida. Claro que nas aulas existem os textos e vídeos que poderiam ser a introdução para a sala de aula invertida, mas estes são usados como ponto de apoio/complemento e não como base inicial.

Enfim, a sala de aula invertida com certeza é um sucesso e traz muito retorno positivo para o aprendizado do aluno. Posso comprovar isso diariamente no meu dia a dia na vida acadêmica.

48. Comunidades de aprendizagem

Luisa Escobar
Perla Cenci
Sarah Lopes
Janaina Lamas Filgueiras
Robertha Magalhães Rodrigues

Como fortalecer a cultura de aprendizagem no ambiente de trabalho moderno.

Quando pensamos na evolução do mundo e da sociedade, é muito claro que houve cooperação entre pessoas ou povos para que fosse atingido um bem comum ou um objetivo.

Historicamente, em vários momentos do crescimento como povos e como cidadãos houve uma união para que fosse atingido o objetivo/propósito que o grupo desejava. Na África do Sul nasceu um movimento chamado Ubuntu, que traz muito forte o conceito de comunidade e para que ela existe.

Segundo a Wikipédia (s.d.), Nelson Mandela explicou: "Respeito. Cortesia. Compartilhamento. Comunidade. Generosidade. Confiança. Desprendimento. Uma palavra pode ter muitos significados. Tudo isso é o espírito de Ubuntu. Ubuntu não significa que as pessoas não devam cuidar de si próprias. A questão é: você vai fazer isso de maneira a desenvolver a sua comunidade, permitindo que ela melhore".

Como as comunidades mudam a vida das pessoas

A comunidade acontece tão naturalmente que não nos damos conta que nós como seres humanos participamos de várias delas, seja na área de religião, esportes, cultura ou aprendizado.

A nossa primeira comunidade é a escola: já no ensino fundamental temos a estrutura formal de aprendizagem, com um facilitador sendo o professor, a direção com as diretrizes para a aprendizagem e os alunos que buscam aprender a ler e escrever.

Curioso, não? Você já fazia parte de uma comunidade de aprendizagem e nem sabia!!

A comunidade faz parte de nossas vidas e como seres humanos somos energizados por conexões.

E dentro das organizações?

Mas como podemos trazer essa realidade de união e compartilhamento para o ambiente organizacional, já que dentro das organizações temos a necessidade de desenvolver as pessoas? As pessoas que têm um interesse em comum podem se unir, conversar e compartilhar entre si.

O principal objetivo das comunidades de aprendizagem é harmonizar as práticas e ferramentas entre as equipes para que elas compartilhem os interesses em comum, suas ambições ou sua área de atuação. É permitir que os participantes compartilhem desafios e experiências e até mesmo criem as melhores práticas a serem seguidas.

Etienne Wenger (1999) escreveu, em seu livro intitulado "Communities of Practice", que as associações de negócios incluem:

- um domínio de conhecimento;
- uma comunidade de pessoas;
- um conjunto compartilhado de ferramentas e práticas.

Foi pensando nisso que empresas que buscam o crescimento intelectual criaram dentro dos seus espaços ambientes de aprendizagem e guildas de compartilhamento de conhecimento.

E de que forma as pessoas aprendem?

Segundo o Modern Workplace Learning (2021), estudamos uma nova cultura de aprendizagem organizacional e com isso precisamos entender como as pessoas aprendem.

Em sua pesquisa sobre ferramentas de aprendizagem, mapeou quatro maneiras de aprender hoje:

1. Eles aprendem por meio do ***discovery* (descoberta)** – Isto é, descobrindo coisas por si próprios (principalmente na web) por meio de pesquisas ou navegação acidental. Também podemos nos referir a isso como **aprendizagem informal (ou pessoal)**.

2. Eles aprendem por meio do ***discourse*** **(discurso)** – Isto é, interagindo com outras pessoas, seja em suas redes sociais profissionais (como Twitter ou LinkedIn) ou com seus colegas de trabalho. Podemos nos referir a isso como **aprendizagem social**.
3. Eles aprendem **fazendo (*doing*) o trabalho diário** e com suas experiências de trabalho do dia a dia. Podemos nos referir a isso como **aprendizagem experiencial**.
4. Eles aprendem através da **didática (*didactics*)** – Isto é, sendo ensinados ou treinados, o que normalmente chamamos de **aprendizagem formal**.

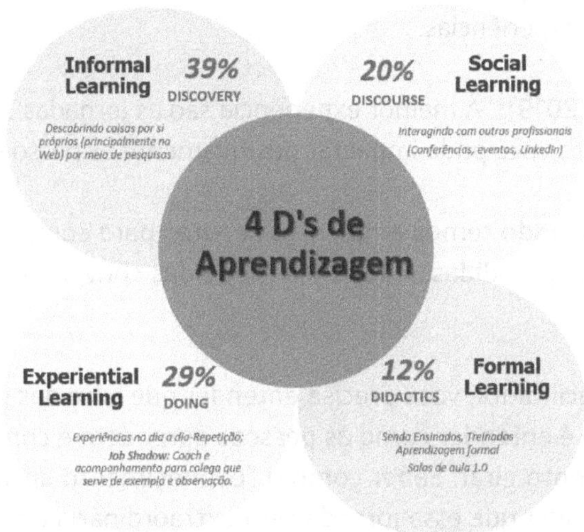

Figura 48.1. Os 4 D's de aprendizagem. Fonte: os autores.

Segundo a pesquisa, no ***social learning*** você interage com profissionais da área e troca ideias e práticas. As comunidades refletem muito essa forma de aprendizagem.

Um dos autores mais conhecidos em comunidades é Jono Bacon, que traz um *framework* para estruturar uma comunidade (dentro ou fora) da sua organização.

Propósito – Valor – Pertencimento são palavras que não podem faltar para que a comunidade tenha sinergia e resultados significativos para as pessoas que participam.

- **Propósito:** o que desejo? Qual o meu objetivo? É uma comunidade de compartilhamento de conhecimento técnico? Quero ter uma comunidade de diversidade? Todo seu foco deve ser centrado no propósito.

- **Valor:** as pessoas buscam as comunidades pelo valor que elas proporcionam. As pessoas participam, interagem e trazem mais pessoas e conhecimento somente se veem o valor da comunidade.
- **Pertencimento:** criar um ambiente onde as pessoas se sintam acolhidas. O quanto o indivíduo pensa em si mesmo como membro de uma coletividade e sente prazer em estar naquele ambiente.

Buscamos muitas vezes conhecimento através de escolas, vídeos ou mentores para nos ajudar a desenvolver nossas habilidades ou competências para chegar a um objetivo. Já na comunidade de aprendizado as pessoas são livres para trazer conhecimento e compartilhar suas experiências.

Como traz Bacon (2019): "A melhor experiência são as jornadas". O mais rico nesse processo é o quanto você pode impactar positivamente as pessoas.

A energia muda quando temos ambientes seguros para compartilhar nossas experiências e lições aprendidas. Não tenha medo das conversas abertas e livres de preconceitos.

Para isso, como facilitador, você precisa entender que uma das grandes "sacadas" desse movimento é entender como as pessoas aprendem e como fazer essa roda de compartilhamento girar. Saber como o "conhecimento antigo" se une com o "moderno" e entender que essa jornada será extraordinária em conjunto. É como aprendemos com o provérbio africano:

> *"Se você quiser ir rápido, vá sozinho. Se você quiser ir longe, vá junto."*

49. *Learning Management System* (LMS)

Gabriel Fernandes
Juliana Yuri Andó

Como os *Learning Management Systems* e a inteligência artificial podem ser utilizados para facilitar o processo de ensino-aprendizagem.

Um sistema de gestão de aprendizagem, em inglês *Learning Management System* (LMS), é uma aplicação de software baseada em web que é desenhada para gerenciar conteúdos de aprendizagem, interações com estudantes, ferramentas de avaliação, relatórios de progresso e atividades dos estudantes (NASSER; CHERIF; ROMANOWSKI, 2011; SRICHANYACHON, 2014).

O acesso a um LMS é feito por meio de navegadores web independentemente de sistema operacional ou plataforma (computadores ou dispositivos móveis) e permite aos estudantes visualizar e interagir com as ferramentas.

A demanda por LMS surge da evolução das tecnologias de informação e comunicação (TIC) e suas aplicações na educação em diversas modalidades para apoiar o processo de aprendizagem e as interações instrutor-alunos, alunos-alunos e alunos-ferramentas (KPTM, 2011).

Um provável primeiro precursor dos LMSs foi inventado em 1924 pelo psicólogo Sidney Leavitt Pressey, para a aplicação de testes de múltipla escolha (KNOWLY, 2020). Um dos primeiros softwares LMS foi criado pela empresa SoftArc na década de 90 (KELSEY, s.d.).

O Conselho de Educação de Scarborough, no estado do Maine, EUA, havia encomendado à SoftArc um sistema de e-mails confiável como alternativa ao AppleLink, que funcionava apenas na plataforma Macintosh.

Na época a empresa lançou um protótipo chamado HyperCard, que permitia aos usuários criar cartões de estudos interativos com elementos gráficos como imagens, textos, menus, caixas de seleção e botões. Algo hoje muito trivial, mas que na época demandava conhecimentos de programação dado o estágio de desenvolvimento das interfaces gráficas.

A vantagem do HyperCard é que ele rodava em várias plataformas e tinha suporte a fóruns e e-mails, permitindo aos alunos tirarem dúvidas diretamente com os colegas e professores.

O protótipo HyperCard deu origem ao sistema FirstClass, que foi então comprado pelo Conselho de Educação de Scarborough e chamado de ScriBE (acrônimo para *Scarborough Board of Education*, mas que em inglês significa "escriba"). O ScriBE foi conectado à internet em 1997, por meio de um protocolo de comunicação proprietário, tornando-se o que conhecemos hoje como uma aplicação LMS.

As plataformas LMS podem incluir sistemas de aprendizagem, sistemas de gestão de cursos, portais e sistemas de gestão instrucionais (COATES; JAMES; BALDWIN, 2005), representando uma evolução dos sistemas de gestão escolar utilizados anteriormente em instituições de ensino para atividades como gestão de registros acadêmicos. Os LMSs podem ser aplicados tanto como apoio a atividades presenciais, cursos híbridos ou como a base de cursos *on-line*.

Em 2002 foi lançada uma das primeiras plataformas LMS de código aberto, hoje mundialmente utilizada, o Moodle (KELSEY, s.d.). Em 2008 a plataforma Eucalyptus foi um dos primeiros LMSs baseados em nuvem (KELSEY, s.d.).

Uma tendência nos LMSs é sua fusão com os sistemas de gerenciamento de conteúdo, em inglês *Content Management System* (CMS). Os CMSs são compostos por três dimensões: conteúdo, processo e software (ALTUN; GULBAHAR; MADRAN, 2008). Alguns exemplos de CMS mais utilizados são o WordPress e o Drupal (estes principalmente para a gestão de blogs). A composição dos LMSs com os CMSs são os sistemas *Learning Content Management Systems* (LCMS), que são ambientes multiusuários nos quais os educadores podem criar, armazenar, reutilizar, gerenciar e apresentar conteúdo digital a partir de um repositório (CHAPMAN; HALL, 2001).

Os LCMSs têm por objetivo a gestão de ativos digitais para o desenvolvimento de produtos de aprendizagem (JURUBESCU, 2008). Inicialmente a autoria e a gestão de conteúdos eram separadas dos LMSs e hoje os termos LCMS e LMS são utilizados como sinônimos (KELSEY, s.d.).

Critérios de seleção para um LMS

A seleção de uma aplicação LMS deve levar em conta diversos fatores, como a finalidade (educação básica, ensino superior, treinamento), o meio de acesso dos usuários (móvel, computador), a necessidade de integração com outros sistemas (universidade corporativa, avaliação de desempenho, gestão educacional administrativa, *e-commerce* de cursos), entre outros.

Há muitos comparativos disponíveis, principalmente elaborados pelos fornecedores dos sistemas, para mostrar seus destaques da concorrência. Kasim e Khalid (2016) desenvolveram uma tabela comparativa entre sistemas LMS comerciais e de código aberto, apresentada a seguir na Figura 49.1. O objetivo aqui, contudo, não é esgotar todos os sistemas, mas apresentar um conjunto possível de critérios de avaliação já aplicados a alguns sistemas LMS.

Características	LMS					
	Código aberto			Comercial		
	Moodle	Sakai	ATutor	Blackboard	Success Factors	Sum Total
Baseado em nuvem			Sim	Sim	Sim	Sim
Flexível	Sim	Sim	Sim	Sim	Sim	Sim
Fácil de usar	Sim	Sim	Sim		Sim	Sim
Apto a integrar com outros sistemas	Sim	Sim				Sim
Acessível	Sim	Sim	Sim	Sim	Sim	Sim
Amigável ao usuário	Sim	Sim	Sim	Sim	Sim	Sim
Interação síncrona e assíncrona	Sim	Sim		Sim		
Apto a ver quem está *on-line*	Sim	Sim				
Espaço pessoal para rascunhos e diários e para administrar informações pessoais e privadas	Sim	Sim				
Apto a enviar e receber mensagens pessoais a outros usuários	Sim	Sim	Sim		Sim	

Características	LMS					
	Código aberto			Comercial		
	Moodle	Sakai	ATutor	Blackboard	Success Factors	Sum Total
Professores e alunos podem adaptar e administrar o curso no software			Sim			
Cada usuário possui espaço de armazenamento de arquivos que pode ser compartilhado com outros usuários			Sim			
Todo o conteúdo e estrutura podem ser armazenados em cópias de segurança no software			Sim			
O administrador pode restringir o acesso ou atribuir múltiplos papéis para múltiplos usuários					Sim	

Figura 49.1. Comparação entre LMSs comerciais e de código aberto.
Fonte: traduzido e adaptado de Kasim; Khalid (2016).

Além dos LMSs apresentados na Figura 49.1, alguns dos principais softwares LMS disponíveis no mercado são (WIKIPEDIA, s.d.):

- **Código aberto:** aTutor, Canvas, Chamilo, Claroline, eFront, ILIAS, LAMS, LON--CAPA, Moodle, Odoo eLearning, Open edX, OLAT, OpenOLAT, Sakai, SWAD, WeBWorK, Edutask.
- ***Software as a Service* (SAAS)/Nuvem:** CallidusCloud, Cornerstone OnDemand Inc., DoceboLMS, eFront (eLearning software), EthosCE, Google Classroom, Grovo, Growth Engineering, Halogen Software, Inquisiq R3, itslearning, Kannu, Open edX, Udutu, WizIQ.
- **Proprietários:** Blackboard Learn, CERTPOINT Systems Inc., Desire2Learn, eCollege, Edmodo, EduNxt, Engrade, GlobalScholar, Glow (Scottish Schools National Intranet), HotChalk, Kannu, SAP, Schoology, Skillsoft, Spongelab, SuccessFactors, SumTotal Systems, Taleo, Teams, Uzity, WizIQ.

Estudos acadêmicos como o de Cavus (2010) apresentam métodos mais sofisticados como o uso de algoritmos de inteligência artificial com *fuzzy logic* em um sistema web de seleção de LMS.

Tendências em LMS – *Cases*

Conforme comentado anteriormente, os sistemas LMS atualmente são sinônimos de LCMS. Além dessa tendência, novas tecnologias vêm sendo incorporadas aos LMSs para potencializar os resultados no processo ensino-aprendizagem. Aplicações de inteligência artificial (IA) e aprendizagem de máquina (*machine learning*) têm se mostrado promissoras. A seguir apresentamos casos de aplicação de IA e aprendizagem de máquina em LMS, exemplificando o potencial de resultados dessas tecnologias.

Case 1 – Duolingo

Um dos exemplos mais proeminentes do uso de IA na educação atualmente é a plataforma de aprendizado de idiomas Duolingo (FOURNIER, 2020).

O Duolingo oferece aplicativos móveis e um site para pessoas iniciarem ou reforçarem o aprendizado de idiomas por meio de exercícios diários com gamificação (incentivos como medalhas para o perfil, avatares ou dias ou tentativas extras para os exercícios) e ferramentas de interação entre usuários, como fóruns para dúvidas (que podem responder sobre seu idioma nativo e perguntar sobre o que estão aprendendo).

A IA do Duolingo personaliza cursos de acordo com os pontos fortes, fracos e preferências dos alunos, ajustando, por exemplo, a quantidade de repetições e horários de lembretes para as lições. A IA registra os vocabulários aprendidos, exemplos de gramática mais difíceis e quais exercícios os alunos aparentam gostar.

A plataforma apresenta ao aluno, por exemplo, estatísticas sobre a "força" de cada palavra nova aprendida. Quanto mais recente, maior a "força", e de tempos em tempos os vocabulários são reapresentados em exercícios para reforço.

Apesar da possibilidade de interação com pessoas na comunidade Duolingo, a IA da plataforma utiliza processamento de linguagem natural para prover experiências de robôs de conversação (*chatbots*), para que os alunos pratiquem suas habilidades e ganhem confiança antes de conversar com outras pessoas se assim preferirem.

Os estudos da divisão de pesquisa da Duolingo são publicados no site <https://research.duolingo.com/> e proveem *insights* interessantes para professores, pesquisadores e alunos.

Case 2 – Syndicate Learning

A empresa Syndicate Learning é uma provedora de LMS baseado em IA. Seus sistemas aprendem sobre o usuário por meio de algoritmos de aprendizagem de máquina proprietários. Quanto mais o usuário interage com o sistema, mais apuradas ficam as recomendações do sistema sobre conteúdo.

Os LMSs são focados em treinamento empresarial, e assim podem auxiliar o RH na seleção interna com base em preparo, histórico de aprendizagem, atividades, preferências e resultados de avaliações, engajando também os funcionários nos treinamentos, pela possibilidade de reconhecimento interno.

A plataforma permite a interação entre os funcionários, possibilitando não apenas a transmissão de conteúdos, como o compartilhamento de conhecimento organizacional (SYNDICATE LEARNING, s.d.).

A Syndicate Learning apresenta em seu site diversos casos de uso de seus clientes (SYNDICATE LEARNING, s.d.). Um desses casos é a SpiceJet, uma empresa aérea indiana que utilizou o LMS para recepcionar (*onboarding*) novos funcionários apresentando estratégia, visão, valores, ambições e desafios da empresa, para que os novos funcionários adquirissem o sentimento de pertencimento desde o início de sua jornada.

Outro caso foi o de um provedor de redes de distribuição de conteúdo – em inglês, *Content Delivery Network* (CDN). A empresa utilizou os LMSs para prover um currículo em áudio e vídeo baseado em simulação, capacitando equipes de vendas sobre aspectos técnicos de novos produtos sempre que houvesse novos lançamentos, otimizando o conhecimento, a confiança e a comunicação dos vendedores com os clientes para melhores resultados em vendas consultivas.

O uso de IA em LMS pode potencializar resultados não apenas em instituições de ensino, mas também nas empresas por meio da antecipação de necessidades de capacitação (analogamente a recomendações de *e-commerce* personalizadas), identificação de padrões para indicação de oportunidades e consolidação de conhecimento organizacional e aumento na efetividade de cursos com técnicas como gamificação (SMYTH, 2021).

O uso de IA em LMS não irá substituir os professores na elaboração de conteúdo ou reduzir a quantidade de funcionários necessários, mas otimizar os investimentos em capacitação e prover experiências de aprendizagem cada vez mais personalizadas e adequadas aos contextos específicos de cada empresa ou escola e necessidades individuais de cada funcionário ou aluno (SMYTH, 2021).

Ferramentas LMS e LCMS podem ser um recurso de valor não apenas para treinamentos corporativos, mas para a gestão de conhecimento e suporte a uma cultura de aprendizagem ao longo da vida nas empresas, contribuindo para a inovação e satisfação dos colaboradores.

PARTE VII
CASES E *PODCASTS*

50. Facilitando sua gestão com o *Management* 3.0

Mateus Rocha

Nesse *podcast*, Muniz e Júnior receberam Mateus Rocha para falar sobre *Management* 3.0 e compartilhar toda a sua experiência em ensinar e aplicar essa abordagem no dia a dia.

Mateus é treinador desse tema e traduziu o livro "Liderando para a Felicidade" (também publicado pela Brasport), de Jurgen Appelo, criador do *Management* 3.0, e explicou como essas técnicas devem ser usadas pelo líder para extrair o melhor das pessoas.

São apresentadas ainda dicas importantes para que o gestor seja um verdadeiro líder facilitador para o seu time, para que as pessoas possam desenvolver atos de liderança, aprender continuamente e assumir o protagonismo de suas vidas.

É destacada a importância de cada indivíduo ser autorresponsável e que a gestão é relevante demais para ficar a cargo de uma só pessoa, a saber, o gestor, promovendo um ambiente colaborativo, autônomo e com um sentido de comunidade.

Com todos alinhados e focados em objetivos que promovam o benefício comum do time, é possível definir níveis efetivos de delegação e as restrições existentes, permitindo que o gestor foque na gestão do sistema e na melhoria do todo.

Figura 50.1. QR Code de acesso ao JornadaCast no Spotify. <https://open.spotify.com/episode/3toih6dNtl5bYYB6PdPrAZ?si=D2HdBY6tRcuGX6c_zkCOnQ>.

51. Atitudes colaborativas para facilitação

Antonio Muniz
Júnior Rodrigues

Nesse episódio, Muniz e Júnior trocam experiências sobre facilitação, focando nas atitudes importantes que as pessoas precisam ter dentro de um time multifuncional para promover a colaboração e obter o melhor que a inteligência coletiva pode fornecer.

É importante que cada indivíduo busque desenvolver suas habilidades e conhecer técnicas de facilitação, além de colocar em prática sempre que possível, aproveitando as oportunidades para ir aprendendo e evoluindo conforme o resultado de seus experimentos.

Figura 51.1. QR Code de acesso ao JornadaCast no Spotify. <https://open.spotify.com/episode/793EdGWAztFXlmoYCYB2Hv?si=hcfrDFLhT0OdlHRkp5hbKw>.

52. Experiências de aprendizagem

Paulo de Tarso

O professor Paulo de Tarso é especialista em ensino e aprendizagem de adultos, e traz diversos *insights* para ajudar no processo de facilitação e para que o aprendizado possa acontecer de maneira mais efetiva.

Conteúdo e informação não são suficientes para que isso possa ocorrer, sendo necessário refletir e conectar com a nossa realidade, para que as experiências permitam a aprendizagem de significado por meio de quatro passos simples.

Figura 52.1. QR Code de acesso ao JornadaCast no Spotify. <https://open.spotify.com/episode/1J5JglSDxMBxGYWnw5Tx9h?si=7G9unKEaSuuEFK9ubARvAQ>

53. Jornada PPT *Canvas*

Anderson Sales

O autor, que é curador do livro, apresenta em detalhes o seu modelo *PPT Canvas* para a criação de apresentações verdadeiramente poderosas, com foco em promover o atingimento dos objetivos desejados.

Saber estruturar todos os tópicos necessários e criar a estratégia correta para uma apresentação pode ser algo extremamente útil para um facilitador, permitindo transmitir de forma visual a sua mensagem e ajudando no entendimento do seu time.

Figura 53.1. QR Code de acesso ao JornadaCast no Spotify. <https://open.spotify.com/episode/1lzc7BZ9Yb3uT1DrCPyqoa?si=DSNovnhgRl2ZlDb0zPvb8Q>

Referências

ADKINS, Lyssa. **Coaching Agile Teams:** a companion for Scrum Masters, Agile Coaches, and Project Managers in Transition. (The Addison-Wesley Signature Series) Upper Saddle River, NJ: Addison Wesley, 2010.

ADMINISTRADORES.COM. **Como lidar com diferentes graus de maturidade em uma equipe.** 26 mar. 2015. Disponível em: <https://administradores.com.br/noticias/como-lidar-com-diferentes-graus-de-maturidade-em-uma-equipe>. Acesso em: 12 jan. 2022.

AGÊNCIA JÜSSI. A nova cultura de uso do espaço corporativo. **JLL**,11 jan. 2021. Disponível em: <https://www.jll.com.br/pt/tendencias-insights/workplace/a-nova-cultura-de-uso-do-espaco-corporativo>. Acesso em: 12 jan. 2022.

AGERBECK, Brandy. **The Graphic Facilitator's Guide:** how to use your listening, thinking, and drawing skills to make meaning. [S.l.]: Loosetooth.com, 2012.

AGILE INSTITUTE BRAZIL. Site. Disponível em: <https://www.agileinstitute.com.br/>. Acesso em: 12 jan. 2022.

AGILE SCHOOL. **Melhore seu papel como líder na transformação ágil.** Disponível em: <https://ead.agileschool.com.br/agile-leadership-essentials>. Acesso em: 10 jan. 2022.

AGUIAR, Fábio; CAROLI, Paulo. **Product Backlog Building:** um guia prático para criação e refinamento de backlog para produtos de sucesso. São Paulo: Caroli, 2021.

AGUIAR, Vinicius. **Linguagem corporal – o que ela diz, importância e dicas para modelos.** Disponível em: <https://www.viniciusaguiar.com/blog/linguagem-corporal-o-que-ela-diz-sua-importancia-e-dicas-para-modelos>. Acesso em: 30 jan. 2022.

ALTUN, Arif; GULBAHAR, Yasemin; MADRAN, Orçun. Use of a content management system for blended learning: Perceptions of pre-service teachers. **Turkish Online Journal of Distance Education – TOJDE**, vol. 9, n. 4, Oct. 2008, p. 138-153.

AMBLER, Scott W.; LINES, Mark. **Choose Your WoW:** A Disciplined Agile Delivery Handbook for Optimizing Your Way of Working. Newtown Square, PA: Project Management Institute, 2019.

ANDALÓ, Carmen Silvia de Arruda. O papel de coordenador de grupos. **Psicologia USP**, vol. 12, n. 1, 2001, p. 135-152.

ANDERSON, Chris. How to Give a Killer Presentation. **Harvard Business Review**, June 2013.

ATLASSIAN. Site. Disponível em: <https://www.atlassian.com>. Acesso em: 11 jan. 2022.

AUDY, Jorge Horácio "Kotick". **Jogos 360°.** Disponível em: <https://jorgeaudy.com/jogos360/>. Acesso em: 12 jan. 2022.

BACON, Jono. **People Powered:** how communities can supercharge your business, brand, and teams. New York, NY: HarperCollins Leadership, 2019.

BANDLER, Richard; GRINDER, John. **A Estrutura da Magia:** um livro sobre linguagem e terapia. Rio de Janeiro: LTC, 1982.

BANFIELD, Richard; LOMBARDO, C. Todd; WAX, Trace. **Design Sprint:** a practical guidebook for building great digital products. Sebastopol, CA: O'Reilly, 2015.

BARBOSA, Christian. **A tríade do tempo.** Rio de Janeiro: Sextante, 2011.

BARBOSA, Eduardo Fernandes; GONTIJO, Alberto de Figueiredo; SANTOS, Fernanda Fátima dos. Inovações pedagógicas em educação profissional: uma experiência de utilização do método de projetos na formação de competências. **Educação & Tecnologia**, vol. 8, n. 2, 2003.

BARBOSA, Eduardo Fernandes; MOURA, Dácio Guimarães de. Metodologias ativas de aprendizagem na educação profissional e tecnológica. **Boletim Técnico do Senac**, Rio de Janeiro, vol. 39, n. 2, maio/ago. 2013, p. 48-67.

BARBOSA, Laura Monte Serrat. **A psicopedagogia no âmbito da instituição escolar.** Curitiba: Expoente, 2001.

BARBOSA, Lília; SAMPAIO, Creoncedes. Facilitação virtual: o que é e como melhorar essa habilidade. **Cozex**, s.d. Disponível em: <https://www.cozex.com.br/facilitacao-virtual-o-que-e-como-melhorar-essa-habilidade/>. Acesso em: 10 jan. 2022.

BARBOSA, Pércia Paiva. **Metodologias ativas para o docente no ensino superior.** São Paulo: Editora Senac, 2020.

BASTIAN, Rebekah. How To Lead Inclusive Meetings. **Forbes**, May 28, 2019. Disponível em: <https://www.forbes.com/sites/rebekahbastian/2019/05/28/how-to-lead-inclusive-meetings/?sh=789cf7c7ffed>. Acesso em: 12 jan. 2022.

BECK, Caio. Sala de Aula Invertida (Flipped Classroom). **Andragogia Brasil**, 2016. Disponível em: <https://andragogiabrasil.com.br/sala-de-aula-invertida/>. Acesso em: 11 jan. 2022.

BECK, Kent et al. **Manifesto para desenvolvimento ágil de software.** 2001. Disponível em: <https://agilemanifesto.org/iso/ptbr/manifesto.html>. Acesso em: 12 jan. 2022.

BENNETT, Rebecca J. Perceived powerlessness as a cause of employee deviance. *In*: GRIFFIN, Ricky; KELLY, Anne O'Leary; COLLINS, Judith M. (eds.). **Dysfunctional behavior in organizations.** London: JAI Press, 1998.

BENS, Ingrid. **Facilitating with Ease:** core skills for facilitators, team leaders and members, managers, consultants, and trainers. 4th.ed. Hoboken, NY: John Wiley & Sons, 2017.

BEYER, Anne Louise; SOLER, Rodrigo Diaz de Vivar y. O capital humano nas organizações: uma revisão bibliográfica. **CIPPUS**, vol. 7, n. 1, 2019, p. 45-52.

BLOOM, PAUL. **Against Empathy:** the case for rational compassion. London: Vintage Books, 2018.

BLOOM, Paul. The Dark Side of Empathy: how caring for one person can foster baseless aggression towards another. **The Atlantic**, Sep. 25, 2015.

BOTELHO, Gabrielle. As dez competências mais valiosas até 2022. **Grupo Gestão RH**, 01 jul. 2020. Disponível em: <https://www.gestaoerh.com.br/pt_br/artigos/7894-as-dez-competencias-mais-valiosas-ate-2022>. Acesso em: 12 jan. 2022.

BRAND, Willemien. **Visual Thinking:** empowering people & organizations through visual collaboration. Amsterdam, The Netherlands: BIS Publishers, 2017.

BROOKS, Rachel. Friends, peers and higher education. **British Journal of Sociology of Education**, vol. 8, n. 6, 2007. ISSN: 01425692, DOI: 10.1080/01425690701609912.

BROWN, Sunni. **The Doodle Revolution:** unlock the power to think differently. New York: Portfolio Penguin, 2014.

BUZAN, Tony; BUZAN, Barry. **The Mind Map Book.** 1994. Disponível em: <https://www.pdfdrive.com/the-mind-map-book-e158773063.html>. Acesso em: 10 jan. 2022.

CAMERON, Esther. **Facilitation Made Easy:** practical tips to improve meetings and workshops. S.l.: Kogan Page, 2005.

CANVANIZER. Site. Disponível em: <https://canvanizer.com/new/business-model-canvas>. Acesso em: 12 jan. 2022.

CANVAS GENERATION. **Event Canvas.** Disponível em: <https://www.canvasgeneration.com/canvas/event-canvas/>. Acesso em: 11 jan. 2022.

CARNEGIE, Dale. **Como fazer amigos e influenciar pessoas.** Rio de Janeiro: Sextante, 2019.

CAROLI, Paulo. **7 atividades quebra-gelo para equipes remotas.** 19 mar. 2020. Disponível em: <https://www.caroli.org/7-atividades-quebra-gelo-para-equipes-remotas/>. Acesso em: 11 jan. 2022.

CAROLI, Paulo. **Lean Inception:** Como alinhar pessoas e construir o produto certo. São Paulo: Caroli, 2018.

CAROLI, Paulo; COIMBRA, Tainã Caetano. **FunRetrospectives:** activities and ideas for making agile retrospectives more engaging. São Paulo: Caroli, 2020.

CAVUS, Nadire. The evaluation of Learning Management Systems using an artificial intelligence fuzzy logic algorithm. **Advances in Engineering Software**, vol. 41, n. 2, Feb. 2010, p. 248–254.

CEDRO TECHNOLOGIES. **O ambiente disruptivo como facilitador nas organizações.** Disponível em: <https://blog.cedrotech.com/o-ambiente-disruptivo-como-facilitador-nas-organizacoes/>. Acesso em: 12 jan. 2022.

CHAPMAN, B.; HALL, B. **Learning content management systems.** Sunnyvale, CA: brandon-hall.com, 2001.

CHIAVENATO, Idalberto. **Administração Geral e Pública.** Rio de Janeiro: Elsevier, 2006.

COATES, Hamish; JAMES, Richard; BALDWIN, Gabrielle. A critical examination of the effects of learning management systems on university teaching and learning. **Tertiary education and management**, vol. 11, 2005, p. 19-36.

CORDONIZ, Andréa. **Administração do Tempo.** São Paulo: Matrix, 2019.

COUTINHO, Isabel. Workshop de Facilitação Realizado em novembro 2019

COUTINHO, Thiago. Entenda as funções de um Scrum Master e sua importância em um Scrum Team. **Voitto**, 02 out. 2020. Disponível em: <https://www.voitto.com.br/blog/artigo/scrum-master>. Acesso em: 12 jan. 2022.

COVEY, Stephen. **Os 7 hábitos das pessoas altamente eficazes.** Rio de Janeiro: Best Seller, 2014.

COYLE, Daniel. **Equipes Brilhantes.** Rio de Janeiro: Sextante, 2019.

CREATIVE EDUCATION FOUNDATION. **What is CPS?** Disponível em: <https://www.creativeeducationfoundation.org/what-is-cps/>. Acesso em: 12 jan. 2022.

CRUZ, Fabio. **9 dicas e ½ sobre ferramentas para trabalhar remotamente.** 03 abr. 2020. Disponível em: <http://fabiocruz.com.br/dicas-de-ferramentas-para-trabalhar-remotamente/>. Acesso em: 12 jan. 2022.

DAVENPORT, Thomas H.; PRUSAK, Laurence. **Conhecimento empresarial:** como as organizações gerenciam o seu capital intelectual. Rio de Janeiro: Campus, 1998.

DERBY, Esther; LARSEN, Diana. **Agile Retrospectives:** making good teams great. Raleigh, NC: Pragmatic Programmers, 2006.

DESIGN COUNCIL. **A study of the design process:** eleven lessons: managing design in eleven global brands. Disponível em: <https://www.designcouncil.org.uk/sites/default/files/asset/document/ElevenLessons_Design_Council%20(2).pdf>. Acesso em: 07 mar. 2022.

DICIONÁRIO INFORMAL. Site. Disponível em: <https://www.dicionarioinformal.com.br>. Acesso em: 10 jan. 2022.

DICIONÁRIO ONLINE DE PORTUGUÊS. Site. Disponível em: <https://www.dicio.com.br>. Acesso em: 02 mar. 2022.

DISTRITO. [Tradução Simultânea] 3º Community Summit Brasil 2020 Online | Jono Bacon. **YouTube**, 2020. Disponível em: <https://www.youtube.com/watch?v=tHwZJ0P5gg8&t=901s>. Acesso em: 12 jan. 2022.

DRUCKER, Peter. **O gerente eficaz.** Rio de Janeiro: Zahar, 1968.

DUA COMUNICAÇÃO. **O que é clipping?** Disponível em: <http://duacom.com.br/o-que-e-clipping/>. Acesso em: 12 jan. 2022.

DUÒ, Matteo. Microsoft Teams vs Slack: Qual Aplicativo de Colaboração é Melhor? **Blog Kinsta**, 15 jul. 2020. Disponível em: <https://kinsta.com/pt/blog/microsoft-teams-vs-slack/>. Acesso em: 12 jan. 2022.

DYER, Jeff; GREGERSEN, Hal; CHRISTENSEN, Clayton M. **DNA do Inovador:** dominando as 5 habilidades dos inovadores de ruptura. Rio de Janeiro: Alta Books, 2019.

EAD PUC GOIÁS. Líder de equipe: o que faz, perfil e como ser um bom líder. 11 set. 2020. Disponível em: <https://ead.pucgoias.edu.br/blog/lider-equipe>. Acesso em: 12 jan. 2022.

EASYRETRO. Site. Disponível em: <https://easyretro.io/>. Acesso em: 12 jan. 2022.

EDMONDSON, Amy C. **The Fearless Organization:** creating psychological safety in the workplace for learning, innovation, and growth. Hoboken, NJ: Wiley, 2018.

ERUDIO. Spotify Engineering Culture. **YouTube**, 2019. Disponível em: <https://www.youtube.com/watch?v=NoGhC1LaaAE>. Acesso em: 11 jan. 2022.

ESCOLA DE EMPATIA. **Ouvir x escutar:** diferenças e possibilidades. Disponível em <https://www.escoladeempatia.com.br/single-post/ouvirescutar>. Acesso em: 12 jan. 2022.

FEDERAÇÃO BRASILEIRA DE COACHING INTEGRAL SISTÊMICO. **Tudo o que você queria saber sobre inteligência emocional.** Disponível em: <https://febracis.com/tudo-o-que-voce-sempre-quis-saber-sobre-inteligencia-emocional/>. Acesso em: 12 jan. 2022.

FERREIRA, Elkie Larissa O. S. Brandão. A influência da relação líder-liderado no clima organizacional. **Revista de Administração de Roraima-RARR**, vol. 2, n. 2, 2012, p. 29-50. Disponível em: <https://revista.ufrr.br/adminrr/article/view/1137>. Acesso em: 12 jan. 2022.

FLIP LEARNING. **Definition of Flipped Learning.** Mar. 12, 2014. Disponível em: <https://flippedlearning.org/definition-of-flipped-learning/>. Acesso em: 11 jan. 2022.

FOLLONI, André. **Introdução à teoria da complexidade.** Curitiba: Juruá, 2016.

FONSECA, Matheus. O que aprendi com 30+ guias e dicas de facilitação online. **Medium**, 11 jun. 2020. Disponível em: <https://medium.com/tentaculus/o-que-aprendi-com-30-guias-e-dicas-de-facilita%C3%A7%C3%A3o-online-5c86466847ce>. Acesso em: 10 jan. 2022.

FOURNIER, Mikelya. 4 Examples of AI Being Used in E-Learning. **LearnDash**, Aug. 04, 2020. Disponível em: <https://www.learndash.com/4-examples-of-ai-being-used-in-e-learning/>. Acesso em: 11 jan. 2022.

FRANCISCO, Wagner de Cerqueira e. A Importância do Plano de Aula. **Brasil Escola**, s.d. Disponível em: <https://educador.brasilescola.uol.com.br/estrategias-ensino/a-importancia-plano-aula.htm>. Acesso em: 10 jan. 2022.

FREEPIK. Site. Disponível em: <https://br.freepik.com/>. Acesso em: 02 mar. 2022.

FRIED, Jason. Why work doesn't happen at work. **TEDxMidwest**, Oct. 2010. Disponível em: <https://www.ted.com/talks/jason_fried_why_work_doesn_t_happen_at_work>. Acesso em: 10 jan. 2022.

FUN RETROSPECTIVES. **Check-in.** Disponível em: <https://www.funretrospectives.com/category/check-in/>. Acesso em: 10 jan. 2022.

FUN RETROSPECTIVES. **Check-out.** Disponível em: <https://www.funretrospectives.com/category/check-out/>. Acesso em: 10 jan. 2022.

FUN RETROSPECTIVES. **Draw your feelings.** Disponível em: <https://www.funretrospectives.com/draw-your-feelings/>. Acesso em: 10 jan. 2022.

FUN RETROSPECTIVES. **Energizer.** Disponível em: <https://www.funretrospectives.com/category/energizer/>. Acesso em: 10 jan. 2022.

FUN RETROSPECTIVES. **Retrospective.** Disponível em: <https://www.funretrospectives.com/category/retrospective/>. Acesso em: 10 jan. 2022.

FUN RETROSPECTIVES. Site. Disponível em: <https://www.funretrospectives.com/>. Acesso em: 10 jan. 2022.

FUN RETROSPECTIVES. **Team Building.** Disponível em: <https://www.funretrospectives.com/category/team-building/>. Acesso em: 10 jan. 2022.

FUNARI FILHO, Fabiano. A evolução e eficiência da mídia digital. **Digitalks**, 25 abr. 2018. Disponível em: <https://digitalks.com.br/artigos/a-evolucao-e-eficiencia-da-midia-digital/>. Acesso em: 12 jan. 2022.

GALVÃO, Joni; ADAS, Eduardo. **Superapresentações:** como vender ideias e conquistar audiências. São Paulo: Panda Books, 2020.

GAO, Xin. A Statistical Study of the Impact of Active Learning on Students' Learning Attitudes toward Physics Based on the CLASS-Phys Survey. **International Journal of Information and Education Technology**, vol. 9, n. 12, Dec. 2019.

GASPARINI, Claudia. 8 dicas de linguagem corporal para aumentar a sua persuasão. **Exame**, 26 jul. 2016. Alterado em 13 set. 2016. Disponível em: <https://exame.com/carreira/8-dicas-de-linguagem-corporal-para-aumentar-a-sua-persuasao/>. Acesso em: 12 jan. 2022.

GILBERT, Jennifer; MORTON, Susan; ROWLEY, Jennifer. E-Learning: The student experience. **British Journal of Educational Technology**, vol. 38, n. 4, July 2007. ISSN: 00071013, DOI: 10.1111/j.1467-8535.2007.00723.x.

GISELE BOTELHO. Site. Disponível em: <https://www.giselebotelho.com.br>. Acesso em: 10 jan. 2022.

GOLEMAN, Daniel. **Inteligência Emocional:** a teoria revolucionária que redefine o que é ser inteligente. Rio de Janeiro: Objetiva, 2012.

GOLEMAN, Daniel. O líder focado. **Harvard Business Review**, dez. 2013.

GOLEMAN, Daniel. **Trabalhar com Inteligência Emocional:** o livro que mudou a maneira como se trabalha. (Série Temas e Debates) Lisboa: Atividades Editoriais, 1999.

GOOGLE WORKSPACE. Site. Disponível em: <https://workspace.google.com/>. Acesso em: 12 jan. 2022.

GRADY, David. How to save the world (or at least yourself) from bad meetings. **TED@State Street**, Boston, Oct. 2013. Disponível em: <https://www.ted.com/talks/david_grady_how_to_save_the_world_or_at_least_yourself_from_bad_meetings>. Acesso em: 10 jan. 2022.

GRAY, Dave; BROWN, Sunni; MACANUFO, James. **Gamestorming:** a playbook for innovators, rulebreakers, and changemakers. Sebastopol, CA: O'Reilly Media, 2010.

GROSS, Alan G. The brains in brain: The coevolution of localization and its images. **Journal of the History of the Neurosciences**, vol. 17, n. 3, July 2008. Disponível em: <https://experts.umn.edu/en/publications/the-brains-in-brain-the-coevolution-of-localization-and-its-image>. Acesso em: 03 mar. 2022.

HAMMARBERG, Marcus. 3 basic (priorization) assumptions. **Marcusoft.net**, Oct. 30, 2018. Disponível em: <https://www.marcusoft.net/2018/10/basic-assumptions.html>. Acesso em: 12 jan. 2022.

HASSENZAHL, Marc. The effect of perceived hedonic quality on product appealingness. **International Journal of Human-Computer Interaction**, vol. 13, n. 4, 2001. ISSN: 10447318, DOI: 10.1207/S15327590IJHC1304_07.

HEATH, Kathryn; WENSIL, Brenda F. To Build an Inclusive Culture, Start with Inclusive Meetings. **Harvard Business Review**, Sep. 06, 2019. Disponível em: <https://hbr.org/2019/09/to-build-an-inclusive-culture-start-with-inclusive-meetings>. Acesso em: 12 jan. 2022.

HINDLE, Tum. **Managing meetings.** (Essential Managers) London: Dorling Kindersley, 1998.

HOFFMAN, Mark. Planejar eventos ao vivo no Microsoft Teams. **Microsoft**, 22 nov. 2021. Disponível em: <https://docs.microsoft.com/pt-br/microsoftteams/teams-live-events/plan-for-teams-live-events>. Acesso em: 12 jan. 2022.

HUNTER, Dale. **The Art of Facilitation:** the essentials for leading great meetings and creating group synergy. San Francisco, CA: Jossey-Bass, 2009.

IBC. **O que é coaching?** Disponível em: <https://www.ibccoaching.com.br/portal/coaching/o-que-e-coaching>. Acesso em: 10 jan. 2022.

ISIXSIGMA. **Determine the root cause: 5 whys.** Disponível em: <https://www.isixsigma.com/tools-templates/cause-effect/determine-root-cause-5-whys/>. Acesso em: 12 jan. 2022.

JONES, Rob. The student experience of undergraduate students: towards a conceptual framework. **Journal of Further and Higher Education**, vol. 42, n. 8, 2018. ISSN: 14699486, DOI: 10.1080/0309877X.2017.1349882.

JOYCE, Lucien. 6 types of visual content you need to use in your marketing campaigns. **Neil Patel**, s.d. Disponível em: <https://neilpatel.com/blog/visual-content-you-need-to-use-in-your-marketing-campaign/>. Acesso em: 12 jan. 2022.

JURUBESCU, Tache. Learning content management system. **Informatica Economica**, vol. 12, n. 4, 2008, p. 91–94.

KAHN, William A. Psychological conditions of personal engagement and disengagement at work. **Academy of management journal**, vol. 33, n. 4, 1990, p. 692-724.

KAHOOT. Site. Disponível em: <https://kahoot.com>. Acesso em: 10 jan. 2022.

KAHU, Ella R.; NELSON, Karen. Student engagement in the educational interface: understanding the mechanisms of student success. **Higher Education Research and Development**, vol. 37, n. 1, 2018. ISSN: 14698366, DOI: 10.1080/07294360.2017.1344197.

KAMAL, Piyush. How To Have Amazing Meetings. **BetterHumans**, Apr. 03, 2018. Disponível em: <https://medium.com/better-humans/how-to-have-amazing-meetings-a71bf9477686>. Acesso em: 12 jan. 2022.

KASIM, Nurul Nadirah Mohd; KHALID, Fariza. Choosing the Right Learning Management System (LMS) for the Higher Education Institution Context: A Systematic Review. **International Journal of Emerging Technologies in Learning**, vol. 11, n. 6, 2016.

KELSEY. What Was the First LMS Platform? **World Manager**, s.d. Disponível em: <https://www.worldmanager.com/resources/first-lms/>. Acesso em: 11 jan. 2022.

KERNCHEN, Angelina. Em que momento o ego atrapalha as relações profissionais? **Catho**, 27 nov. 2009. Disponível em: <https://www.catho.com.br/carreira-sucesso/carreira/dicas-emprego/comportamento/em-que-momento-o-ego-atrapalha-as-relacoes-profissionais/>. Acesso em: 12 jan. 2022.

KILLERMANN, Sam; BOLGER, Meg. **Unlocking the Magic of Facilitation:** 11 key concepts you didn't know you didn't know. Austin, TX: Impetus Books, 2016.

KIMBALL, Ralph; ROSS, Margy. **The data warehouse toolkit**: the complete guide to dimensional modeling. Hoboken, NJ: John Wiley & Sons, 2013.

KNAPP, Jake; ZERATSKY, John; KOWITZ, Braden. **Sprint:** o método usado no Google para testar e aplicar novas ideias em apenas cinco dias. Rio de janeiro: Intrínseca, 2017.

KNOWLY. History of LMS (Learning Management Systems). **Easy LMS**, July 08, 2020. Disponível em: <https://www.easy-lms.com/knowledge-center/lms-knowledge-center/history-of-lms/item10401>. Acesso em: 11 jan. 2022.

KPTM. **Dasar E-Pembelajaran Negara.** Institusi Pengajian Tinggi. Kementerian Pengajian Tinggi Malaysia, 2011.

KRÜGER, Deyse A. Treinamento CALEC. UFSC, 2019.

LASTRES, Helena Maria Martins et al. Desafios e oportunidades da era do conhecimento. **São Paulo Perspec.**, São Paulo, vol. 16, n. 3, jul. 2002, p. 60-66. Disponível em: <http://www.scielo.br/scielo.php?script=sci_arttext&pid=S0102-88392002000300009&lng=en&nrm=iso>. Acesso em: 10 jan. 2022.

LAW, Effie. L.-C.; VAN SCHAIK, Paul. Modelling user experience – An agenda for research and practice. **Interacting with Computers**, vol. 22, n. 5, Sep. 2010. ISSN: 09535438, DOI: 10.1016/j.intcom.2010.04.006.

LENCIONI, Patrick. **Death by Meeting**: a leadership fable... about solving the most painful problem in business. Hoboken, NJ: John Wiley & Sons, 2004.

LÉVY, Pierre. **A inteligência coletiva:** por uma antropologia do ciberespaço. 5. ed. São Paulo: Loyola, 2007.

LEWIN, Kurt. **Problemas de Dinâmica de Grupo.** São Paulo: Cultrix, 1978.

LIBERATING STRUCTURES. Site. Disponível em: <http://www.liberatingstructures.com>. Acesso em: 10 jan. 2022.

LIMA, Letícia Dayane de; BARBOSA, Zildete Carlos Lyra; PEIXOTO, Sandra Patrícia Lamenha. Teoria Humanista: Carl Rogers e a educação. **Caderno de Graduação – Ciências Humanas e Sociais – UNIT**, vol. 4. n. 3, 2018, p. 161-17.

LIPMANOWICZ, Henri; MCCANDLESS, Keith. **The Surprising Power of Liberating Structures:** simple rules to unleash a culture of innovation. Seattle, WA: Liberating Structures Press, 2013.

MACLEAN, Paul D. **The triune brain in evolution:** Role in paleocerebral functions. New Tork: Plenum Press, 1990.

MANAGEMENT 3.0. **Business Guilds & Communities of Practice.** Disponível em: <https://management30.com/practice/business-guilds/>. Acesso em: 12 jan. 2022.

MANAGEMENT 3.0. **Motivation and Engagement Module.** Disponível em: <https://management30.com/energize-people/motivation-engagement/>. Acesso em: 12 jan. 2022.

MANAGEMENT 3.0. **Team Competency Matrix.** Disponível em: <https://management30.com/practice/competency-matrix/>. Acesso em: 12 jan. 2022.

MANIFESTO 55. **Como fazer boas perguntas?** 04 maio 2017. Disponível em: <https://manifesto55.com/como-fazer-boas-perguntas/>. Acesso em: 12 jan. 2022.

MANIFESTO 55. **Facilitação:** um processo para desenvolver a sabedoria coletiva! 27 mar. 2018. Disponível em: <https://manifesto55.com/facilitacao-um-processo-para-desenvolver-a-sabedoria-coletiva/>. Acesso em: 11 jan. 2022.

MARKETING. Escuta ativa: o que é e porque é importante para as empresas. **Smartalk**, 12 fev. 2021. Disponível em: <https://smartalk.com.br/blog/escuta-ativa-o-que-e-e-por-que-e-importante-para-as-empresas>. Acesso em: 12 jan. 2022.

MARQUES, José Roberto. 10 Perguntas poderosas do Coaching. **IBC**, 04 jul. 2018. Disponível em: <https://www.ibccoaching.com.br/portal/coaching/10-perguntas-poderosas-coaching/>. Acesso em: 12 jan. 2022.

MARQUES, José Roberto. Comunicação efetiva – Essencial para sua carreira. **IBC**, 06 dez. 2019. Disponível em: <https://www.ibccoaching.com.br/portal/coaching-carreira/comunicacao-efetiva-essencial-carreira/>. Acesso em: 10 jan. 2022.

MARQUES, José Roberto. Escuta ativa: entenda o que é e como desenvolvê-la no ambiente de trabalho. **IBC**, 17 jul. 2019. Disponível em: <https://www.ibccoaching.com.br/portal/comportamento/escuta-ativa-entenda-como-desenvolve-la-ambiente-de-trabalho/>. Acesso em: 12 jan. 2022.

MARQUES, José Roberto. **Professional Self Coaching PSC**. Goiânia: Editora IBC, 2018.

MARQUES, José Roberto. **Super Inteligência:** neuroplasticidade e aprendizagem acelerativa. 2.ed. Goiânia: Editora IBC, 2018.

MARTINEZ, Leticia Franco. **Avaliação do Treinamento.** EDisciplinas, USP, s.d. Disponível em: <https://edisciplinas.usp.br/pluginfile.php/4462751/mod_resource/content/2/AVALIA%C3%87%C3%83O%20DE%20TREINAMENTO.pdf>. Acesso em: 10 jan. 2022.

MARTINS, Rodrigo. A Arte das Perguntas Poderosas. **Atitude Reflexiva**, 05 jul. 2018. Disponível em: <https://atitudereflexiva.wordpress.com/2018/07/05/a-arte-das-perguntas-poderosas/>. Acesso em: 10 jan. 2022.

MASLOW, Abraham H. **Motivation and personality.** 3rd.ed. S.l.: Prabhat Books, 1987.

MASLOW, Abraham Harold. A theory of human motivation. **Psychological review**, vol. 50, n. 4, 1943, p. 370-396.

MASSARI, Vitor L.; VIDAL, André. **Gestão Ágil de Produtos com Agile Think Business Framework:** guia para certificação EXIN Agile Scrum Product Owner. Rio de Janeiro: Brasport, 2018.

MAYER, John D.; SALOVEY, Peter. What is Emotional Intelligence? *In*: SALOVEY, Peter; SLUYTER, David (Eds.). **Emotional Development and Emotional Intelligence:** educational implications. New York: Basic Books, 1997.

MCCAFFREY, Tony. Why You Should Stop Brainstorming. **Harvard Business Review**, Mar. 25, 2014. Disponível em: <https://hbr.org/2014/03/why-you-should-stop-brainstorming>. Acesso em: 10 jan. 2022.

MCCUE, TJ. Why Infographics Rule. **Forbes**, Jan. 08, 2013.

MEHRABIAN, Albert; FERRIS, Susan R. Inference of attitudes from nonverbal communication in two channels. **J Consult Psychol.**, vol. 31, n. 3, June 1967.

MEHRABIAN, Albert; WIENER, Morton. Decoding of Inconsistent Communications. **Journal of Personality and Social Psychology**, vol. 6, n. 1, 1967, p. 109-114.

MENTIMETER. Site. Disponível em: <https://www.mentimeter.com/>. Acesso em: 10 jan. 2022.

MICROSOFT TEAMS. Site. Disponível em: <https://www.microsoft.com/pt-br/microsoft-teams/group-chat-software>. Acesso em: 10 jan. 2022.

MICROSOFT. **Documentação de administração do Microsoft Teams.** Disponível em: <https://docs.microsoft.com/pt-br/MicrosoftTeams/>. Acesso em: 12 jan. 2022.

MIRANDA, Luísa. **Educação online:** interacção e estilos de aprendizagem de alunos do ensino superior numa plataforma web. 382f. Tese (Doutorado em Educação) – Universidade do Minho, Braga, 2005.

MIRO. Site. Disponível em: <https://miro.com/>. Acesso em: 12 jan. 2022.

MIRO. Site. Disponível em: <https://miro.com>. Acesso em: 10 jan. 2022.

MODERN WORKPLACE LEARNING 2022. **The 4 D's of Learning.** Oct. 08, 2021. Disponível em: <https://www.modernworkplacelearning.com/cild/mwl/5-features-of-ow-modern-professionals-learn/>. Acesso em: 12 jan. 2022.

MONDAY. Site. Disponível em: <https://monday.com/>. Acesso em: 12 jan. 2022.

MONKEY BUSINESS. **Quatro dicas fundamentais de design para apresentações.** Disponível em: <https://www.monkeybusiness.com.br/blog/dicas-design-para-apresentacoes>. Acesso em: 10 jan. 2022.

MORAES, Roque; LIMA, Valderez Marina do Rosario. **Pesquisa em sala de aula:** tendências para a educação em novos tempos. Porto Alegre: ediPUCRS, 2002.

MOREIRA, Sara. **CRM integrado com o WhatsApp:** saiba como utilizar. <https://www.clientarcrm.com.br/crm-integrado-com-o-whatsapp/>. Acesso em: 11 abr. 2022.

MUNIZ, Antonio (org.). **Jornada Colaborativa.** Rio de Janeiro: Brasport, 2021.

MUNIZ, Antonio et al. **Jornada Ágil de Liderança.** Rio de Janeiro: Brasport, 2020.

MURAL. **Event Canvas Template.** Disponível em: <https://www.mural.co/templates/event-canvas>. Acesso em: 12 jan. 2022.

MURAL. Site. Disponível em: <https://www.mural.co/>. Acesso em: 12 jan. 2022.

NASSER, Ramzi; CHERIF, Maha; ROMANOWSKI, Michael. Factors that impact student usage of the learning management system in Qatari schools. **International Review of Research in Open and Distributed Learning**, vol. 12, n. 6, Oct. 2011, p. 39–62.

NEDIGER, Midori. Guia de design de apresentação: como resumir informações. **Venngage,** 30 jan. 2020. Disponível em: <https://pt.venngage.com/blog/design-de-apresentacao/>. Acesso em: 12 jan. 2022.

NONAKA, Ikujiro; TAKEUCHI, Hirotaka. Teoria da criação do conhecimento organizacional. *In*: TAKEUCHI, Hirotaka; NONAKA, Ikujiro. **Gestão do conhecimento.** Porto Alegre: Bookman, 2008.

NORMAN, Don; NIELSEN, Jakob. The Definition of User Experience (UX). **Nielsen Norman Group**, s.d.

NÓVOA, António. Firmar a posição como professor, afirmar a profissão docente. **Cadernos de pesquisa**, vol. 47, n. 166, 2017, p. 1106-1133.

O'CONNOR, Joseph. **Manual de Programação Neurolinguística PNL:** um guia prático para alcançar os resultados que você quer. 16.reimp. Rio de Janeiro: Qualitymark, 2017.

OFFICE OF QUALITY IMPROVEMENT. **Facilitator Tool Kit:** a guide for helping groups get results. University of Wisconsin-Madison System Board of Regents, Sep. 2007.

PASSADORI COMUNICAÇÃO. Você sabe como as expressões corporal e facial ajudam na comunicação? **Passadori Comunicação, Liderança e Negociação,** 17 ago. 2017. Disponível em: <https://passadori.com.br/previa/2017/08/17/voce-sabe-como-as-expressoes-corporal-e-facial-ajudam-na-comunicacao/>. Acesso em: 10 jan. 2022.

PATTON, Jeff; ECONOMY, Peter. **User Story Mapping:** discover the whole story, build the right product. Sebastopol, CA: O'Reilly, 2014.

PENHA, Aline. **E-book – Curso de Facilitação Virtual:** como otimizar a comunicação e desenvolvimento de times a distância. Academia Virtual de Facilitação, s.d. Disponível em: <https://mcusercontent.com/fb5151b7d456287256866d00b/files/a9b4910c-83f0-438a-ad0a-0da3426ae72d/Facilita%C3%A7%C3%A3o_Virtual_E_BOOK.pdf>. Acesso em: 10 jan. 2022.

PENHA, Aline. Facilitação e Pergunta. O que isso tem a ver? **Academia Virtual de Facilitação,** 17 ago. 2020. Disponível em: <https://academiavirtualdefacilitacao.com/facilitacao-pergunta-que-isso-tem-a-ver/>. Acesso em: 12 jan. 2022.

PERETZ, Nili. 5 elementos para construir carisma virtual. **Forbes,** 07 ago. 2020. Disponível em: <https://forbes.com.br/carreira/2020/08/5-elementos-para-construir-carisma-virtual/>. Acesso em: 12 jan. 2022.

PICHLER, Roman. **Prioritising a product backlog when everything is important.** Sep. 02, 2020. Last Updated on: July 29, 2021. Disponível em: <https://www.romanpichler.com/blog/prioritising-a-product-backlog-when-everything-is-important/>. Acesso em: 11 jan. 2022.

PINHEIRO, Eliana Moreira; KAKEHASHI, Tereza Yoshiko; ANGELO, Margareth. O uso de filmagem em pesquisas qualitativas. **Rev. Latino-Am. Enfermagem**, vol. 13, n. 5, out. 2005. Disponível em: <http://dx.doi.org/10.1590/S0104-11692005000500016>. Acesso em: 12 jan. 2022.

PIXABAY. Site. Disponível em: <https://pixabay.com>. Acesso em: 10 jan. 2022.

PLICKERS. Site. Disponível em: <https://get.plickers.com/>. Acesso em: 12 jan. 2022.

PONTES, Elivelton. Modelo de avaliação de treinamento: dicas para montar o seu. **EAD Box**, 04 jan. 2018. Disponível em: <https://eadbox.com/modelo-de-avaliacao-de-treinamento/>. Acesso em: 12 jan. 2022.

PORTUGAL, Adriele. Matriz CSD: o que é e quais são as suas vantagens. **GoBacklog**, 23 jul. 2020. Disponível em: <https://gobacklog.com/blog/matriz-csd/>. Acesso em: 12 jan. 2022.

PSICOLOGIA VIVA. **10 princípios psicológicos para desenvolver sua inteligência emocional**. 16 ago. 2018. Modificado em 14 jan. 2021. Disponível em: <https://blog.psicologiaviva.com.br/inteligencia-emocional/>. Acesso em: 12 jan. 2022.

RAVENELL, Eugene. **The Osborn-Parnes creative problem solving procedure.** S.l.: Grin Verlag, 2018.

RE:WORK. **Guide:** Understand team effectiveness. Introduction. Disponível em: <https://rework.withgoogle.com/guides/understanding-team-effectiveness/steps/introduction/>. Acesso em: 12 jan. 2022.

REDAÇÃO DO NA PRÁTICA. O que autoconhecimento tem a ver com facilitação de equipes? **Na Prática.org**, 26 out. 2017. Disponível em: <https://www.napratica.org.br/o-que-autoconhecimento-tem-ver-com-facilitacao-de-equipes>. Acesso em: 12 jan. 2022.

REICHHELD; Fred; MARKEY, Rob. **The Ultimate Question 2.0:** how net promoter companies thrive in a customer-driven world. Boston, MA: Bain & Company, 2011.

REINERTSEN, Donald G. **The Principles of Product Development Flow**: second generation lean product development. Redondo Beach, CA: Celeritas, 2009.

RICHARTZ, Terezinha. Metodologia ativa: a importância da pesquisa na formação de professores. **Revista da Universidade Vale do Rio Verde**, vol. 13, n. 1, 2015, p. 296-304.

ROAM, Dan. **The Back of the Napkin**: solving problems and selling ideas with pictures. New York: Penguin/Portfolio, 2013.

ROCHA, Zenaide de Fátima Dante Correia. **Análise da dinâmica de um grupo de aprendizagem em ciências no ensino fundamental.** Dissertação. Universidade Estadual de Londrina, Londrina, 2005. Disponível em: <https://pos.uel.br/pecem/wp-content/uploads/2021/08/ROCHA-Zenaide-de-Fatima-Dante-Correa.pdf>. Acesso em: 10 jan. 2022.

ROGELBERG, Steven. G. et al. "Not another meeting!" Are meeting time demands related to employee well-being? **Journal of Applied Psychology**, vol. 91, n. 1, 2006, p. 83.

ROSENBERG, Marshall B. **Comunicação Não-Violenta**: técnicas para aprimorar relacionamentos pessoais e profissionais. São Paulo: Ágora, 2006.

ROZOVSKY, Julia. The five keys to a successful Google team. **Re:Work**, Nov. 17, 2015. Disponível em: <https://rework.withgoogle.com/blog/five-keys-to-a-successful-google-team/>. Acesso em: 10 jan. 2022.

SALES, Anderson. Qual o modelo de comunicação ideal? Saiba como criar. **Compass**, 04 nov. 2016. Disponível em: <https://blog.compassouol.com/?post_type=post&p=819>. Acesso em: 12 jan. 2022.

SANTOS, Célia M. Retz G. dos; FERRARI, Maria Aparecida (orgs.). **Aprendizagem ativa:** contextos e experiências em comunicação. Bauru: Universidade Estadual Paulista, Faculdade de Arquitetura, Artes e Comunicação, 2017.

SCHERER, Felipe Ost; CARLOMAGNO, Maximiliano Selistre. **Gestão da Inovação na prática.** 2.ed. São Paulo: Altas, 2017.

SCHMITZ, Elieser Xisto da Silva; REIS, Susana Cristina dos. Sala de aula invertida: investigação sobre o grau de familiaridade conceitual teórico-prático dos docentes da universidade. **ETD – Educação Temática Digital**, Campinas, vol. 20, n. 1, 2018, p. 153-175. Disponível em: <https://periodicos.sbu.unicamp.br/ojs/index.php/etd/article/view/8648110>. Acesso em: 11 jan. 2022.

SCHWABER, Ken; SUTHERLAND, Jeff. **The Scrum Guide:** The Definitive Guide to Scrum: The Rules of the Game. Nov. 2020. Disponível em: <https://www.scrumguides.org/docs/scrumguide/v2020/2020-Scrum-Guide-US.pdf>. Acesso em: 10 jan. 2022.

SCHWARZ, Roger et al. **The Skilled Facilitator Fieldbook:** tips, tools, and tested methods for consultants, facilitators, managers, trainers, and coaches. Hoboken, NJ: Jossey-Bass, 2013.

SCHWARZ, Roger M. **The Skilled Facilitator:** a comprehensive resource for consultants, facilitators, coaches, and trainers. 3rd.ed. Hoboken, NJ: Jossey-Bass, 2017.

SIBBET, David. **Reuniões Visuais:** como gráficos, lembretes autoadesivos e mapeamento de ideias podem transformar a produtividade de um grupo. Rio de Janeiro: Alta Books, 2013.

SILVA, Gabriela Martins; GUANAES-LORENZI, Carla; NESS, Ottar. Manejando imprevistos na facilitação grupal: um estudo de caso com o exercício *como se*. **Revista da SPAGESP**, vol. 19, n. 1, Ribeirão Preto, jan./jul. 2018. Disponível em: <http://pepsic.bvsalud.org/scielo.php?script=sci_arttext&pid=S1677-29702018000100002>. Acesso em: 12 jan. 2022.

SILVA, Juliano Domingues et al. Economia colaborativa: uma análise da relação entre valores pessoais, formas de colaboração e efeito dotação. **CLAV 2016**, FGV-EAESP, 20-21 out. 2016.

SLACK. Site. Disponível em: <https://slack.com/intl/pt-br/>. Acesso em: 12 jan. 2022.

SLIDO. Site. Disponível <https://www.sli.do/>. Acesso em: 12 jan. 2022.

SMITH, Adam. **The Theory of Moral Sentiments.** Andesite Press, 1759.

SMYTH, Annabelle. How Artificial Intelligence (AI) in Learning Management Systems (LMS) will Streamline Employee Learning. **Toolbox**, Dec. 16, 2021. Disponível em: <https://www.toolbox.com/hr/learning-development/articles/how-artificial-intelligence-in-learning-management-systems-will-streamline-employee-learning/>. Acesso em: 11 jan. 2022.

SOUZA, Mayra de. [#Facilitação] Faça com que as pessoas se envolvam nas suas facilitações. **Coletividad, Medium**, 06 out. 2017. Disponível em: <https://medium.com/nossa-coletividad/facilita%C3%A7%C3%A3o-fa%C3%A7a-com-que-as-pessoas-se-envolvam-nas-suas-facilita%C3%A7%C3%B5es-76716fe3a7ca>. Acesso em: 11 jan. 2022.

SOUZA, Mayra de. Workshop de FacilitAção | Desenvolver skills de pessoa facilitadora. **SlideShare**, 10 nov. 2018. Disponível em: <https://pt.slideshare.net/MayraRodriguesDeSouz/workshop-de-facilitao-desenvolver-skills-de-pessoa-facilitadora-122622290>. Acesso em: 11 jan. 2022.

SOUZA, Wilson. Escuta ativa e escuta reflexiva no atendimento ao cliente. **Acelerato**, 02 set. 2021. Disponível em: <https://blog.acelerato.com/artigo/escuta-ativa-e-escuta-reflexiva-no-atendimento-ao-cliente/>. Acesso em: 12 jan. 2022.

SRICHANYACHON, Napaporn. EFL Learners' Perceptions of Using LMS. **TOJET: Turkish Online Journal of Educational Technology**, vol. 13, n. 4, Oct. 2014, p. 30-35.

STORMS, Gia. Crush Your Next Virtual Presentation. **Harvard Business Review**, Jan. 06 2021.

STRAUHS, Faimara do Rocio et al. **Gestão do conhecimento nas organizações.** Curitiba: Aymará Educação, 2012.

STRÖM, Matthew. **How to have more inclusive meetings.** Dec. 27, 2018. Disponível em: <https://matthewstrom.com/writing/inclusive-meetings/>. Acesso em: 12 jan. 2022.

SUTHERLAND, Lisette; JANENE-NELSON, K. **Work Together Anywhere:** a handbook on working remotely – successfully – for individuals, teams & managers. [S.l.]: Collaboration Superpowers, 2018.

SYNDICATE LEARNING. **Case Study.** Disponível em: <https://syndicatelearning.com/case-studies-elearning-lms-training-solutions/>. Acesso em: 11 jan. 2022.

SYNDICATE LEARNING. **Syndicate AI Driven LMS.** Disponível em: <https://syndicatelearning.com/ai-driven-lms/>. Acesso em: 11 jan. 2022.

TALENT SMART EQ. Site. Disponível em: <https://www.talentsmarteq.com/>. Acesso em: 10 jan. 2022.

TELEGRAM. Site. Disponível em: <https://web.telegram.org>. Acesso em: 12 jan. 2022.

TEMPLE, Christine. **Developmental cognitive neuropsychology.** (Brain damage, behaviour, and cognition Series). Sussex: Psychology Press, 1997.

THE INSTITUTE OF CULTURAL AFFAIRS. **What is Facilitation?** Disponível em: <https://www.ica-uk.org.uk/what-is-facilitation>. Acesso em: 10 jan. 2022.

THINKING AHEAD INSTITUTE. **Running more inclusive meetings.** Disponível em: <https://www.thinkingaheadinstitute.org/research-papers/running-more-inclusive-meetings/>. Acesso em: 12 jan. 2022.

TOLLE, Eckhart. **O Poder do Agora:** um guia para a iluminação espiritual. Rio de Janeiro: Sextante, 2002.

TONHAUSER, Pauline. **Design Thinking Workshop:** The 12 Indispensable Elements for Design Thinking Workshops. Kindle edition, 2016.

TORBERT, William R. Educating toward shared purpose, self-direction and quality work: The theory and practice of liberating structure. **Journal of Higher Education**, vol. 49, n. 2, Mar./Apr. 1978, p. 109-135.

TORRES. Maria Rita de Lima. A importância da leitura de imagens para o ensino e aprendizagem em artes visuais. Trabalho de conclusão do curso de Artes Visuais, habilitação em Licenciatura, do Departamento de Artes Visuais do Instituto de Artes da Universidade de Brasília. 35 p. Tarauacá, 2011.

UFJF. **Flipped Classroom/Sala de aula invertida.** Universidade Federal de Juiz de Fora, Faculdade de Medicina. Disponível em: <https://www.ufjf.br/medicina/institucional/nucleo-de-educacao-medica-nape/ensino/flipped-classroom/>. Acesso em: 11 jan. 2022.

VIEIRA, Paulo. **O Poder da Ação:** faça a sua vida ideal sair do papel. São Paulo: Gente, 2015.

VISUAL TEACHING ALLIANCE. Site. Disponível em: <https://visualteaching.ning.com/>. Acesso em: 03 mar. 2022.

VOGT, Eric E. The Art and Architecture of Powerful Questions. **MicroMentor Corporate Learning Journal**, 1994.

WEISINGER, Hendrie. **Inteligência Emocional no Trabalho.** Rio de Janeiro: Objetiva, 1997.

WENGER, Etienne. **Communities of practice:** A brief introduction. 2011.

WENGER, Etienne. **Communities of Practice:** learning, meaning, and identity. Cambridge: Cambridge University Press, 1999.

WHATSAPP. **Aplicativo WhatsApp Business.** Disponível em: <https://www.whatsapp.com/business/?lang=pt_br>. Acesso em: 12 jan. 2022.

WHATSAPP. **Sobre o WhatsApp.** Disponível em: <https://www.whatsapp.com/about/?lang=pt_br>. Acesso em 12 jan. 2022.

WIIG, Karl M. **Knowledge Management Foundations:** thinking about thinking – how people and organizations create, represent, and use knowledge. Arlington, TX: Schema Press, 1993.

WIKIPEDIA. **List of learning management systems.** Disponível em: <https://en.wikipedia.org/wiki/List_of_learning_management_systems>. Acesso em: 03 mar. 2022.

WIKIPÉDIA. **Reg Revans.** Disponível em: <https://en.wikipedia.org/wiki/Reg_Revans>. Acesso em: 17 jan. 2022.

WIKIPÉDIA. **Ubuntu (filosofia).** Disponível em: <https://pt.wikipedia.org/wiki/Ubuntu_(filosofia)>. Acesso em: 12 jan. 2022.

WINGATE, Ursula. A framework for transition: supporting 'learning to learn' in higher education. **Higher Education Quarterly**, vol. 61, n. 3, July 2007. ISSN: 14682273, DOI: 10.1111/j.1468-2273.2007.00361.x.

WORKANA. **Relatório Workana 2020.** Disponível em: <https://reporte.workana.com/index_pt_BR.html>. Acesso em: 10 jan. 2022.

WORKFRONT. **State of Work 2020.** Disponível em: <https://www.workfront.com/resources/state-work-2020>. Acesso em: 10 jan. 2022.

WRIGHT, Peter; BLYTHE, Mark. User experience research as an inter-discipline: Towards a UX Manifesto. *In*: LAW, Effie et al (eds.). **Towards a UX Manifesto** – Proceedings of a COST294-MAUSE affiliated workshop. Sep. 3rd, 2007, Lancaster, UK.

ZALLY. La inteligencia emocional y el liderazgo. **Medium**, Sep. 04, 2017. Disponível em: <https://medium.com/itcinformativo/la-inteligencia-emocional-y-el-liderazgo-8ebde7b312ec>. Acesso em: 12 jan. 2022.

ZATTA, Celia Inez; AGUIAR, Waldiney Gomes de. **O uso de imagens como recurso metodológico para estudar Geografia.** 2009. Disponível em: http://www.diaadiaeducacao.pr.gov.br/portals/pde/arquivos/2375-8.pdf. Acesso: em 14 fev. 2022.

ZOOM. Site. Disponível em: <https://zoom.us/pt-pt/meetings.html>. Acesso em: 10 jan. 2022.

Dedicatória e agradecimentos

Dedico mais um livro aos amores da minha vida: meus filhos Lucas e Luisa, minha esposa Keila, meus pais Iracema e José Prado e meus irmãos Simone, Paulo e Sandra. Agradeço a Deus essa nova conquista e parabenizo o time organizador pelo comprometimento na curadoria e aos coautores pela dedicação e excelência que resultou em mais uma obra incrível para nossa série da Jornada Colaborativa. Agradecimento especial ao grande amigo Júnior Rodrigues, pela maestria na liderança do time. Agradeço a meus familiares e amigos da SulAmérica, Jornada Colaborativa e ADAXLY pelas oportunidades de aprendizado e aos milhares de alunos, leitores e participantes das minhas palestras pela grande receptividade e troca de experiências que me tornam uma pessoa melhor a cada dia.

Antonio Muniz
Fundador da Jornada Colaborativa e idealizador da formação LiderProExpert.

A Jornada Colaborativa é uma incrível iniciativa que conecta corações e mentes ao sublime propósito de fazer um mundo melhor. Agradeço a Deus pela oportunidade de compartilhar um pouco do meu tempo e das minhas ideias e ter de volta algo muito maior e valioso: a amizade, o acolhimento, o carinho e o sentimento de pertencimento. Agradeço a todos os envolvidos direta e indiretamente: Aos organizadores Gisele, Victor e minha querida amiga Déborah, aos autores, coautores, aprendizes, minha querida família, minha amada Mari e meu querido filho Luiz Fernando. Meu agradecimento ao Antonio Muniz por essa fonte inesgotável de entusiasmo e meu agradecimento especial ao Júnior Rodrigues, aquele tipo de cara que todo mundo gosta e quer ter por perto. Obrigado por toda a confiança e conte sempre comigo. Finalizo agradecendo você que está lendo este livro, que esta obra seja fator de soma e transformação para suas facilitações.

Anderson Sales
Organizador e coautor da Jornada da Facilitação

A capacidade de nos dedicarmos e priorizarmos com equilíbrio todos os aspectos de nossas vidas não é uma tarefa simples. Quando temos a oportunidade de realizar o que amamos, que é conectar aprendizado e pessoas nos tornando melhores versões e fazendo diferença em outras vidas gerando novas oportunidades, não podemos perder. Agradeço pela saúde que conservei, pelos amigos e conexões, pela acolhida e pela honra de poder participar deste projeto com grandes amigos de jornada. Agradeço à minha família querida pelo suporte e por estarmos juntos, a todos os meus amigos e parceiros, a quem esteve comigo na jornada deste livro e quem se juntará ao utilizá-lo em seu dia a dia. Sejam prósperos e felizes!

Déborah Zavistanavicius Zapata
Organizadora e coautora da Jornada da Facilitação

Um projeto como este exige dedicação e tempo. Agradeço ao meu marido Rogério, meus filhos (Theo e Alice) e aos meus pais (Ana e Alves) por me apoiarem nesta jornada! Estou muito feliz por contribuir com este livro! Agradeço ao idealizador da Jornada Colaborativa, Antonio Muniz, pela confiança e por realizar um trabalho tão nobre que poderá ajudar muitas pessoas! Espero que a leitura contribua com o crescimento de muitos profissionais e que a facilitação apoie na melhoria dos ambientes organizacionais.

Gisele Botelho
Organizadora e coautora da Jornada da Facilitação

Sempre é um prazer, alegria e honra atuar e liderar os livros da Jornada Colaborativa. Mas além disso também é um desafio e responsabilidade enormes, inclusive por conta da rotina. Por isso, sou muito grato a todos os parceiros dessa jornada, coautores e mais especificamente os organizadores, amigos que potencializam o alcance desse resultado incrível. Não posso deixar de agradecer a Deus por me guiar nesse trabalho e à minha família pela paciência e apoio, mais diretamente a meus filhos Letícia e Bernardo, e minha amada Ana Paula. E, claro, a você leitor por acreditar nesta obra e persistir até a última página. Parabéns por sua jornada em busca de mais conhecimento!

Júnior Rodrigues
Líder do time, idealizador, organizador e coautor da Jornada da Facilitação

Ensinar e aprender são duas faces de uma mesma moeda. Fazer parte de um projeto como este é compreender que esta moeda jamais deixará de ser sua, e a evolução proporcionada por toda a grandiosidade da Jornada torna-se o eixo central de toda essa experiência. Agradeço a todos que contribuíram com o enriquecimento intelectual que me trouxe aqui e a todas as oportunidades que pude explorar, experimentar e aprender. Um agradecimento especial a este time de curadoria e coautores, que dedicou parte de seu tempo a ensinar e aprender. Aproveite a leitura e desfrute da jornada!

Victor Gonçalves
Organizador e coautor da Jornada da Facilitação

Autores

Acesse o QR Code e confira nome, foto, minibio e o perfil no LinkedIn dos nossos coautores.

QR Code para currículo dos coautores.
<https://facilitacao.jornadacolaborativa.com.br/coautores>

Jornada Kanban na prática

Jornada Business Agility

Jornada do Ágil Escalado

Jornada Ágil de Liderança

Jornada Ágil do Produto

Jornada Saudável

Jornada Ágil de Qualidade

Jornada Ágil e Digital

Jornada DevOps 2ª edição

À venda em: www.brasport.com.br